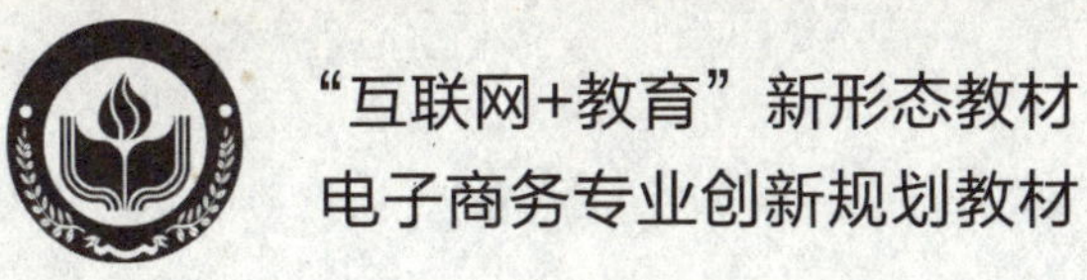

软文营销

主编　吴陵玲　毛晓萍　刘昕瑜

RUANWEN
YINGXIAO

北京工業大學出版社

图书在版编目（CIP）数据

软文营销 / 吴陵玲，毛晓萍，刘昕瑜主编 . — 北京：北京工业大学出版社，2023.8

ISBN 978-7-5639-8592-0

Ⅰ . ①软… Ⅱ . ①吴… ②毛… ③刘… Ⅲ . ①市场营销学—文书—写作 Ⅳ . ① F713.50

中国国家版本馆 CIP 数据核字（2023）第 106533 号

软文营销

RUANWEN YINGXIAO

主　　编：吴陵玲　毛晓萍　刘昕瑜

策划编辑：杜一诗

责任编辑：孙　勃

封面设计：唐韵设计

出版发行：北京工业大学出版社

（北京市朝阳区平乐园 100 号　邮编：100124）

010-67391722（传真） bgdcbs@sina.com

经销单位：全国各地新华书店

承印单位：廊坊市文峰档案印务有限公司

开　　本：787 毫米 ×1092 毫米　1/16

印　　张：13.5

字　　数：261 千字

版　　次：2023 年 8 月第 1 版

印　　次：2023 年 8 月第 1 次印刷

标准书号：ISBN 978-7-5639-8592-0

定　　价：46.80 元

前言

PREFACE

对于各类营销（不论是曾经的传统营销，还是现在盛行的网络营销，抑或是新兴起的微营销）的方法、方式或手段不一样，但它们的核心却是一样的，那就是产品的内容，这是营销的根本。而产品的内容就涉及软文。软文营销是网络中效果较好、较经济的营销方式，靠软文营销成为营销传奇的产品和企业不胜枚举。这些产品或者公司形象靠着软文营销，要么迅速打开了市场，要么名气飙升。软文营销的魅力，在这个互联网时代表现得尤为突出。

各类营销方式发展到今天，软文营销必将更受青睐，这也正是本书策划的起因——适应与紧扣发展中的市场需求。而如今，不同平台和渠道上流传的软文营销知识繁多且杂乱，缺乏系统而成熟的理论体系，更重要的是缺少可操作性，导致营销人员难以将软文营销的理论与实际操作相结合。基于互联网时代的大背景，本书注重新鲜感与时代感，构建了比较完整的逻辑体系，内容丰富、操作性强，以数据化思维为导向，运用最成功的实战案例进行讲解，不仅能教会读者如何进行软文营销，还讲解了撰写常见软文营销文案的具体思路和操作方法。本书旨在让读者了解电子商务企业进行软文营销过程中涉及的知识，通过对相关知识讲解和案例列举让读者产生思考并做分析，为做好企业的软文营销打下坚实基础。具体来看，本书在每个项目开始时都设置了开篇导航、知识结构、学习目标，以开启本章的教学，正文则穿插小提示，使学生在学习基础知识的同时开拓视野，加深对所学知识的理解。值得一提的是，我们在正文中还设置了思政课堂板块，将“立德树人”的思政内容融入本书，给读者一种精神上的洗礼，增加读者的家国情怀和责任担当意识。

本书适合电子商务专员、广告策划人员、网站推广专员、站长、文案专员、个人微商、网店店主、微营销专员、希望进行低成本营销的创业者以及从事软文营销工作的相关人员，同时适合想要从事软文营销工作的大学生、文字工作者阅读。

由于编者经验有限，加之时间仓促，书中难免会有疏漏和不足之处，恳请专家和读者不吝赐教。最后，希望所有读者能够从本书中获益，在软文营销实战中运用软文的力量。

编　者

2023 年 2 月

目 录

CONTENTS

第一章　软文概述

第二章　软文营销的基本理论

第三章　软文营销的常规操作步骤

第四章　软文营销的策略与技巧

第五章　搜索营销与软文营销

第六章　软文创意

第七章　软文撰写攻略

第八章　危机公关软文的写作

第九章 软文营销的误区与风险防范

第十章 软文营销常用工具与平台

第十一章 软文营销的未来

第一章

软文概述

【开篇导航】

如今的商业活动离不开广告，更离不开软文营销。企业开展软文营销是市场竞争的直接结果，是企业决定参与市场竞争的标志。从某种意义上来说，一个企业的软文战略就是该企业进入市场的宣战书。软文对企业在开拓市场、促进销售、改善形象、提高整体竞争力和社会影响力上有着十分重要的作用，是连接企业、社会和消费者之间的桥梁。

【知识结构】

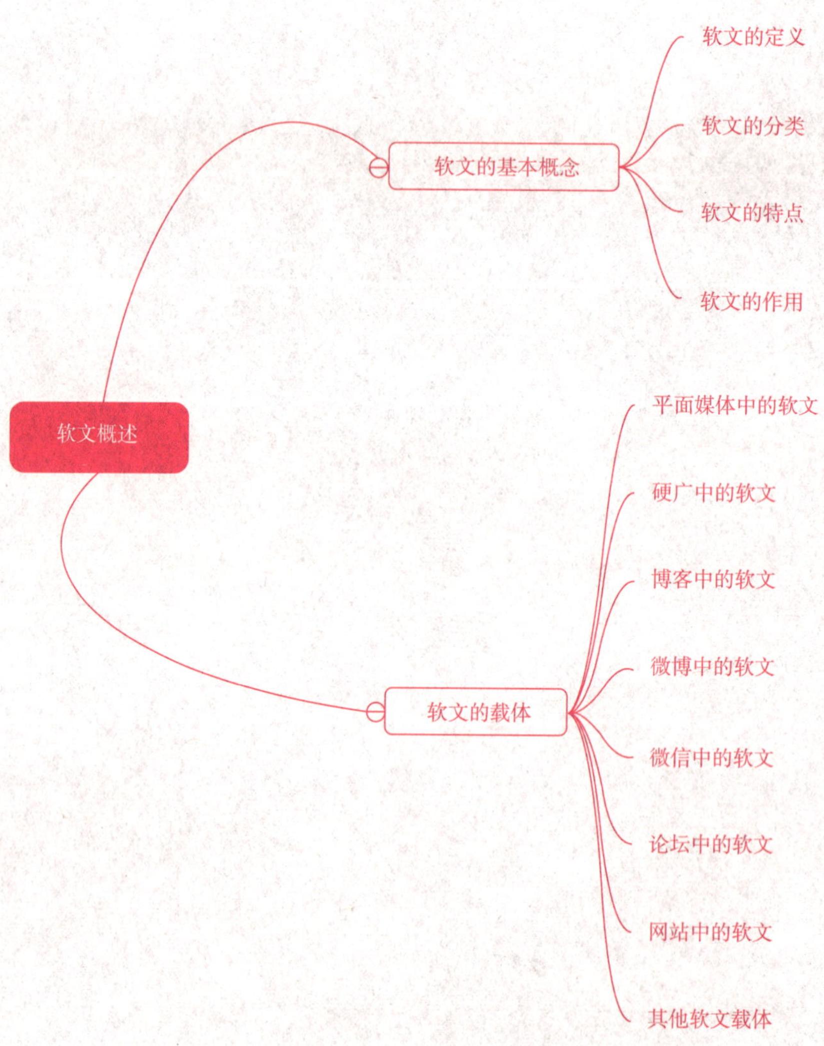

【学习目标】

◆ 知识目标

1. 掌握软文的定义和特点，了解软文的分类和作用。
2. 掌握常见软文载体的定义和分类等基本知识。

◆ 能力目标

1. 能够区分不同类型的软文。
2. 能够根据需求选择合适的软文载体。

◆ 素养目标

通过本章的学习，了解软文及其载体的基本知识，牢固树立现代网络营销观念，提高从事网络营销活动所必须具备的职业素质和能力，为投身我国现代电子商务营销创新事业奠定理论和技术基础。

【知识引导】

第一节　软文的基本概念

软文是指根据特定的用户诉求，以摆事实、讲道理的方式使用户走进企业设定的“思维圈”，以强有力的、有针对性的心理攻击迅速实现品牌推广或产品销售目的的文字。与硬广告相比，软文的精妙之处在于“软”字，它将要宣传的信息嵌入文章内容中，做到绵里藏针，收而不露，“克敌”于无形。

一、软文的定义

软文是由企业的市场策划人员或广告公司的文案人员负责撰写的“文字”。一篇好的软文的作用是双向的，既能让用户在文章里找到自己所需的信息，为用户提供价值，也能让用户了解软文撰写者所要宣传的内容，润物细无声地影响用户的决策。软文的定义有狭义与广义之分。

1. 狭义的定义

软文指企业付费在报纸、杂志等宣传载体上发表的纯文字性的广告。这是早期的一种软文定义，也就是所谓的付费广告。

2. 广义的定义

软文指企业通过策划在报纸、杂志或新媒体等宣传载体上刊登的、可以提升企业品牌形象和知名度，或促进企业产品销售的一些宣传性、阐释性文章，包括特定的新闻报道、深度文章、付费短文广告、产品评测、案例分析等。

与硬广告相比，软文的精妙之处在于一个“软”字，好似绵里藏针，收而不露，通过文中带有“嵌入式广告”的文字，让读者受到感染，从而树立产品品牌，提高产品知名度。

网络软文以互联网作为传播平台，主要以文字为载体，已经成为企业进行网络宣传的一种方式；网络软文在企业形象宣传、产品市场推广与销售、品牌建设等方面起到了不同程度的作用。

软文属于广告，是一种广告文案。一般来说，广告涵盖广告创意、广告形象等多方面的内容，其中涉及文字方面的内容统称为文案。一篇完整的文案即可称为软文。与广告语、广告图文、广告脚本等零散的文案不同，软文强调的是文案的完整性，即围绕一个主题展开详细论述，让读者获得关于这个主题的详细信息。

二、软文的分类

随着软文在广告行业中运用得越来越广泛，软文也逐渐被分门别类。由于一个人不可能完成所有类型软文的撰写工作，所以我们充分了解软文的分类，是为了软文营销的策划与执行。

1. 日志软文

日志软文通常是反映日常工作情况和问题的文章，这类软文在撰写过程中往往会比较复杂、烦琐，但同时是最值得借鉴和探索研究的。由于日志软文具有很强的时效性，所以日志软文的撰写要迅速、及时，尤其是在网站日常工作进行中或出现问题时，更应该注重速度与时效，同时突出日志的主题。

在日志里我们可以记录一些琐事，写下一些心情，可以和朋友、家人分享自己的各种情绪、生活的情节、工作的感受，以及一些日常生活等。在这种日志式的文章中植入广告，因更贴近生活而容易让人们接受。

日志软文可以写得通俗一些，选好角度，提炼好标题，融入真情实感，对他人来说才会有价值，才会有人愿意阅读。当然，日志软文都是有目的的，要么为了展现品牌，要么为了卖产品。

2. 新闻软文

新闻软文是针对某条新闻的专题软文，也是目前应用最广的软文类别之一。顾名思义，新闻软文既有新闻的意义，又有广告的性质。通常为了专门反映新闻事实而撰写的软文，对传播点的提炼以及表现手法要求都比较高。

3. 业务软文

业务软文主要是针对某个商品或者服务所撰写的软文。业务软文主要内容要围绕商品或者服务优势展开。但如果只是简单的平铺直叙，难免既有硬广的嫌疑，又不容易引起读者的阅读兴趣。所以，吸引读者、引发读者的购买和合作欲望是业务软文的撰写要点。如果商品或者服务比较简单，需要短小的文章来衬托宣传，那么业务软文就应该短小精悍，抓住要点，多从对购买和合作的促进方面入手。

4. 评论软文

评论软文主要以引用典型的事迹来进行评论解说，从中巧妙地植入我们想要宣传的广告。这种软文既要营造矛盾点，激发读者的热烈评论，又要简明扼要，就事论事。广告的植入还要恰如其分，要有浑然天成之感，这样才能将我们想要表达的广告意图含蓄地表达出来。

5. 新媒体软文

新媒体软文是伴随着微信、微博、小红书、抖音等新媒体的诞生而发展起来的。新媒体软文形式更灵活，大多文字和图片搭配较合理，图片数量较多。文章要么很有深度，要么能够爆点，要么足够有趣。

三、软文的特点

软文不拘泥于文体，表现形式多样，拥有丰富的文字资料，对信息的传递极其完整。从论坛帖子到博客文章、网络新闻，从娱乐专栏到人物专访，从电影到游戏，几乎遍布网络的每个角落，因此，大部分的网络用户都是其潜在消费者。下面就软文的特点进行总结。

软文的特点

1. 渗透性

软文将要宣传的信息嵌入文字中，从侧面进行描述，属于渗透性传播。其本质是商业广告，与硬广告的最大区别在于没有明显的广告目的，以新闻资讯、评论、管理思想、企业文化等形式出现，让消费者在潜移默化中受到感染。

2. 可信性

软文的宗旨是制造信任，它弱化或者规避了广告行为本来的强制性和灌输性，一般由专业的软文写作人员在分析产品目标消费群体的消费心理、生活情趣的基础上，投其所好，用极具吸引力的标题或话题来吸引用户。然后用细腻、具有亲和力或者诙谐、幽默的文字以讲故事等方式打动消费者，而且文章内容以消费者感受为中心，处处为消费者着想，使消费者易于接受。尤其是新闻类软文，从第三者的角度报道，消费者从关注新闻的角度去阅读，信任度高。

3. 效益性

传统的硬广告受到版面限制，信息量有限，投入风险大，成本较高。相比之下，软文具有高性价比、信息量大的优势，而且不受时间限制，可以在网站上永久存在。此外，软文有非常好的搜索推广效果，可以进行二次传播。通过网络整合，企业可以把相关信息同时发布到互联网中所有大型门户网站以及全国各个地方性门户、行业网站的相关频道上，软文还可以继续被其他网站转载。

4. 双向性

广告客户可以对软文完成的时间、题目、内容、字数等提出要求。客户提交订单后客服人员立即与客户取得联系，双方进行沟通交流，进行具体的方案策划、媒体选择、价格商定等，然后签订合同。方案执行后，软文营销公司给客户反馈关于其策划的软文给企业带来的效果的报告，并随时为客户进行售后服务。

四、软文的作用

软文已经成为网络中不可分割的一部分，其广泛应用于互联网、电子商务、房地产、通信、家电、汽车、宠物用品、贸易金融、家庭装修等多个行业。它不是赤裸裸地宣传自己的产品或者企业，而是采取一种曲折的方式去表达，往往比其他推广方法更有效果。那么，软文具体有哪些作用？

1. 促进消费

一篇优质的软文可以增加企业信息覆盖面，提高品牌关注度和曝光率，提高网站客户转化率等；可以让企业的产品、相关信息尽可能多地在各大门户网站、垂直行业网站、地方网站上铺开，让更多的潜在客户了解产品，最后成为该企业的客户，提高客户转化率。软文讲究的是润物细无声，以目标受众轻易接受的方式切入其内心，并在消费者密集的地方进行软文营销，感动消费者，促成消费行为，为企业起到增加收益、创造佳绩的作用。

2. 提高知名度

软文最大的作用是潜移默化地影响消费者，使其最终达成购买，当然这和软文具有隐蔽性是息息相关的。当阅读一篇软文时，其实消费者已经被软文广告影响了，或者相信了软文广告中宣传的产品优势。对于很多创业初期的企业来说，软文一直是十分好的宣传方式，它成本低、传播广，如果写成新闻稿，在各大门户发布很容易形成公信力和取得用户的信任，可以提高企业的品牌知名度。

3. 传播价值观

一个企业在成长的过程中难免存在一些负面信息，特别是在互联网信息膨胀的时代，网络传播的高速性、可无限复制性等，给企业的品牌维护埋下了隐患。而软文在应对网络公关危机中发挥着重要的作用，特别是在洽谈无果后，可以编写针对某件事情的正面软文并在各大知名门户上进行投放，实现压制不同、失实、无效的垃圾信息的目的，当用户在搜索某企业关键词或品牌时，能够展现企业良好、正面的形象。

思政课堂

习近平总书记在中国共产党第二十次全国代表大会上的报告中指出，要广泛践行社会主义核心价值观。社会主义核心价值观是凝聚人心、汇聚民力的强大力量。弘扬以伟大建党精神为源头的中国共产党人精神谱系，用好红色资源，深入开展社会主义核心价值观宣传教育，深化爱国主义、集体主义、社会主义教育，着力培养担当民族复兴大任的时代新人。推动理想信念教育常态化制度化，持续抓好党史、新中国史、改革开放史、社会主义发展史宣传教育，引导人民知史爱党、知史爱国，不断坚定中国特色社会主义共同理想。用社会主义核心价值观铸魂育人，完善思想政治工作体系，推进大中小学思想政治教育一体化建设。坚持依法治国和以德治国相结合，把社会主义核心价值观融入法治建设、融入社会发展、融入日常生活。

第二节　软文的载体

软文的载体对于软文的传播有非常重要的作用，只有选择合适的载体，才能引起网民的大量评论与转载，才能体现软文的效果。本节主要介绍目前比较常见的软文载体。

一、平面媒体中的软文

平面媒体主要指国家新闻出版总署批准的具有刊号的报纸、期刊。当然，也包括拥有国际刊号的有一定影响力的媒体。在这些媒体上发布的软文，需要各个媒体进行审核，不同的媒体审稿标准不同，收费标准也大相径庭，部分知名平面媒体（如《人民日报》《人民日报·海外版》《工人日报》《光明日报》等）的软文刊登费用较高，甚至直逼硬广告的价格；而行业平面媒体（如《中国工业报》《中国建材报》《服装时报》《中国财经报》《IT 时代周刊》等）则适合报道专业性较强的企业；其他地方性平面媒体（如《北京日报》《羊城晚报》《东方早报》《西南商报》《三秦都市报》等）则门槛相对较低。

软文营销选择什么媒体作为载体，需要策划者在撰写方面下功夫并提前研究所投放媒体的选题偏好、媒体风格、媒体的读者群及费用预算。除此之外，策划者还要了解目标媒体的出版周期和发行日期，这些直接影响到软文营销中发布平台的整合。

小提示

对于平面媒体软文，在撰写和营销推广时需要注意以下3点规则。

（1）软文不应该放在广告版，应该和普通新闻放在一起，最好是企业版或者与企业所处行业相关的专刊、专版、专栏。

（2）软文撰写时应该避免所有让读者以为是广告的词汇、图片和写作方式，尽量站在第三方的角度，避免自卖自夸的语气。

（3）软文应该尽量挖掘新闻点，语言必须精练，在撰写前，作者应该充分了解产品或品牌，抓住宣传的重点。

二、硬广告中的软文

硬广告、软广告其实没有划分明确的定义和范围，这里讲的硬广告其实是针对软文来说的，通常在报纸、杂志、电视广播、网络等媒体上看到或听到的那些直接宣传产品的纯广告就是硬广告。硬广告的优点是传播速度快，“杀伤力”强，涉及对象广泛，反复投放可以加深公众印象，有声有色，具有动态性。缺点是渗透力弱，商业味道浓，可信程度低，时效性差，广告投入成本高，强迫性说教，传递内容简单，时间短。

硬广告中的软文主要指户外广告、平面媒体广告中的文字，这些文字除了要符合广告设计的原则之外，还要承担软文营销的目标功能，文字一般不多，但是字字都需推敲，要做到言简意赅。硬广告中的软文不一定需要华丽的辞藻，实现目标才是重点。

三、博客中的软文

博客是一种通常由个人管理、不定期张贴新的文章的网站。博客上的文章以倒序方式由新到旧按张贴时间排列，博客的内容通常是个人日记，也有很大一部分博客专注于特定领域并提供评论或资讯。博客通常结合文字、图像、其他博客或网站的链接及其他与主题相关的媒体，能够让读者以互动的方式留下意见或进行评论。博客是社会媒体网络的一部分，比较著名的有新浪博客、网易博客等。

博客通常由拥有者（博主）自己管理，所以博客中添加软文也由博主自行决定。而且博客中的软文可以从各种角度、以多种形式撰写，不用担心文章被删除、不能添加链接和图片等问题。博客中软文的篇幅也不受限制，但是建议不要太长，只要把想表达的观点阐述清楚即可。

博客没有固定的访问量，访问博客的人通常是通过搜索引擎的关键字搜索、好友的推荐和圈子的搜索等途径实现访问的。所以，在软文营销的实施过程中，为了达到较好的搜索效果，需要对软文中的关键词进行相关的优化。

需要注意的是，如果需要在自己的博客中引用其他人撰写的软文，最好不要原封不动地复制粘贴，这样会降低搜索引擎收录网络媒体上该篇软文的概率。此外，如果读者从博客上看到的是原文章，对软文的信任度也会大打折扣。所以，在博客中引用的软文，最好以转载网络媒体新闻的形式来操作。

四、微博中的软文

微博是微型博客的简称，也是博客的一种类型，其更注重时效性和行文自由性，更便于随时表达出撰写者的思想和最新的动态，而博客则更偏重梳理撰写者在一段时间内的所见、所闻、所感。著名的微博有新浪微博。

微博中的软文需要通过各种方式来吸引人进行阅读，如果没有人转载，在微博中发的软文就无法得到相应的展示效果。所以，要了解微博软文，首先需要了解其主要的类型。

1. 广告型

广告型的微博软文是指商家官方微博中的各种软文，主要是对自己产品或品牌进行宣传的文章，包括一些企业活动的文章。其主要针对的对象是关注微博的粉丝，而这些粉丝几乎都是购买过商家产品的消费者或潜在的购买者。这种类型的软文的转发率不会很高。

2. 分享型

分享型的微博软文是指撰写者站在第三方的角度，通过分享的方式来宣传产品或品牌。

3. 炒作型

炒作型的微博软文是指通过引起对立、制造争端等炒作方式来吸引网友的关注，引起网友的转发，从而达到扩大传播效果的一种微博软文。

4. 创意型

创意型的微博软文是指具有主题新鲜、文字语言幽默等特点，像一则故事、笑话或微小说的软文，这类软文的关注度更高，其微博更容易被网友转发。

综上所述，微博软文中最有效的是创意型和分享型软文。另外，微博软文要特别注意及时回复粉丝和好友反馈。另外，在保证微博软文质量的前提下，微博软文的推广有两个窍门：一个是尽量 @ 名人，当然，也可以 @ 目标客户；另一个是许诺某种利益，让网友转发。

五、微信中的软文

微信营销是一种新型的互联网营销推广方式，不少企业和个人都从中获得了利益，其发展前景也非常值得期待。微信营销不存在距离的限制，因为消费者注册微信后，可与周围注册微信的“朋友”形成一种联系，订阅自己所需的信息；商家通过给消费者提供其需要的信息，推广自己的产品，从而实现点对点的营销。

微信软文通常都是通过产品或品牌的微信公众号进行分享的，且主要通过微信的朋友圈进行转发和分享，这也是微信与微博最大的不同。微信中的好友大都是认识的朋友，或者是朋友的朋友，因此微信中的软文比微博中的软文拥有更高的可信度。当然，分享性、趣味性同样是微信软文的诱人之处。

微信中软文的营销推广效果取决于微信的好友数量，一般微信软文主要在公众平台发布，然后再转载到微信的个人账号中，最后再分享到微信朋友圈。因此，如果微信软文本身质量较好，创意十足，即使没有营销费用同样可以取得很好的推广效果。

对于需要进行营销推广的企业，除了撰写内容精彩的软文外，还可以借用第三方发布平台进行微信的矩阵推广，如再辅助以其他媒介形式，传播效果会更佳。目前第三方发布平台主要有微盟、微播易、乐推微等，平台上聚集了媒体的微信公众号、不同层次的个人微信账号。

六、论坛中的软文

论坛推广是网络营销推广的重要手段之一。论坛推广成功与否取决于发布的帖子是否能吸引看帖者，并且让看帖者愿意评论和转发帖子。

论坛中的软文与其他载体的软文的不同之处在于，发布完之后可以顶帖，如果帖子创意很好，再加上成功的顶帖，就会成为热门帖子，软文的效果就会事半功倍。另外，论坛中还有一个非常重要的人物——版主，他的职责是监督并管理论坛。所以，论坛中的软文一定不能太像广告，否则会随时面临被版主删除的风险。

小提示

在论坛中发软文，需要注意以下7个方面的问题。

（1）原创真实：文字的功能不只是讲究文学性，文字记录生活、分享经验的作用应该是第一位的。

（2）帖子不要过长：帖子的长度最好控制在30～60个中文字符，一般长篇大论的帖子会给用户带来极大的心理负担，用户可能没有耐心去阅读。

（3）添加生动的表情：在微博、博客或论坛中，都有大量的表情符号，若能充分运用好这些符号，会显得帖子有人情味。

（4）多回帖互动：如果长期利用软文帖子做推广，或真想让软文起到作用，那就要多多关注帖子的互动情况，及时解答用户的问题。

（5）结合时下热点：结合近期的热点话题去写，有助于体现帖子的新鲜度，紧跟人们的关注焦点，然后植入产品或品牌信息，并保证在热点讨论中能显眼一些。

（6）经验分享：这类帖子重在叙述作者的购买动机、消费体验、使用心得，以及对其他消费者的建议或小妙招，最好配上图片，更能吸引读者。

（7）专业的行业分析：要站在行业的角度去谈论产品，多积累行业内的资料，语言要专业化，深度要把握好，对业内事件旁征博引，深入浅出。

七、网站中的软文

网站是除报纸、广播和电视外的“第四媒体”，根据对软文审核标准的不同，分为全国、地方和行业 3 种类型。网络软文在营销推广中的主要功能首先是引流和展现搜索的效果，其次才是解决品牌的信任度问题。最值得企业去探讨和实践的是网站软文营销与百度竞价如何相组合，如果运用得好能够独霸某些关键词的百度首页资源。

一般情况下，主流网站对文章的审核都比较严格，新浪、网易、人民网等媒体要求在很多频道发布软文不能带链接。不过，只要文章标题中优化了推广的关键词也是可以接受的。值得注意的是，目前很多代理发布软文的公司发布的软文在很多网站没有入口，甚至部分软文尽管有链接，但是实际并没有在门户网站发布出来。

八、其他软文载体

1. 电子邮件中的软文

电子邮件中的软文也是个不错的营销推广手段。电子邮件中的软文不需要进行太华丽的平面设计，否则会被别人当成广告直接拒绝或者根本不打开。建议电子邮件软文的标题和正文要精简，方便网友能直接判断出这封邮件是否有保存价值，以决定是否继续阅读。所以，电子邮件中的软文重点应该放在标题和开头上。

2.QQ 空间中的软文

QQ 空间具有博客、微博的功能，用户在其中可以书写日志、写说说，上传用户个人图片，听音乐，写心情，通过多种方式展现自己。在 QQ 空间发布的软文与博客和微博一样。

3. 淘宝店中的软文

这类软文就是电子商务网站中的产品描述类软文，其营销目的更直接，可以写得更“硬”，因为这类软文只需要向读者说明两个问题：产品的优势和购买的原因。这类软文主要是解决信任度的问题，这些文字可以独立成章，也可以独立成篇，要与图片配合在一起展现在淘宝页面中，才会实实在在地看得见营销效果。

这类软文也可以应用到企业产品的宣传单页上，如果应用到网页的设计上，就是营销型网站最核心的部分。

撰写淘宝软文时，应该注意以下 5 点技巧。

（1）诱惑语句

最好设置在消费者进入店铺第一眼就能看到的地方（眼球区域），写得好与不好直接影响到消费者是否会继续往下看。

（2）志同道合

抓住消费者的心理，写一些比较不错的软文促使消费者购买，与消费者产生共鸣，这样离成交就不远了。

（3）信任

获取消费者信任的方式有很多种，如在软文中展示一些项目：产品细节图的介绍、原材料（自己亲身现场拍摄）、零风险承诺、产品质检证书、产品所获奖项、厂家实力（厂房、纳税、年产值）、厂家资质（集团企业、某地10强之类的）。以上7点都可以让消费者产生信任感，并放心地购买产品。

思政课堂

习近平总书记在二十国集团领导人第十六次峰会的讲话中指出，中国古人说："诚信者，天下之结也。"就是说诚信是结交天下的根本。中国将坚持对外开放的基本国策，发挥超大规模市场优势和内需潜力，着力推动规则、规制、管理、标准等制度型开放，不断加大知识产权保护力度，持续打造市场化、法治化、国际化营商环境，为中外企业提供公平公正的市场秩序。

（4）客户见证

客户见证包括两个方面的内容：第一是诱惑，第二是信任。在做客户见证时，建议尽量用图片来表达，如旺旺截图、销量截图、客户评价等，因为文字表述的效果较弱，而客户见证要求一定要真实。

（5）赠品

赠品需要针对具有某些特点的产品使用。有赠品和没有赠品的差别较大，很多人愿意为不值钱的赠品买单，特别是稀缺的赠品。

4. 内部资料性出版物中的软文

这类软文主要指政府、企业自己印刷的宣传册和DM杂志（直投杂志广告）、企业内刊等。这些载体上的软文没有较严格的审核标准，一般是按照政府或企业自己内部的流程。在软文营销过程中，这些载体上的软文一定要和硬广告分开，该软的软，该硬的硬，否则，本来就心存疑虑的消费者会对这些载体上的软文不屑一顾。

【知识拓展】

传统软文与网络软文的区别

传统软文是相对于网络软文而言的，就是使用传统的媒体发布的软文。网络软文就是在网络上发布的软文。传统软文和网络软文两者投放的媒体不一样，自然就会有一些不一样的特点和性质，主要有三个方面。

1. 网络软文比传统软文更加便民

对传统的报纸杂志的收藏，需要分门别类做整理，而网络可以帮助我们节省大量的时间，我们可以把好的软文进行收藏、下载。即使没做这些工作，通过搜索也能找到想要的文章。

2. 网络软文比传统软文表达更加多样化

传统报纸杂志的软文有严格的文章编辑要求，语言表达和篇幅布局受版面布局影响不能有太大突破，因此我们很少看见权威的报纸杂志上有图文结合的软文。而网络以开放的形式突破传统媒介的束缚，网络软文字体颜色可以加粗、提亮甚至变色，图片、音频和视频的插入可以更加形象生动地表达和传播软文。这些都是传统软文表达所没有的“软”效果。比如经常看到的汽车广告，在传统媒介中最好的效果是图文结合，而网络媒介可以有视频实拍的过程加上解说，这样网络软文营销效果远大于传统软文营销效果。

3. 网络软文比传统软文更加容易传播

由于传统软文是企业付费在报纸杂志上做的广告，企业只有通过续费才有报纸杂志去转载，传播途径有限，导致阅读群体受限。而网络软文，特别是可读性强的经典软文，网站编辑会主动转载，在短时间内可把“软”信息迅速发布出去，扩大传播面，分享给更多网民。

（来源：http://www.it85.cn/more/ruanwen/30479.html，有改动）

课后思考

1. 简述软文的定义。
2. 什么是业务软文？
3. 为什么说软文可以传播价值观？
4. 简述平面媒体中的软文。
5. 论坛中的软文与其他载体软文的不同之处是什么？

第二章

软文营销的基本理论

【开篇导航】

如今，我们处于信息爆炸时代，铺天盖地的广告让人目不暇接，眼花缭乱。对于企业而言，“酒香也怕巷子深”。因此，做广告将产品和品牌推广出去，是每个企业经营的重中之重。通过降价等营销手段进行促销只是“硬营销”，成本较高并且营销效果不明显，于是，相对于“硬营销”而言的“软营销”开始被企业重视，软文营销便油然而生。

【知识结构】

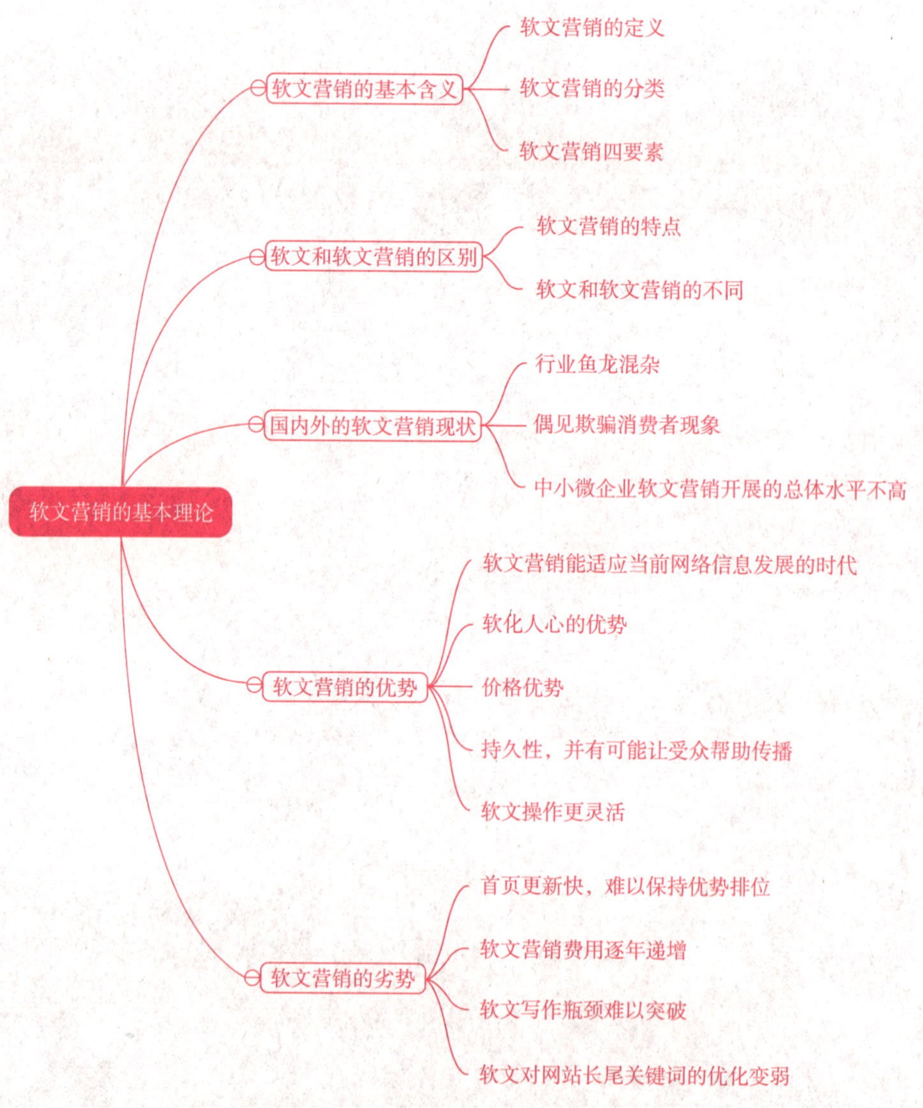

【学习目标】

◆ 知识目标

1. 了解软文营销的定义和分类，掌握软文营销的四要素。
2. 掌握软文营销的特点，了解软文和软文营销的不同。
3. 了解国内外软文营销的现状。
4. 了解软文营销的优势和缺点。

◆ 能力目标

1. 能够区分软文营销的四要素。
2. 能够理解软文和软文营销的不同。

◆ 素养目标

通过本章的学习，了解软文营销的基本理论，引导学生用辩证的眼光看待软文和软文营销，并学会运用理论知识解决实际问题。

【知识引导】

第一节　软文营销的基本含义

在信息化高速发展的今天，营销已经不单单局限于传统的方式，作为商业环节中重要的环节之一，营销伴随着高速化的网络信息发展而不断革新，软文营销就是其中新的方式之一。

软文营销的定义和四要素

一、软文营销的定义

软文是由企业的市场策划人员或广告公司的文案人员来负责撰写的“文字广告”。软文之所以叫作软文，精妙之处就在于一个“软”字，它追求的是一种春风化雨、润物无声的传播效果。

如果说硬广告是少林功夫，那么，软文营销则是绵里藏针、以柔克刚的武当拳法，软硬兼施、内外兼修，是有力的营销手段。软文营销的文字可以不要华丽，无须震撼，但一定要推心置腹说家常话，因为最能打动人心的还是家常话；绵绵道来，一字一句都是为消费者的利益着想。软文营销是生命力最强的一种广告形式，它跟传统的广告不同，是很有技巧性的广告形式。

那么，软文营销又是什么呢？软文营销，是指通过特定的概念诉求，以摆事实、讲道理的方式使消费者走进企业设定的“思维圈”，以强有力的有针对性的心理冲击迅速实现产品销售的文字模式和口头传播，如新闻、第三方评论、访谈、采访、口碑。软文是基于特定产品的概念诉求与问题分析，对消费者进行有针对性的心理引导的一种文字模式，从本质上来说，它是企业软性渗透的商业策略在广告形式上的实现，通常借助文字表述与舆论传播使消费者认同某种概念、观点和分析思路，从而达到企业品牌宣传、产品销售的目的。

二、软文营销的分类

根据软文营销的呈现形态和不同作用，可进行以下分类。

1. 按呈现的形态

按软文营销呈现的形态不同，可分为以下三类：广告版面、专刊专版、新闻版面。一般标注为新闻报道，都具有广告宣传的作用。

（1）广告版面

采用新闻文体形式，实际是广告。

（2）专刊专版

采用新闻报道形式，实际是广告性文章。

（3）新闻版面

采用新闻文体形式，与新闻报道交叉出现，有的冠以广告之名，有的不加任何标注。

2. 按作用的角度

按软文营销作用的角度不同，可分为以下三类。

（1）推广类软文营销

推广类软文营销主要借助网络平台发布软文对产品或企业文化进行推广宣传。

小提示

推广类软文营销的主要形式包括以下六种。

（1）站长在软文中推荐店址。

（2）网店店主在文章中推荐店址。

（3）从搜索引擎优化的角度出发设计关键词的网页文本。

（4）网页信函，大多数是一个域名或只有一个网页的模式。

（5）以 E-mail 方式投放的销售信函或者海报。

（6）在报纸杂志上的直接介绍或者是相关产品知识的介绍。

（2）公众类软文

公众类软文就是有助于企业或机构处理好内外公关关系以及向公众传达企业各类信息的软文。例如，有的企业就是通过企业内刊来处理企业与员工之间的关系。一旦企业发生危机，就需要第一时间处理好企业与公众之间的关系。

公众类软文可以分为公关软文与新闻软文。公关软文就是关于企业或机构组织有助于塑造良好的组织形象，培养良好的公众关系的新近事实的报道。新闻软文是一种以新闻形式发表的广告，是介于新闻和广告之间的产物，是企业在销售过程中利用或者创造新闻，以求达到宣传企业或产品的特殊的广告表现形式，其操作动机主要是追求商业利益。新闻软文的刊登位置不在广告版内，往往占用新闻或专版版面，比广告的可信度高。所以，新闻软文被专家誉为事件营销的“核心”。新闻软文在电视媒体上的形式叫“专题片”，也称“电视软文”。与报纸软文分为新闻性软文和功效性软文相对应，电视软文也分“准新闻”片和科普性功效片。

(3) 品牌力软文

品牌力软文指有助于品牌建设，累积品牌资产的软文，为品牌量身定做全网整合营销解决方案。品牌力软文塑造品牌形象，可能由企业内部员工撰写，也可能是用户对该产品的使用体验。一般由企业主导，可以自己撰写也可以找人写，撰写的角度多半以有利于提高品牌知名度、联想度、美誉度及忠诚度为主。

在品牌力当中最强大的莫过于故事的推广了，可以说故事决定了品牌力。一个广告的好坏取决于文案的内容，一个品牌的传播自然离不开它核心的品牌价值，而演绎品牌价值的莫过于故事。用故事去传播品牌，传承品牌价值，从而创造传奇品牌。

很多企业在做软文营销时，容易把其简单地理解为软文推广，但其实两者之间有本质的区别。

软文营销主要是在软文操作之前，对行动目标（写软文的目的）进行仔细调查，在调查内部环境、外部环境之后进行充分讨论，形成策划方案，包括软文谁来写、写什么、写多少字、发布到哪里、怎么去引导二次传播、怎么去监测、怎么去评估、怎么去调整、是否需要进行第二轮软文修正或者进一步推动。简言之，有目的、有策划的系列软文操作就是软文营销。

软文推广只是针对某件事情、某个活动、某个品牌、某件产品撰写软文，并选择一定的载体进行发布。

从两者的定义可以看出，软文营销需要花费更大的人力、物力才能完成，同时软文推广只是软文营销的一个步骤，软文项目能否成功，就要看软文营销的执行是否得当。

三、软文营销四要素

1. 标题

具有吸引力的标题是软文营销成功的基础，即使软文文章内容再丰富，如果没有一个具有足够吸引力的标题也是徒劳的。文章的标题犹如企业的LOGO，代表着文章的核心内容，其好坏甚至直接影响了软文营销的成败。所以，在创作软文的第一步，就要赋予文章一个富有诱惑、震撼、神秘感的标题。

2. 内容

软文营销的核心是文章的内容。如果说软文标题决定了用户是否查看这篇文章，那么软文内容就决定了用户是否能成功转化为我们的客户。在进行软文内容的撰写时请大家注意围绕企业的文化、产品、优势等营销点来介绍且在介绍这些内容时务必要做到条理清晰，让用户可以迅速明了我们传递的信息。

3. 结构

高质量的软文排版应该是严谨的、有条不紊的。一篇连排版都比较凌乱的文章，不但会令读者阅读起来感到困难、思路产生混乱，而且会给人一种不权威的感觉。

所以，为了达到软文营销的目的，文章的排版不可马虎，需要做到最基本的上下连贯，最好在每一段话题前都标注小标题，从而突出文章的重点，让文章看起来一目了然。在语言措辞方面，如果是需要说服他人的，可以根据来源，在符合法律法规要求的情况下，加入“据专家称”“某教授认为”等，这样能够提高文章的分量。

4. 广告

要把广告内容自然地融入文章，这是最难操作的一部分。因为一篇高境界的软文是要让读者读起来一点都感受不到广告的意味，读完之后读者还能够受益匪浅，认为该文章给他提供了不少帮助。

第二节　软文和软文营销的区别

弄清这两个概念对于开展软文营销的中小微企业尤为重要。我们要正确地理解软文营销，不要因为一篇软文达不到效果而对软文抱有偏见。本节把软文和软文营销的概念做一下对比。

软文营销的特点

一、软文营销的特点

软文营销的文字可以朴实无华，但一字一句都是为消费者的利益着想。具体来说，软文营销具有以下几个特点。

1. 软文营销的本质就是做广告

这是不可回避的商业本性，所以不管商家和企业的软文营销如何策划和实施，都要追求低成本和高效回报，并且最终一定要能够达到相应的效果，否则就是失败的软文营销。

2. 软文营销要吸引用户的眼光停留

所谓软文，关键点一是“软”，二是“文”。也就是说软文的内容一定是以文字为主，包括各种文字形式，如新闻资讯、经验心得、技巧分享、思想表达。通过这些文字，使受众“眼软”。只有让用户的眼光停留了、徘徊了，才有机会影响他们。

3. 软文营销的宗旨是制造信任

什么形式的文章最终能打动用户，能使用户产生信任感？答案就是能够对用户起到帮助性的文章。比如通过文章，让用户解决了问题、学到了新知识。所以软文的内容一定要真实、真诚，经得起推敲；内容要实在，要能够帮助用户解决问题。切记不能有虚假信息或是欺骗受众。

4. 软文营销要把话说明白

对于推广者来说，仅仅让用户相信你还是不够的，还需要在文章中把产品说得明明白白、清楚透彻。否则用户弄不清楚状况，推广者还是达不成最终的目的。所以推广者需要深入了解产品的特点，并将这些特点通过文字完美地演绎出来，使受众在了解到这些特点后“脑软”。

5. 软文营销的重点是口碑传播

口碑的影响力是不容忽视的，试想，如果周围的朋友都在用某件产品，并且时不时地“劝说”你一下，想来你肯定会“耳软”。软文营销的重要特性就是在于此，通过精练动人的语言，成功抓住用户的耳朵，可以很好地传播品牌。

6. 着力点是用户的兴趣和利益

用户对什么样的内容最感兴趣？不同的行业、用户群的答案不尽相同，但是有一条最本质的规律，那就是不管是什么状况、什么行业、什么用户群，一定对与自身的喜好和利益有关的内容最感兴趣。所以，深入研究用户的需求，是每一位营销推广人员必须做足的功课。

二、软文和软文营销的不同

1. 行为方式不同

软文大多是进行单篇文章的策划和撰写，软文营销是一个系统的营销方式。软文可以简单地理解为有行动目标的文字，以及文字和图片的组合。而软文营销则是对企业内外资源进行整合，针对营销的目标进行内容策划和撰写，并有策略地进行传播。

2. 操作难易程度不一样

软文大家都可以尝试去写，而软文营销不仅需要内容方面的策划和撰写，更需要研究传播策略。

3. 影响力不同

虽然单篇软文也有出现过惊艳的情况，但是与持续发力的软文营销相比，在深度和广度方面远远不如软文营销的影响力。软文营销是一个系统的营销过程，其动态、连续、闭环的特征是单篇软文所不具有的。

4. 认识程度不同

大多数人都会把软文营销误解成软文。正是这个原因，很多企业做过软文，但因效果不佳而中途放弃。

可喜的是，近年来随着网络营销、电子商务、移动电商的火热发展，越来越多的企业开始意识到软文营销对企业的重要性，开始尝试开展软文营销为电商引流量，为产品打造品牌。

然而可惜的是，很多企业以为软文营销就是简单地发布几篇文章，或者是随便写几篇植入一些关键词的文章，在网络上用免费的贴吧、论坛、博客、微博等一通乱发，结果没有收到一丁点儿的效果，浪费了时间和精力不算，更为严重的是企业开始对软文营销全盘否定。

一篇精心策划的软文，内容再好，也需要通过系统的传播策略传播出去，才能对企业营销起到四两拨千斤的效果。一篇优秀的软文是软文营销的前端，软文营销则是将软文放到一个更好、更适合其发挥效应的平台上，二者相辅相成。软文和软文营销，可以说是搭档，或者说软文营销包含了软文本身。

第三节　国内外软文营销的现状

目前在国内从事软文营销相关业务的人群主要有：传统的广告公司、公关公司、网站、个人工作室、写手、记者以及一些威客平台的威客们。尽管国内软文营销作为一个行业还没有正式地被客户和官方承认，但实际上这部分业务开展得如火如荼。目前表现出以下几个特点。

一、行业鱼龙混杂

各种软文营销行业网站如雨后春笋般快速发展，由于进入软文撰写和发布的门槛低，因此行业从业者杂乱无章、鱼龙混杂的现象普遍存在。有些写手水平高，有些写手水平低。有些懂得传播策略，有些做发布套餐，鼓励客户在发布上以量取胜。甚至有部分软文从业者缺乏市场的销售经验和法律意识，屡屡出现违背道德和违法的事情。

思政课堂

习近平总书记在重要文章《坚持走中国特色社会主义法治道路，更好推进中国特色社会主义法治体系建设》中指出，法治兴则民族兴，法治强则国家强。当前，我国正处在实现中华民族伟大复兴的关键时期，世界百年未有之大变局加速演进，改革发展稳定任务艰巨繁重，对外开放深入推进，需要更好发挥法治固根本、稳预期、利长远的作用。建设中国特色社会主义法治体系，要顺应事业发展需要，坚持系统观念，全面加以推进。

二、偶见欺骗消费者现象

许多软文营销网站为了发布业务而忽略了软文本身的真实性，审核也往往不够严格，一般只要符合企业的宣传目的，各种软文都会被发布在网络中。因此，出现了许多为了谋利益而“虚张声势”“无中生有”的带有欺骗性的虚假软文，部分消费者因此而蒙受损失。值得欣慰的是，这种事情目前可以依靠新的广告法来处理。

三、中小微企业软文营销开展的总体水平不高

软文营销目前还是大企业的天下，中小微企业对软文营销重视程度不够，表现出来的软文水平也不高，甚至很多的中小微企业只是偶尔尝试撰写一两篇软文，并没有上升到系统的营销层面上来。

相较于国内软文营销比较混乱的现状，国外的软文营销市场相对成熟规范。美国联邦贸易委员会（FTC）曾出台指导方针，加强博客软文的监管力度。美国联邦贸易委员会宣布表决通过修订后的《广告推荐与见证的使用指南》（以下简称为《指南》）。美国率先为规划监管软文行业出台法规，让全球广告界对软文行业的监管力度又有了新的思考。

对于国内软文行业来说，“美国软文监管”事件背后所呈现的诸多问题，也应该引起中国同行的关注与思考。中国战略策划家、中国宽带无线 IP 标准工作组战略顾问张庆松呼吁：中国的网络秩序亟待建立和维持，而类似美国联邦贸易委员会的《指南》，可以实现保护中国消费者权益的目标。

美国监管软文的规章中明确规定：若消费者因博客的不当产品评论而蒙受损失，博主或厂商则必须承担赔偿责任。这对于中国软文写手来说可能有痛彻心扉的触动。美国出台的政策对我国改善网络软文文化有很大的借鉴意义。

软文营销在国内发展前景很好，但是较为混乱的软文营销局面需要整治。一个全面体现人权、保护消费者的软文规章是最迫切的需要。

思政课堂

习近平总书记在“不忘初心、牢记使命”主题教育工作会议上指出，我国市场监管事业已走过 70 年，无论体制和职能如何发展变化，维护最广大消费者的利益始终是市场监管的出发点和落脚点。保护消费者也是各国制约市场失灵、维护公平正义的产物，是社会文明程度的重要标志和国家的重要软实力。加强消费者保护，就是顺应历史前进的逻辑、时代发展的潮流。

第四节 软文营销的优势

随着互联网的发展，网络营销的方式越来越多样化，最基本、最广泛的还是软文营销。软文营销能迅速、低成本地提高企业和产品的形象，提高企业和产品的知名度和公信力，既节约会计成本又节省时间成本，其优势主要体现在以下五个方面。

一、软文营销能适应当前网络信息发展的时代

随着网络信息高速发展，软文营销也在不断革新，并且能够适应当前网络信息发展的时代。借助网络平台，软文营销广泛运用于专业论坛、新闻网和博客等，并取得了理想的营销效果。专业论坛能聚集大量某一行业或类别的消费群体，论坛以巧妙的文字信息交流获得读者群，以此展开的软文营销具有很强的针对性。同时，软文能巧妙而合理地进入新闻网，相比硬邦邦的广告和企业新闻，这样的软文润物无声，读者更容易接纳。

二、软化人心的优势

各种媒体为抢占眼球竞争激烈。人们对电视、报纸的硬广告关注度下降，广告的实际效果不再明显。软文则是生命力最强的一种广告形式，也是很有技巧性的广告形式。其精妙之处在于一个“软”字，好似绵里藏针，收而不露，“克敌”于无形。等到你发现这是一篇软文的时候，你已经冷不防地掉入了被精心设计过的“软文广告陷阱”中。软文追求的是一种春风化雨、润物无声的传播效果。

三、价格优势

媒体对软文的收费比硬广告要低得多，所以在资金不是很雄厚的情况下，软文的投入与产出比较科学合理。

平面媒体和户外媒体的广告费也让很多中小企业望而却步。而软文除了主流平面媒体和网络媒体需要付费之外，还有很多免费的平台。如果调研、策划、创意、撰写都到位，很有可能用免费的方式获得硬广告付费都达不到的效果。所以企业从各个角度出发都愿意以软文试水，以便使市场快速启动。

四、持久性，并有可能让受众帮助传播

平面媒体软文，除了当期能与受众见面之外，也可以从图书馆或者数据库中查找到。如今很多平面媒体也有了网络版，从网络上也能检索到。网络软文更不用说

了，只要服务器不关，只要互联网不消失，将永远存在。新闻性的软文，容易让受众信任；故事性的软文，容易让受众记住；科普性的软文，容易让受众觉得有收获。对于软文来讲，如果确实能给受众带来价值，哪怕是一句话、一个观点对受众有启发、有帮助，受众都愿意接受并且极有可能帮助传播。

五、软文操作更灵活

硬广告不仅在目标受众方面受限制，而且在时段、版面、刊期等方面也有一定的限制，操作性不强。而软文除了在平面媒体受刊期、版面篇幅限制之外，其针对性更强，从标题、内容上都可以精准地针对受众，特别是网络软文可以不限篇幅，可以插入图片，可以插入超链接，可以设置百度检索的“关键词”，搜索结果更为精准。

总之，软文营销追求的是一种软性广告效果。目前电视广告泛滥，消费者对广告产生厌恶情绪，营销文章通过知识性、趣味性、创新性、可读性来吸引读者，达到不销而销的效果。当前网络传播范围广，只要文章写得好、写得软、写得妙，一定会为你带来意想不到的效果。软文营销附带着商业气息已经渗入整个网络并发挥着巨大的影响力，目前正是软文营销的时代。

第五节　软文营销的劣势

软文营销的优势足以让很多企业怦然心动，但是任何事物都有两面性，软文营销也不例外。

一、首页更新快，难以保持优势排位

网络软文营销方面，虽然软文大多能够在百度搜索的新闻栏目里排到首页，不过这个首页的更新速度也是比较快的。百度新闻的排名受发布时间等因素影响，如果每天都有大量的软文发布，那么所发布的软文也可能很快地从首页被压到后面去，进入第二页甚至是第三页。

软文主要展示在百度的新闻栏，软文出现在新闻栏目的首页，但不代表百度网页栏目也能够在首页。然而目前大多数网民，在搜索关键词时，都是在网页格式下进行的。这样在一定程度上弱化了网络软文营销的传播。这就需要企业员工在新媒体上进行弥补。然而在 PC 端上点击量高的文章，在微博、微信上阅读量未必就高，这就需要企业员工进行适度的改写。这种改写需要时间和实践去磨炼。此外，百度的收录至关重要，关键词的设置要符合目标用户的检索习惯，手机端和 PC 端的不同行业关键词展现的规律也需要不断摸索。另外，百度手机端检索的效果也不同于 PC 端（同样的时间、同样的关键词）。

二、软文营销费用逐年递增

随着软文营销的兴起，软文营销的费用也在逐年增加。越是权威的媒体，其发布费用越高，部分媒体审核稿件的条件也越来越苛刻。虽然现在不少媒体都推出了不同新闻网站组合的套餐，对软文发布的费用进行了优惠，但是软文发布对于中小微企业来讲仍意味着一笔不小的支出。

新媒体渠道方面，使用第三方自媒体大号发布的费用也在增加。企业自己培养自媒体周期又比较长，组建专业的团队也困难重重。大多中小微企业没有实力独立开发 H5（HTML5 是构建 Web 内容的一种语言描述方式）等新形式的能力，只能使用模板，受到很多限制。此外，传统媒体、网络媒体、新媒体的整合传播都需要时间和实践来积累经验。

三、软文写作瓶颈难以突破

软文写作的瓶颈一直没有突破，目前国内的专业软文写手的能力普遍不高，高水平的软文写手依然是凤毛麟角。要知道，在软文营销过程中，最重要的载体就是软文，水平普通的软文即使在传播渠道上花了费用，所产生的传播效果和市场结果也不一定理想。

四、软文对网站长尾关键词的优化变弱

有的网站对于发布软文提出了一些要求，如对给出的锚文本链接设置 nofollow 属性。nofollow 是 HTML 页面中 a 标签的属性值。这个标签的意义是告诉搜索引擎不要追踪此网页上的链接或不要追踪此特定链接。

还有就是进行了 JS 跳转（JS 即 JavaScript，是一种由 Netscape 的 LiveScript 发展而来的脚本语言），这是为了保证自己的新闻网站权重不丢失，而且有的知名门户网的软文发布，大多带的是纯文本链接，甚至不允许软文留下链接，这些都会在一定程度上弱化软文对网站长尾关键词的优化。

以上都是网络软文营销的劣势，只有巧妙地应用其优势，扬长避短，才能让软文营销为企业带来更好的品牌效应和销售收益。

小提示

品牌效应是指由品牌为企业带来的社会和经济效应，它是商业社会中企业价值的延续，在当前品牌先导的商业模式中，其意味着商品定位、经营模式、消费族群和利润回报。树立企业品牌需要企业有很强的资源统合能力，将企业本质的一面通过品牌展示给世人。树立方法有：广告、日常营销、售后服务，都有直接影响。品牌效应是品牌在产品上使用，为品牌使用者带来效益和影响。品牌是商品经济发展到一定阶段的产物，最初的品牌使用是为了便于识别产品。品牌迅速发展是在近代和现代商品经济高度发达的条件下产生的，其得以迅速发展即在于品牌使用给商品

生产者带来了巨大经济和社会效益。

【知识拓展】

软文营销的策略

1.新闻攻略

人们都有猎奇心理，也都渴望了解新事物、学习新知识，所以新闻性的软文非常容易得到人们的关注。

不过在操作时要注意，新闻软文一定要突出一个“新”字，文章中的内容一定是人们所不知道的、不了解的、不熟悉的。例如，新鲜的观点、事物、知识、话题等。文章的形式要符合新闻的写作规范，发布的媒体及具体的版块也应该是正规栏目，切记不要发到广告版块内。

2. 概念攻略

万物都是相通的，网络营销也是如此。不同的营销与推广方法之间有很多共性，一些理念和策略也都适用，只不过具体的表现形式不同。

打造概念时要注意，这个概念一定得与目标用户息息相关，要高度符合用户需求，能够引起用户强烈的关注与足够的重视。否则不管包装多漂亮，都是在做无用功。

3. 话题攻略

话题是最容易在用户中引起口碑效应的，因为只有足够热的话题，才能在用户之间自发地讨论与传播。想获得足够热的话题，比较好的方式有两种，一是围绕、结合社会热点制造话题，二是针对用户的喜好与需求引发讨论。

制造话题时，要注意话题的可控性，不能引发用户对产品的负面情绪，一定要做正面引导。

4. 经验攻略

经验分享性软文是最容易打动用户和影响用户的软文类型。此类软文的策略主要是利用了心理学中的“互惠原理”，通过免费向用户分享经验、免费给予他们帮助，达到感动用户的目的。

5. 技术攻略

此策略的关键是通过技术层面的东西去打动用户，所以，文中所说的技术不能是伪技术，必须具有一定的先进性，能够真正帮助用户解决一些问题。而且在描述时不要过于高深，要用一些浅显易懂的语言和例子，让用户明白其大致原理，了解这种技术能够为他们带来什么。

（来源：https://wenku.baidu.com/view/fc26eaa8c850ad02df80416f.html?_wkts_=1675871668178&bdQuery=%E4%BA%BA%E4%BB%AC%E9%83%BD%E6%9C%89%E7%8C%8E%E5%A5%87%E5%BF%83%E7%90%86%2C%E4%B9%9F%E9%83%BD%E6%B8%B4%E6%9C%9B%E4%BA%86%E8%A7%A3%E6%96%B0%E4%BA%8B%E7%89%A9%E3%80%81%E5%AD%A6%E4%B9%A0%E6%96%B0%E7%9F%A5%E8%AF%86%2C%E6%89%80%E4%BB%A5%E6%96%B0%E9%97%BB%E6%80%A7%E7%9A%84%E8%BD%AF%E6%96%87%E9%9D%9E%E5%B8%B8%E5%AE%B9%E6%98%93%E5%BE%97%E5%88%B0，有改动）

课后思考

1. 简述软文营销的定义。
2. 按呈现形态的不同，软文可以分为哪几类？
3. 软文营销的特点是什么？
4. 简述软文和软文营销的不同。
5. 如何看待软文营销的价格优势？

第三章

软文营销的常规操作步骤

【开篇导航】

软文营销操作就是一个系统，从实施的常规步骤来看，主要包括调研、策划、撰写、发布、评估。评估的结果又可以作为调研的信息来源，如果持续操作又可以进入新的一轮策划，从而形成闭环。

【知识结构】

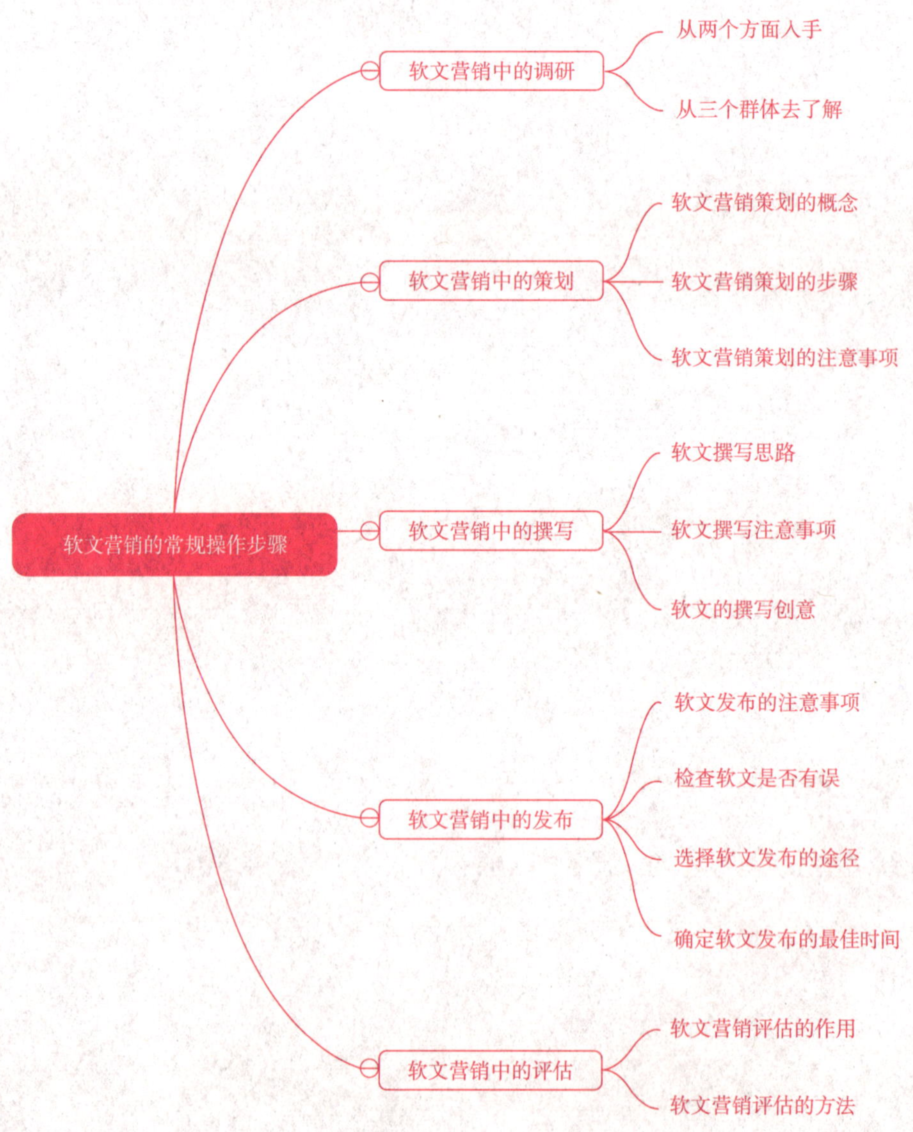

【学习目标】

◆ 知识目标

1. 掌握软文营销调研的两个方面和三个群体。
2. 了解软文营销策划的概念，掌握软文营销策划的步骤和注意事项。
3. 掌握软文撰写思路和注意事项，了解软文的撰写创意。
4. 掌握软文发布的注意事项。
5. 了解软文营销评估的作用，掌握软文营销评估的方法。

◆ 能力目标

1. 能够确定软文发布的最佳时间。
2. 能够根据需求选择合适的软文发布途径。

◆ 素养目标

通过本章的学习，了解软文营销常规操作步骤的基本知识，学会合理规划，培养全局意识，提高从事网络营销活动所需具备的职业素质和能力。

【知识引导】

第一节　软文营销中的调研

通常大中型企业会有专门的营销部门负责产品和品牌的软文营销，而中小微企业则通常是委托第三方开展软文营销，第三方进行软文营销的调研分析应该着重关注两点。

一、从两个方面入手

两个方面是指企业内部环境和企业外部环境。这两个方面是由相互依存、互相制约、不断变化的各种因素组成的两个系统，是影响企业管理决策和生产经营活动的各因素的集合，能够反映企业、品牌和产品的基本特征。

1. 企业内部环境

企业内部环境是企业内部的物质、文化环境的总和，包括企业资源、企业能力、企业文化等因素，也称企业内部条件。企业内部环境调研分析的目的在于掌握企业历史的状况，明确企业所具有的优势和劣势，为后面的软文策划打下坚实的基础。

企业内部环境调研分析包括的内容有很多方面，如企业的创建历史、商业模式、经营范围、企业资质、经营业绩、企业荣誉、企业组织架构、企业领导人资历、经销商数量、客户群体、公司管理模式、人力资源体系、企业办公环境、企业生产环境、企业参与的公益活动、企业员工的工作和生活状态等。

按企业的成长过程，企业内部环境调研分析又被分为企业成长阶段分析、企业历史分析和企业现状分析等。

（1）企业成长阶段分析

分析企业处于成长阶段模型的哪个阶段，然后有针对性地根据企业发展战略来进行软文策划。

（2）企业历史分析

包括企业过去的经营战略和目标、组织结构、过去五年财务状况、过去几年的人力资源战略以及人力资源状况（包括人员的数量及质量）等。

（3）企业现状分析

包括企业现行的经营战略和目标、企业文化、企业各项规章制度、人力资源状况、财务状况、企业研发能力、设备状况、产品的市场竞争地位、市场营销能力等。

当然，调研分析并不是将以上所列出的项目全部了解得一清二楚，而且即使企业愿意配合也基本不太可能了解透彻，但是，至少要有初步了解，才能在撰写软文时有的放矢。

2. 企业外部环境

企业外部环境是对企业外部的政治环境、社会环境、技术环境、经济环境等的总称。

（1）政治环境

国家的方针政策、法规，以及国内外政治形势的发展状况。

（2）社会环境

居民的收入或购买力、居民的文化教育水平等。

（3）技术环境

与本行业有关的科学技术的水平和发展趋势。

思政课堂

习近平总书记在向第二届世界顶尖科学家论坛（2019）的致贺信中指出，科学技术是人类的伟大创造性活动，发展科学技术必须具有全球视野、把握时代脉搏。中国愿同世界各国一道加强科学研究，密切科研协作，推动科技进步，应对时代挑战。中国高度重视科技前沿领域发展，致力于推动全球科技创新协作。中国将以更加开放的态度加强国际科技交流，依托世界顶尖科学家论坛等平台，推动中外科学家思想智慧和研究成果转化为经济社会发展的强大动力。

（4）经济环境

包括宏观经济形势、世界经济形势、行业在经济发展中的地位，以及企业的直接市场等。其中，企业的直接市场是与企业关系最密切、影响最大的环境因素。具体包括销售市场、供应市场、资金市场、劳务市场等。

从外部环境对企业的影响是否直接来区分，又可分为一般环境和具体环境两大类。一般环境是指能影响某一特定社会中一切企业的宏观环境，对企业的影响比较间接；具体环境是指能更直接地影响某个企业的微观环境。

软文营销调研分析所针对的应该是企业所在的行业的发展情况、与企业相关的新闻热点、公司客户群的主要特征和行为习惯、主要竞争对手的基本情况，特别是竞争对手已经开展软文营销的，更要认真收集和研究。当然，收集信息的目的是要从中学习经验，找出竞争对手的弱点，从而制定差异化、个性化、系列化的软文营销策略。

小提示

在营销中，软文不但要创造价值，更要对社会、集体和个人负责，对软文撰写者自己负责。软文在网络中的传播范围更广、速度更快，没有经过调研分析而进行软文营销，有可能误导消费者，甚至造成间接伤害。

二、从三个群体去了解

三个群体主要是指企业的内部人员、合作伙伴及第三方人员。

（1）内部人员

企业的内部人员由企业创始人（也就是老板，有些企业的创始人不一定是经营负责人）、企业经营负责人（也就是高层，包括 CEO/ 总裁、副总裁、总经理）、企业主要部门负责人（也就是中层，包括总监、部门经理）、企业员工（也就是基层，包括经理、主管、主任、专员、助理、实习生）组成。

（2）合作伙伴

企业的合作伙伴是指与企业在相互信任的基础上，双方为了实现共同的目标而采取的共担风险、共享利益的长期合作关系的其他企业或者客户，主要是指企业的主要经销商和供应商及企业的大客户。

（3）第三方人员

企业的第三方人员是指与企业存在一定的关系，直接或间接影响企业生产经营活动的团体或个体，如行业内的竞争对手、行业协会、监管机构人士、普通消费者等。

软文营销调研分析也需要对以上三个群体进行分析，不一定面面俱到，但是相关的内容应该覆盖。调研分析的形式可以像新闻媒体记者采访一样列出采访提纲，也可以通过轻松的聊天，从侧面了解情况。

调研分析不能涉及企业商业秘密的具体内容，即使了解到这些信息，也必须严格保密，否则这些信息的泄露有可能导致企业的经济损失。如果是中小企业委托第三方开展长期的软文营销，在接受对方调研分析前，一定要签署保密协议；如果能够协商成功，最好签署一个行业排他性协议（是指与同行业内一方订立协议进行授权后，不得再就同一事项与同行业其他企业订立协议，除权利人自己可以实施外，不得再授权他人行使某项权利）。

第二节　软文营销中的策划

软文营销策划是软文营销体系中至关重要的一环，一个好的软文营销策划方案可以创造出让人难以置信的销售业绩，如软文史上的经典之作——脑白金软文。

软文营销策划的概念和步骤

一、软文营销策划的概念

软文营销策划是指企业的市场营销人员或第三方网络策划（公关）公司根据企业的产品或服务特征，结合企业经营管理过程中的各个阶段的具体情况，以及当前及未来一段时间的市场需求变化趋势而制订的软文营销计划。

软文营销策划是一项考验创意能力的工作，它统领软文营销的全局，在整个软文营销体系中居于中枢地位，没有经过策划的软文营销活动是达不到营销效果的。对于很多中小型企业来说，由于缺乏足够的资金进行系统性的操作，软文营销往往比较散乱，软文推广的需求也是随机的，如要在某个活动中撰写一篇宣传软文，往往就是随便从网上购买一篇，然后发布到网上。尽管这些软文的成本较低，但是质量也是很不理想的。

二、软文营销策划的步骤

1. 明确行动目标

行动目标是指软文营销要达到的目的。软文营销的常见行动目标包括树立品牌、带动销售、对竞争对手采取的策略做出回应、配合公司的重大战略部署。在进行策划时，一定要明确行动目标，如果公司有多个目标，可以排出优先顺序，先后执行。

2. 明确实施策略

明确行动目标后，就需要明确软文营销的实施策略，包括明确时间和数量要求，还要初步明确投放渠道。当然这些可以根据预算做灵活的调整，但必须有这 3 个要求，才能制订软文营销策划案。

3. 确定软文撰写角度

最后就是明确软文撰写角度。撰写角度既可以是文章标题形式，也可以是撰写思路的简单记录。只要前期调研分析充分，有了行动目标和策略，围绕行动目标，建立清晰的写作框架，将写作分解成不同侧面和角度，通过划分，就能迅速将文章撰写角度列出来。

需要注意的是，软文营销策划方案必须与公司的发展战略一致。另外，对外传达的声音与形象要与企业的品牌计划一致。

三、软文营销策划的注意事项

软文营销策划与所有的营销策划一样，需要考虑多方面的问题，主要包括以下4个方面。

1. 企业市场营销整体战略

软文营销必须与企业的整体市场营销战略结合起来，才能实现战略目标的最大化。在大多数企业中，软文营销归属于企业市场营销战略，软文营销策划往往伴随着新闻营销策划活动而展开。

2. 新闻媒体眼光和意识

进行软文营销策划时必须明白，新闻类软文容易实现新闻的“病毒式”传播效果，软文进入搜索引擎的新闻源系统，会带来意想不到的转载效果。所以，具有新闻工作背景的人员来进行软文营销策划是最合适的，但也需要具有网络营销背景的人员来协助其工作，这是因为具有新闻工作背景的人员在进行软文营销时容易被以往从事纸媒新闻的经验所束缚，对于网络传播往往缺乏一线的实战经验。

3. 品牌意识

建设企业的品牌是软文营销的主要目的之一，软文是企业品牌建设的重要载体。因此，软文营销策划人员必须具有品牌意识，在软文营销的每个步骤中，都要考虑到将企业品牌元素巧妙植入其中，否则，将会浪费软文营销本来应该发挥的作用。

4. 熟悉尽可能多的网络媒体特征

软文营销策划人员最基本的能力就是把合适的东西放在适合的地方。因此，软文营销策划人员必须了解各种网络媒体（包括综合门户网站、地方行业门户网站、个人媒体等）的特点，才能制订出具有针对性的软文写作形式和发布方案。

第三节　软文营销中的撰写

软文营销的精髓在于以人为本，客户是软文营销的主体，也是企业营销的客体，所以撰写软文时要把握客户的思想趋向，并以此为切入点展开营销。软文的质量决定了软文营销的效果，软文撰写是软文营销体系中最重要的环节。

一、软文撰写思路

撰写软文需要先找好文章的切入点，然后拟定一个吸引人的标题，接着收集各种写作素材，最后撰写软文的正文，这就是基本的写作思路。

1. 找好文章切入点

切入点是指作者写文章的角度，或者说文章的主题。软文的话题往往比较宽泛，开放性强、限制少、题目大、范围广，可写的人、事、物、理很多。面对这类主题，最好的办法是“化大为小”，从“小”处切入，写自己感受最深的方面，表达独到的见解。

实际写作时必须对文章加以限制，通过细化主题，即缩小切入点的范围和角度，化多为少、化大为小、化粗为细、宽题窄做，最终确定文意的取向。否则，切入点口径过大，主题就难以收拢。例如以“产品”为主题，就可以在前面加修饰语，在后面加中心词，也可以前后同时加，这样便缩小了主题范围，如新的产品、销量大的产品、质量有缺陷的产品、已经上架销售的产品等。

话题缩小了，思路容易集中，避免在材料、立意等方面与其他软文雷同，只有“以小见大”，才能避免信马由缰、言不及义，才有利于写出个性和特点。撰写时找准紧扣“话题”的切入点，做到角度小、立意新、挖掘深、笔力集中，既便于迅速构思成文，又不至于“下笔千言，言不及义”。

2. 写好标题

写好标题并不是要做一个“标题党”。标题是点睛之笔，如果标题起得好，那么这篇软文就能事半功倍。下面就展示一些经典软文的标题。

（1）借“流行”

“iPhone14 抽奖进行时，你怎能 Hold 住”（活动软文标题）、“Duang，房价真的降了”（地产软文标题）。

（2）借“名人”

“赵雅芝年轻 20 岁的秘密”（化妆品的软文标题）、“巩俐：欧莱雅，你值得拥有”（化妆品的软文标题）。

（3）借“文化”

“第一视频叫板央视：同根不同命，相煎已太急”（视频网软文标题）、“房价下跌，百姓只问不买，中介只求‘非诚勿扰’”（中介软文标题）。

（4）以“险”吓人

“高血脂，瘫痪的祸根”（保健品的软文标题）、“30 岁的人，60 岁的心脏”（保健品的软文标题）。

（5）以“议”动人

“千万不要为了当老板而去创业”（招商软文标题）、“菓珍建议：冬天要喝热菓珍”（饮品软文标题）。

（6）以“问”呼人

“喜欢上海，非得坐飞机过来？”（新浪上海站软文标题）、“1989 年出生的人来聊聊”（产品的软文标题）。

（7）以“趣”绕人

“赶快下‘斑’，不许‘痘’留”（祛痘产品的软文标题）、“‘不要脸’的时代已经过去”（润肤水的软文标题）。

（8）以“悬”引人

“十年里发生了什么”（红酒的软文标题）、“我是如何从失败中奋起，进而走向成功的”（培训的软文标题）。

（9）以“事”感人

“一个襄樊汉子和他的云帆国际装饰品牌梦想”（装饰公司软文标题）、“我和采茶美女的邂逅”（茶叶软文标题）。

（10）以“情”动人

“19 年的等待，一份让她泪流满面的礼物”（礼品软文标题）、“老公，烟戒不了，洗洗肺吧”（保健品软文标题）。

（11）以“新”馋人

“记者观察：网上项目外包风生水起”（网站新项目的软文标题）、“终于，多功能车开始用安全诠释豪华”（新能源汽车软文标题）。

（12）以“利”诱人

“小站长年收入 10 万元不是梦——我的奋斗历程”（网站培训软文标题）、“注册 × 网站会员，即送 10 元现金券”（网上商城软文标题）。

（13）以“密”迷人

“半个月瘦身 10 斤，秘密首次公开”（减肥产品的软文标题）、“让销售业绩提升三倍的九种方法”（培训的软文标题）。

3. 搜集素材

软文的素材来源通常有以下 6 个。

（1）案例法

把自己亲身经历的案例写出来，然后再加上自己的分析、感受、评价等。

（2）总结法

将自己收集的案例、热点时事、别人的案例，分析总结后编辑为新的案例。

（3）修改法

修改别人的文章，其文章主要的话题不变，只是修改一些细枝末节，然后再加上自己的感受和想法等。

（4）拼接法

简单来说，就是把几篇文章拼接起来成为自己的文章，整理出几篇文章的观点，然后把它们整合在一篇文章中。

（5）观察法

每天的生活就是无尽的宝库，细心观察生活，从生活中找到创作的灵感，留心记住每时每刻所发生的事情，我们在软文创作时就能获得用之不尽的素材。

（6）实践法

多看新闻。新闻讲述的是每天发生的事情，具有较强的时效性，在新闻中，我们可以找到很多及时有效的信息。将这些新闻穿插到软文中，就是很好的写作方法。

思政课堂

实践的观点是马克思主义理论的思想精髓，也是中国优秀的传统文化。习近平总书记多次强调“空谈误国，实干兴邦”“一勤天下无难事”“实干才能梦想成真”。我们创造美好的生活要靠实干，基本实现现代化要靠实干，实现中华民族伟大复兴也要靠实干。青年学生要坚定理想信念，勇于实践，到祖国需要的地方去发光发热，以实际行动为实现民族复兴的中国梦做出自己应有的贡献。

4. 认真撰写内容

写好软文最重要的就是把内容写好。软文内容要有以下 3 个特点。

（1）实用

软文应该对消费者有价值、有用处，能够给消费者带来帮助。

（2）创意

软文应该新颖，让消费者眼前一亮，这样容易引起消费者的好奇心。

（3）易懂

软文不要太高深、咬文嚼字，让消费者明白字面的意思即可。

小提示

学会一些基本的软文写作方法，对于撰写软文内容有很大的帮助。软文的撰写有以下 7 个“套路”。

（1）写作之前打好腹稿，归纳好写作重点。

（2）尽量避免专业化的语言，多用日常用语，提高可读性。

（3）多关注行业内的新闻和事件，特别是网络热门的话题。

（4）有案例图片的最好插入图片，能增加文章的吸引力，使软文更加生动形象。

（5）注意软文段落的设置，最好使用“总分总”的形式，在最短的时间内指向主题内容。

（6）换个角度，多看他人的文章，吸收经验之余为自己的写作提供思路和灵感。

（7）学习专业新闻稿的写作方法。

二、软文撰写注意事项

软文撰写还需要注意以下事项。

1. 文章内容要有“料”

软文要吸引消费者，单靠标题是不够的，“标题党”可能会吸引消费者，但无法提高转化率。所以，文章的内容必须有“料”，必须让大多数消费者看完觉得有用。软文的作用是为了在陌生人心中建立某方面的“权威”形象，因此，有“料”的文章内容可以是技巧干货（表达某人传授的比较重要或者比较实用的知识、方法、技能等）分享，也可以是热门事件分析，甚至可以是生活常识等。

2. 文章话题要具有热度

网络中很多“病毒式”传播的软文都有一个共同点——其中出现的事件肯定具有一定的热度和关注度。例如，生产数码产品的企业可以去搜索最近是否有关于该类产品的热门话题，并利用该热门话题来撰写软文，以提高关注度。

3. 根据投放平台采用不同的语言形式和软文类型

当然，不同的投放平台，对应的软文的类型也不一样，在普通论坛、微博、微信等平台，娱乐型的软文更受欢迎；而在专业媒体、报纸杂志、门户网站中，则更适合新闻类、行业类的软文。所以在撰写软文时要确定投放平台以及内容主题，然后再采用对应的语言形式和软文类型进行写作。

4. 把握植入广告的时机

软文与硬广告不同，在软文中植入广告不能太明显、太刻意，否则会让人厌烦，严重影响营销的效果。撰写软文的时候，通常都会先确定这篇文章的功能：是用来宣传口碑的，还是用来生产销售的。软文的第一目标是提高产品或品牌的知名度，所以，撰写的软文应该尽量少地植入广告。目前最好的软文植入广告方式就是在发布的软文最后标注作者名称（或者是所宣传的产品或品牌）。

5. 文章中适当插入图片

适当插入图片对于某些特殊类型的软文能起到画龙点睛的作用，如新闻、游记、美食分享、产品分析点评等类型的软文就需要图片来点缀。

三、软文的撰写创意

软文创意的概念和思维方式

创意是人们思维的灵动，心灵的捕捉，是人们对生活的总结与阐释。在注重创意的行业里，如广告、设计、写作等，创意就是企业生存的基础，没有创意的企业将无法生存。在软文营销中，有创意的软文更能达到营销的目标。下面就介绍软文撰写中的主要创意点。

1. 热点

新闻天天有，热点常更替。所谓“热点”，主要是时下发生的引起人们广泛关注的事件，可以是社会事件，也可以是新闻事件。一些热点事件一旦在网络上传播，在很短时间内关注者就可能达到几百乃至上千万人，如果事件内容与企业相关，软文撰写人员就应该抓住机会，打一场热点营销的“软文大战”。

一些对软文营销有信心的企业，都会设置专职的软文营销推广职位，其作用就在于对突发新闻热点事件进行及时抓取和整理，并借题发挥，带动企业的营销推广。借热点事件进行软文营销，是一种最经济和最具效益的营销方式。

2. 历史

无论是品牌软文还是产品软文，都是有历史文章可以做的。通常，“历史”是指企业过去的经历，而对于新创办的企业来说，也是有创业想法的由来，企业的筹备，产品或服务的设计、生产或定制等过程，这个过程对于当前来讲就是历史。

有很多企业是老字号，这些企业的历史与文化，就是软文营销人员需要挖掘的点，如白酒行业的茅台和五粮液等。

3. 故事

故事性的软文能让消费者记忆深刻，能够拉近企业与消费者的距离，让消费者在不自觉中产生消费行为。稍有实力的企业，几乎都有自己的品牌故事，如茅台海外参展摔酒瓶、海尔张瑞敏砸冰箱的故事至今仍为人们津津乐道，这些故事为企业带来的卓越品牌传播贡献也是毫无争议的。

而对于很多中小企业来说，软文营销人员可以从品牌或产品的故事上进行创意，主要是从企业管理运营过程中与经销商、客户或员工之间发生的故事去进行创意。

4. 参与

小米是一个非常注重调动客户参与度的企业，当其开始研发新产品时，很多消费者热情地出谋划策；新品上线时，很多消费者参与抢购；产品售出后，几千万消费者又积极参与到产品的口碑传播和功能更新完善中，这就是小米企业成功的基础。

对于很多企业来说，要做到极具感召力并不容易，但在软文营销上，在感召力方面还是有可为的。

另外，增加消费者的参与感的常见方式就是在软文撰写时，多写一些有争议性的评论文章，引起消费者的关注和讨论。评论性的文章常常自身没有对错，但不同的人却会对其产生不同的看法，正确引导两方面不同的评论，就会为企业营销带来更好的效果。

5. 数据

数据对于文章有非常重要的意义，对于很多行业媒体来说，没有数据支撑的文章是没有说服力的。各种价格指数、天气指数、洗车指数、幸福指数等围绕数据所做的文章近年来非常流行。

无论是新闻报道还是软文，都需要数据的支持。对于以消费者为营销对象的软文来说，有说服力的数据，有时候比具体的实例更能激发消费者的热情。例如，某奶茶软文中提到一年卖出七亿多杯，杯子连起来可绕地球两圈。这么大的销量足够震撼，再加上形象的比喻，就可以传递给消费者一个明确的信息，该产品非常受欢迎，那么，消费者有需要时，只要一看到该产品，可能就会购买。

一个有说服力的数据，抵得上长篇大论。如果软文创意中注意使用数据，那么营销的结果也会大不一样。

6. 案例

对于软文营销要推广的服务或者产品，无论是效果好还是产品质量过硬，都需要用案例来证明，这样才会让软文有现场感，更能获得消费者的认可。这种创意在微信软文营销中，特别是朋友圈营销中，属于规定性、常规性的行为。这种营销无非就是作下面几种“秀”：产品、现场、成交、成功。这些“秀”大多是营销案例，通常由一段文字说明类软文加几张实证性图片构成。

通过案例进行营销，其目的仍然是为了销售产品，推广品牌。所以，在寻找软文创意的时候，从查找客户案例或者行业案例入手，软文撰写的角度就更自然。另外，查找案例时要注意案例的代表性和适量性，没有代表性的案例会显得苍白，案例太多又会显得啰唆，也容易让消费者觉得是在夸夸其谈。

7. 新闻

新闻类软文对消费者来说更具权威性。在软文创作中，以新闻的形式来表现，会得到不同的效果。软文撰写人员以写新闻的形式去创作软文，更有利于掩饰软文的营销属性，让消费者把软文当成新闻来阅读，增加软文的可信度。

大企业容易产生新闻，而对于中小企业来说，也有很多制造新闻的机会，如年底召开经销商座谈会或经销商签下大单业务时，社会知名人士到访、企业领导对外参加重要活动、企业有新的举措时等，利用这些也能撰写新闻类软文。当然，这种软文多数不能进入媒体的新闻版面，只能在广告版上发表。

8. 真情

在这竞争激烈的社会，每个人都有自己心中的“伊甸园”，心灵深处都有其柔软的一面，最好的文章都是能够触及人们内心，引起人们共鸣。在软文营销的所有形式中，情感营销才是真正的“王牌”，只有抓住消费者的内心，用真情打动消费者的软文，才能创造出营销的奇迹。

曾经在网上热传的一篇励志漫画软文标题是“对不起，我只过1%的生活”，感动了无数人，引起广泛的转发和讨论。在该软文推出后的一天，就有超过40万次的惊人转发量；与之相关的微信公众号进行推送时，阅读量几乎都是“10000+”；推出的App《快看漫画》，创下了单日30万次的下载量纪录。

这篇软文的营销效果为什么如此好？简单地说，作者戳中了大众内心最柔软的一面：家庭出身卑微、母亲心脏病没钱住院、老爸车祸不能工作，自己自强奋斗，用一个女生柔弱的肩膀扛起家庭重担，这是很多普通人身边发生过或正在发生的事情，会让大家感同身受，而且作者把“弱小化”的情感无限地放大，引起大家的共鸣。每个人都有梦想，想成为科学家，想成为艺术家，想成为作家。但是，在追求梦想的旅途中，我们遇到很多挫折，最终放弃了，过上的不是自己想要过的生活。然而，她坚持下来了，并且取得了成功，这是我们所希望和愿意看到的正能量案例。

“对不起，我只过1%的生活”这篇软文的成功，为软文营销行业提供策划和创意示范案例的同时，也展示了“真情式”情感营销的威力。在这个网络营销的时代，只要软文内容够煽情，能打动人心，青蛙变王子、灰姑娘变公主的事情也会在企业的产品或品牌营销中上演。当然，真情不等同于矫情、煽情，如果没有作者自然流露的真情，就不要强作这类软文，否则不仅达不到营销效果，还可能贻笑大方。

9. 名人

软文营销也可以借助名人来吸引公众的眼球，提高文章的阅读性。一些大企业可以经常采用这种创意进行营销，但对于中小企业来说，难度比较高。因为大企业可以直接聘请名人去宣传和推广，但中小企业通常无法聘请名人，而只能借名人事件做话题的植入。

在硬广告中，名人的营销效果很好，但对于软文来说，名人的作用通常体现在文章内容上。如果可以使软文与互联网名人搭上一些关系，哪怕是一行文字，对于文章质量的提高也有帮助，对于宣传也是有帮助的。

对于锤子科技来说，其创始人罗永浩更像企业的象征和品牌，如果锤子科技没有了罗永浩，就没有了企业的灵魂。这家企业的产品、技术、营销都有罗永浩的深深烙印。在锤子科技的第一款产品T1出厂之前，罗永浩便借着社交网络与竞争对手周旋，从而获得了不小的关注度。锤子科技发布了手机新品——坚果手机时，在直播现场发起了“漂亮得不像实力派”的营销推广活动。这次活动成功实现了UGC（客户将自己原创的内容通过互联网平台进行展示或提供给其他客户）传播。

在“漂亮得不像实力派”这个由名人创意所引起的营销推广活动中，其成功的要素有以下3点：一是由罗永浩发起。对于任何一个体量达到一定规模的企业来说，老板或CEO都不大可能亲自发起一个传播活动，但是罗永浩这样做了。二是初期获得了巨大的关注。在坚果手机发布会上，罗永浩亲自讲述这个互动的初衷和参与细节，这让现场和屏幕前数以百万计的观众共同参与到活动中。三是传播情怀而非产品。“漂亮得不像实力派”这个活动能够引发大量消费者参与，原因在于活动本身并不强推品牌或产品信息，消费者看到这个软文时头脑中就会出现相关的偶像，从而主动参与传播。前两点利用的是罗永浩自己作为名人的作用，后一点则是利用每个消费者心目中的名人的作用。

10. 内幕

好奇，对很多事情都想一探究竟，这是人类共有的特点。通俗点说，就是越是行业内幕信息，越是有人想了解。只要适度曝光行业的内幕，就会赢得广泛关注，取得很好的宣传推广效果。

内幕信息有 3 大特征：内部运作人员熟知、尚未对外公开、对于相关行业具备商业价值。每个行业都有内幕，写一篇报道内幕的软文，有时会起到很好的营销效果。前提条件是软文中宣传的产品或品牌自身质量过硬，否则很可能会受到同行“群攻”，不但不能起到营销效果，反而会被同行逼入困境。

曝光行业内幕这个软文创意在使用时，要注意控制内幕内容曝光的时间段，注意软文写作技巧，否则，一旦引起同行众怒，就可能身败名裂。

11. 其他创意点

除了以上十种软文撰写的创意方式外，还有一些可以在撰写软文中使用的创意点。

（1）对手

“鲇鱼效应”告诉我们一个道理，对手越强，激发自己成功的动力也就越强。在软文创意上可以向对手学习，研究相同或近似的产品或品牌的特点，进而找出自己产品或品牌的优势，以己之长攻敌之短，提高软文营销的效果。当自己的产品或品牌相比对手有明显优势时，从这个角度去创意软文效果会更好。

（2）反向

当大家都朝着固定的思维方向思考问题时，利用反向思维方式经常会收到意想不到的效果。软文撰写的反向创意可以参考逆向思维的 3 种方式。

①反转型

从已知事物的相反方向进行思考，如积少成多，就可以反向创意，积少不一定成多、积少未必成多、积少更少等。

②转换型

解决问题的时候转换成另一种手段或者转换角度思考，如某产品被投诉售后服务差，撰写公关软文时不要直接反驳，而是可以从质量过硬、售后遇到的问题少、经验不足、正在加强学习的角度去解释。

③缺点型

化被动为主动，化不利为有利，将产品或品牌的缺点转化为优势或特色。

（3）奖励

在撰写软文进行营销时，可以给予消费者一定的奖励，如产品折扣、赠送礼品等，让消费者在软文中除了获取有价值的信息外，还能有机会获得一些物质上的回报。需要注意的是，如果用这种方法去创作软文，最好设定门槛和时间段，增强消费者的优越感和时间紧迫性。

（4）荣誉

用荣誉进行软文创意，就是在软文中将企业好的一面展现出来，重点描写企业获得的一些荣誉或者社会各界的评价。例如，可以去找大的经销商、客户对企业做出评价，这个评价就可以成为撰写软文的素材。

（5）访谈

访谈是一种比较简单且容易成文的软文创意方式。列出一系列的采访提纲，找这个行业的名人、资深人士、业内人士或者目标客户中的代表，参考所列的提纲和对方聊天，并将内容录音或记录，整理后把营销目标植入其中就是一篇软文。

（6）评论

用评论的方法进行软文营销，也是一种比较常用的方式。这种方法主要是针对广大中小企业提供的产品或服务，大多数老百姓能直接接触到这些产品或服务，对此都或多或少有自己的观点。把这些观点表达出来，在文字上稍加润色，就是一篇非常好的软文。

第四节　软文营销中的发布

在撰写好软文之后，就需要通过各种媒体或网络平台，将软文呈现给消费者，这就是软文的发布。

一、软文发布的注意事项

软文发布到大型门户网站和新闻媒体可以为品牌推广带来很好的效果，但并不是所有人都可以把软文发布到知名网站上去。很少有个人和企业能拥有这些媒体的网站资源，有时候只能委托其他机构去代发软文。下面就介绍软文发布时需要注意的事项。

1. 选好发布平台

一篇好的软文，一旦在大型门户新闻网站发布，其他网站就会竞相转载，这种传播效果可想而知。所以软文发布最重要的是要选好文章发布的平台，而不只是看发布的数量。选择发布平台要注意以下 3 点。

（1）根据产品的特征选择发布平台，尽可能选择与产品行业相关的网络平台。

（2）注意网络平台在搜索引擎中的权重，一些权重高，且有新闻源的网站是发布软文的第一选择。

（3）要注意发布软文的时间间隔和范围，要选择一些合适的平台进行一定频率、多范围的发布软文活动。

2. 注意发布的速度及稳定性

对于新产品的营销推广来说，成功发布软文后推方方希望软文以最快速度被搜索引擎收录，这个速度会影响产品营销的效果。如果迟迟几天都不发布出去，新闻都变旧闻了，活动时间也快结束了，这对推广宣传没有什么作用。所以在进行软文发布时，要考虑发布的时间并确保成功发布。

软文发布的稳定性则是指软文发布后不会被删除，而且要能保证得到搜索引擎的收录，这样对自己的网站或者品牌推广才能发挥作用。发布到流量大的网站是为了让更多人看到，发布后能被长期稳定地收录就是为了增加自身网站的权重，把这些流量引到企业自己的网站上或者让更多的人关注到企业的品牌。所以，在进行软文发布的时候，一定要选择正规的软文发布公司，保证速度和稳定性。

3. 发布的可持续性和便捷性

这里的可持续性是指能够及时、不断地发布软文，而且是自助式发布，不需要再次找人或谈价格。和很多商业活动一样，软文发布也是追求长久合作的，通常企业也不愿意频繁更换平台，这样可以节省时间和成本。

便捷性则是指软文发布的流程简单、自主性强，企业可以自己进行发布，想发布在什么地方可以自己选择。例如，软文街这种软文营销推广平台，其软文的发布只需要 3 个步骤：第一步，注册账号，充值；第二步，填写标题、内容，选择发布媒体；第三步，等待发布成功，显示回链。

4. 和发布渠道管理者建立好关系

人与人之间的关系才是社会关系的核心，与发布渠道的管理者建立好关系，对于企业的软文发布具有重要的作用。关系好了，可以在相同条件下取得更好的发布资源；关系不好，就会影响软文的发布，甚至得不到发布的机会。处理好与发布渠道的管理者的关系，应该注意以下 3 个方面。

（1）尊重对方

尊重别人是一个基本的礼貌和原则，管理者通常会按照规定来处理各种软文发布事项，企业应该以平常心来对待各种突发事件，最好不要与管理者发生正面冲突。

（2）怀着一颗感恩的心

这一点，对于任何企业和个人都很重要。在软文审稿顺利通过、被推荐或被加为精华后，请一定要对审稿编辑或推荐、加精华的管理者，表示衷心的感谢。

（3）用心交往

应该本着交朋友的心态与发布渠道的管理者搞好关系，利用各种方式增进双方的感情，加强沟通。

二、检查软文是否有误

在发布软文前，应该仔细检查软文是否存在问题、是否违反相关法律法规的规定。检查软文内容的顺序如下。

1. 是否已经植入了营销推广的目标。
2. 是否取了一个足够吸引人的标题。

3. 是否有上下连贯的内容。
4. 是否存在关键词植入过密的情况。
5. 是否存在不合适的配图。
6. 是否存在法律上的风险。
7. 是否有结尾。
8. 是否存在错误的超链接。
9. 是否存在错别字，特别是敏感性文字，如人名、地名、产品名称等。
10. 是否存在标点符号错误（用法可以参见国家标准《标点符号用法》）。

三、选择软文发布的途径

软文比较常用的发布渠道有以下几种。
1. 平面媒体（如报纸、杂志等）。
2. 网络媒体（指全国及地方性门户网站，如新浪、搜狐、腾讯等）。
3. 搜索引擎（如百度、搜狗、360 搜索等）。
4. 网络论坛（如新浪论坛、网易论坛、天涯社区等）。
5. 博客（这里是指企业在各大门户网站上开设的博客）。
6. 微博（这里指企业自己的各种官方微博）。
注意：除了企业自己的博客和微博外，可以找名人博客或微博发布，也可以在点击量高的博客或微博中以留言形式发布。
7. 微信（利用微信的各种推广手段进行软文发布）。
8. 分类信息网站（如 58 同城、赶集网等）。
9. 资源性平台（如百度文库、豆瓣网等）。
10. 企业内部刊物及宣传册等其他形式。
当然，不同的软文营销项目和不同的企业，选择的软文发布渠道不同，可以结合优势资源和软文特点整合几种形式，没必要将这些渠道全部都利用上，这样既不切合实际，也没操作性。

四、确定软文发布的最佳时间

相对于传统媒体来说，利用互联网媒体进行软文营销，时效性是非常重要的。报纸的出版周期是以天或周来计算的，杂志是以周、半月、月或季来计算的，广播、电视的周期是以天或小时来计算的，而网络新闻的周期是以分钟甚至秒来计算的。下面就按照软文的类型和工作时间来介绍软文发布的最佳时间。

1. 按照软文的类型确定发布时间

软文的类型较多，但从发布时间上归类，只需要了解以下两种。

（1）热点事件曝光型软文

这类软文通常以分秒来计算传播速度，通常最佳发布时间为某个节假日或者特殊节日的23:00至次日7:00。因为只有在这个时间段发布新闻，才有可能成为第二天的新闻头版头条，这也就是为什么很多娱乐明星事件都是在凌晨或是某个周六、周日曝出，而到周一或次日见效果。

（2）常规型软文发布

常规的软文相对于事件营销性质的软文来讲，对发布时间就没有那么敏感，通常以天为计算单位，一般发布时间为周一至周五9:00至18:00。因为在这个时间段里，搜索引擎的蜘蛛相对比较活跃，而且这个时候各大媒体工作人员都在线，更利于收录和转载已发布的软文。

2. 按照一周具体的时间确定发布时间

在每天的不同时段发布软文，其营销效果可能存在差异。

（1）7天时间分析

虽然一周有5天工作时间，2天休息时间，但在这不同的时间里，消费者对于软文发布的态度是不同的，下面分别进行分析。

①星期一、星期二

消费者反应冷淡（上班紧张期），消费者往往面临比较大的工作压力，心理处于紧张期。

②星期三、星期四

消费者互动最集中（上班稳定期），消费者进入一周的稳定期，对于微博的反馈积极性有明显的提高。

③星期五、星期六、星期日

消费者更活跃，消费者处于对周末的期待中，相对于评论而言，更乐意进行简单的转发。

补充说明：星期五的营销价值大（活跃期）；星期日的评论较积极（休息期）。

（2）具体发布时间

以下是7天中适合软文发布的时间。

①星期一到星期五：10:00—12:00；20:30—24:00。

②星期六：10:00—12:00；13:30—17:30；20:30—24:00。

③星期日：10:00—12:00；13:00—14:00；17:00—20:00；20:30—24:00。

第五节　软文营销中的评估

软文营销不像数据库营销，也不像搜索引擎营销，可以计算出到访流量是多少，实际单身客户有多少，成交量多少，然后可以计算出投入产出比，软文营销的效果是长期的，这种效果需要一个沉淀的过程。软文更重要的作用在于传播品牌，而不是直接销售产品。即使有这么多的因素认为软文营销的效果无法评估，但是，为对软文营销进行系统、全面的了解，我们仍然需要整理出一套软文营销评估的方法。

一、软文营销评估的作用

任何一种广告形式都应该而且必须有一个科学的评估方式，这不仅是对广告负责，也是对媒体、对广告服务提供商的肯定。软文营销作为应用最广的网络营销模式，一直以来并没有哪个权威的机构为它制定切实可行的评估方法。事实上，软文营销在效果评估上有着得天独厚的优势，如数据统计的精确性和便利性、效果的可视化等。

无论是中小企业将软文营销进行外包，还是企业内部组建团队实施软文营销，软文营销的效果评估对于企业员工来讲是一种鞭策，更重要的是，对于提高企业经营业绩具有重要的作用。

（1）通过效果评估，鞭策企业员工进一步总结经验，思考下一个软文营销流程的循环重点，为进一步提高软文营销的水平奠定基础。

（2）对于实施软文营销的团队（无论是企业自己的营销团队，还是专业的软文营销团队）来讲，是一次学习和进步的机会。软文营销效果评估能从客观上使软文营销团队注意运作时的调研和运作后的反思，有利于软文营销团队与企业的市场部、营销部及其他部门的团结合作。

所以，无论是长期实施软文营销的大型名牌企业，还是通过第三方进行软文营销的中小型企业，都应该进行软文营销效果的评估。唯有如此，企业的软文营销创新能力才会持续提高。

二、软文营销评估的方法

软文营销的评估可以从以下 3 个方面进行。

1. 锁定软文营销的目标

软文营销是一种有目标、有计划、有步骤的营销活动。企业进行软文营销策划的第一个步骤就是明确行动目标，即通过此次软文营销想达到什么目的，是提高网站流量，或是提高企业品牌的知名度，还是促进产品的在线销售。唯有如此，在接下来进行软文营销评估时，才能根据该目标营销效果进行评估，并根据评估的结果在下一个周期的软文营销中，对营销策略进行及时调整，以达到效率最大化。

企业开展软文营销的目的是吸引消费者登录企业官方网站进行注册，然后进行后续销售，那么消费者通过软文访问网站的 IP 数量，注册时留下的手机号或电子邮箱地址，或者最后完成注册的客户数，就是网站的评估目标。

2. 统计达成目标的数量

明确了软文营销的目标，在接下来的软文营销中便有了可供参考的评估标准。针对软文营销的目标，对达成目标的某些数量进行统计分析，这就是有效的效果评估手段。

当软文营销的效果达到目标之后，就应该在软文页面或者网站页面上有一个明确的目标达成标志。例如，消费者一旦登录并访问某个页面，说明已经达成网站目标；又如，消费者在电子邮件注册系统中填写姓名及电子邮件，提交表格后所看到的确认页面就是目标达成标志；如果是填写在线联系表格，这与订阅电子杂志类似，目标达成标志也是提交表格后的确认页面；如果是下载产品目录或说明，文件每被下载一次，则标志着完成一次目标。

软文营销评估中通常需要对以下 6 个营销目标进行统计。

（1）软文的点击率

软文发布在网络平台上被客户点击的数量。这个目标通常能反映一篇软文的受关注度。

（2）软文的评论数

软文被客户评论的数量，即软文在发布平台上被客户评论的数量。这个目标能反映一篇软文所引起的客户的互动影响力。

（3）软文的转载量

软文在一个网络平台上发表后，被其他网络平台转载的数量。这个目标能反映一篇软文的新闻价值，即可读性。

（4）搜索引擎的收录量

软文发表后，分别被百度、搜狗等搜索引擎收录的数量。这个目标能反映一篇软文的质量和受众喜好度。

（5）直接 IP 数量

通过软文发布地址直接访问软文链接网站（通常是企业官方网站或产品推广网页）的数量，或客户在浏览软文的过程中，点击相关的关键词进入链接网站的 IP 数量。

（6）有效 IP 数量

在访问软文网站的 IP 数量中，达成了营销目标的数量。例如，下载的相关软件的数量，留下手机号码的数量，留下电子邮件地址的数量，直接在线下订单的数量，在线购买的数量等。

3. 计算达成目标价值的成本

达成目标的数量与达成目标的成本之比即为软文营销的效率。通常软文营销的成本可从以下 4 个方面进行计算。

（1）软文营销策略的制定费用

专业的软文创意方案需要专业的团队进行集体创意，无论是企业自己的团队还是外部团队，都需要付出一定的成本。

（2）软文撰写费用

无论是企业自己的团队还是外部团队，撰写软文都会产生费用，区别在于企业雇专人撰写投入的成本会远远大于请软文写手撰写软文的成本。

（3）软文发布费用

但凡质量高的软文发布平台都是付费的，但也不排除有些企业媒体资源较好，与新浪、搜狐、腾讯等门户网站有非常好的合作关系，在这种情况下企业可以免费发帖。

（4）软文跟进执行费用

通常软文发布后都需要安排专人对效果跟进评估，并对达成的目标进行统计，这个专人的工资和时间成本也属于此次软文营销的成本。

综上所述，软文营销对于提高企业认知度和品牌知名度，促进产品线下的销售等的作用，是不容忽视的，即使不能进行量化统计，但效果客观存在，也能够通过一些客观的指标做相对客观的效果评估。

【知识拓展】

软文撰写误区

软文撰写需要有一些技巧，很多时候软文的撰写因为陷入误区，所以质量不高，得不到消费者的欣赏和认同，使得软文营销的效果不佳。下面就介绍一些软文撰写的误区。

1. 文章中包含禁忌词汇

在网络中存在一些禁忌词语（如《广告法》中的违禁词汇、医疗用语、迷信用语等），如果在写作中没有注意，这类帖子通常会在发帖时被论坛自动删除。

2. 软文拼凑

很多专业的软文作者在写软文的时候都采用拼凑的方法。其实，这样写作的文章，容易语序混乱，前后逻辑不连贯，让消费者读完后不知所云，完全达不到软文推广的效果。

3. 内容空洞

软文的价值取决于软文的内容。一篇文章写得空洞无味，文章也就没有了营销意义。

4. 主题不符

通常软文会针对营销的场合和内容进行撰写，不要只为了推广而不顾场合、内容乱写一气。

5. 专业性低

作者应根据主题选择创作风格，写体现专业性的文章，用数据和事实说话，这样可以保证软文在推广的过程中取得很好的效果。把相关专业信息融合进叙事文章中，体现出情节性与专业性，这样不但可以吸引读者，也可以在情节中插入需要推广的信息。

6. 知己不知彼

通常软文写作前需要对所要宣传的产品做深入系统的研究，同时应把握市场热点，抓住目标受众对产品最关注的点。否则，即便妙笔生花，也得不到消费者的青睐，也不会有理想的市场回报。

7. 忽视标题

软文的标题是整篇软文的重中之重，一般消费者决定是否看某一个篇软文 70% 是由大标题和副标题决定的。标题是整篇软文的点睛之笔，所以，要在标题上下足功夫。

8. 拖泥带水

消费者看软文通常没什么耐心，如果不能在前几行文字之内抓住消费者，后面的内容即使再精彩也毫无意义。所以软文要精练。

9. 篇幅过长

如今快节奏的生活使很多人习惯了快餐式的阅读，看到大篇幅的文字则不愿阅读，即使阅读也很难读完整篇内容。所以软文最好是短小精悍，言简意赅，让消费者很快就能了解整个内容。

（来源：http://www.360doc.com/content/21/0409/18/2622442_971402259.shtml，有改动）

课后思考

1. 简述软文营销策划。
2. 企业外部环境包括哪些内容？
3. 软文撰写的注意事项有哪些？
4. 如何处理好与发布渠道管理者的关系？
5. 简述软文营销评估的作用。

第四章

软文营销的策略与技巧

【开篇导航】

随着网络时代的不断发展，互联网营销的种类也越来越多，而软文营销是生命力最强的一种营销形式，也是很有技巧性的一种营销形式。因此，企业应当掌握软文营销的策略与技巧，从而达到宣传企业品牌、销售产品的目的。

【知识结构】

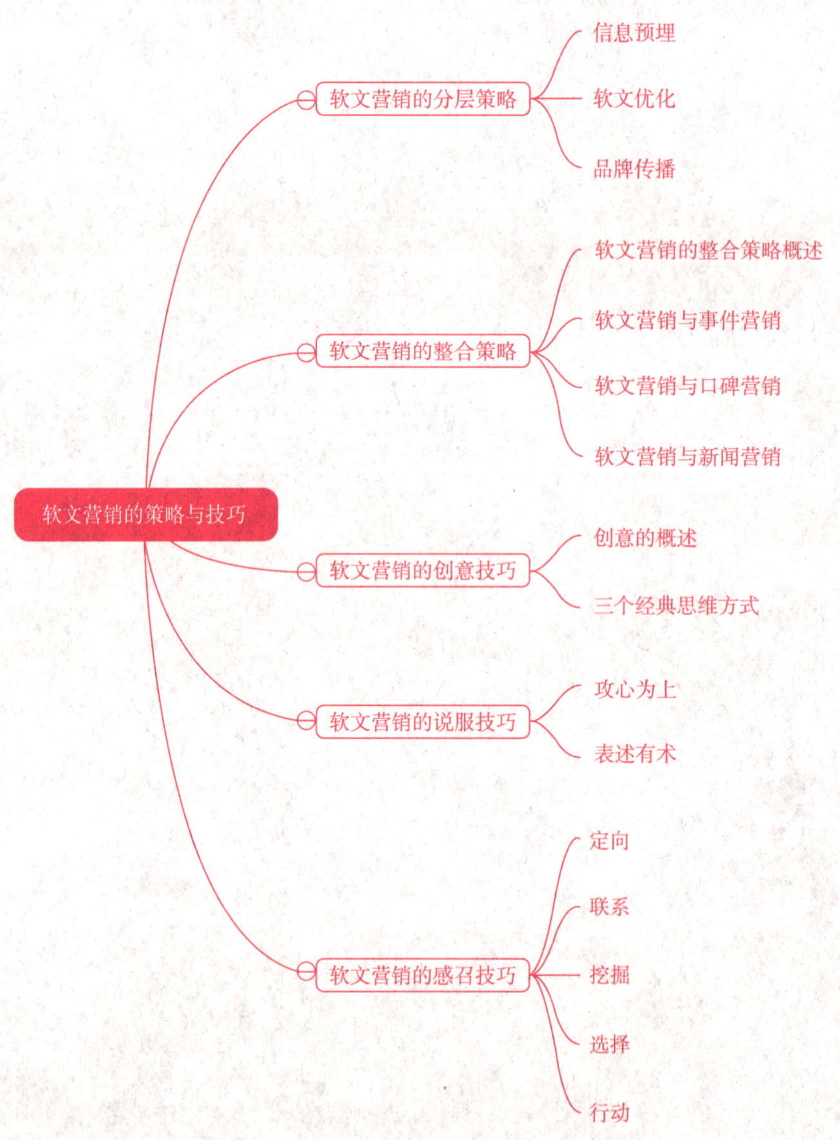

【学习目标】

◆ 知识目标

1. 掌握信息预埋、软文优化和品牌传播等软文营销的分层策略。
2. 了解软文营销整合策略的基础知识。
3. 了解创意的基础知识，掌握三个经典思维方式。
4. 掌握软文营销的说服技巧和感召技巧。

◆ 能力目标

1. 能够整合软文营销与事件营销、口碑营销、新闻营销。
2. 能够进行创意思维。

◆ 素养目标

通过本章的学习，了解软文营销策略与技巧的基本知识，培养战略眼光和创新能力，以便在未来更好地从事软文营销工作。

【知识引导】

第一节　软文营销的分层策略

软文是企业营销层面的思想表达。软文营销的策略实现至少包括三个层面：信息预埋、软文优化、品牌传播。

软文信息的预埋和优化

一、信息预埋

这是网络营销打基础的阶段，简单理解就是把企业要营销的信息像布地雷一样深埋进网络之中，这样后期的关键词检索就有非常扎实的基础了。

现实中，有相当一部分传统企业，除了建立了一个企业 PC 端的网站之外，没有做任何网络推广。有一些企业开一个淘宝店或者让产品入驻京东商城，仅此而已。网上检索基本检索不到企业和产品以及品牌的信息。

在软文营销上，这类企业像幼儿园的小孩子，需要做大量的基础信息铺设工作。主要是把产品类别、产品卖点、客户关注点，全部用关键词形式提炼出来。根据这些关键词撰写软文，质量可以不要求太高，当然也必须语言通顺，不要出现错别字，然后做大量的基础发布。让潜在的客户至少能够检索到相关信息。信息预埋阶段的软文营销操作，包括但不限于 SEO 的手法。

营销信息网络布局多，网民或者客户主动检索到的概率自然就会高，持续的影响对于潜在客户的挖掘和业绩转化非常有益。

二、软文优化

这是网络营销的水平提高阶段。简单理解，尽我们所能布完雷之后，该做重点区域的部署工作了，以便提高埋雷的水平。

解决了信息预埋之后，软文优化从数量逐渐转移到质量上来。无论是内容策划、关键词设置，还是发布渠道整合，都开始注重质量。

如果单从网站角度来理解，可以将其看作网站优化的一部分，可以通过对软文优化来进行网站推广。实际上，这里的“推”已不是“推”，而是“吸”。

因为被优化后的软文，很快会被搜索引擎收录。此时，可以通过当时设定的关键词来搜索，网站排名会很好，点击出现的是链接指向页面。

试想一下，如果我们在网站上发布的文章能够在第一时间被搜索引擎收录，那么就意味着在第一时间被曝光，第一时间被读者阅读。第一时间被潜在消费者阅读，接下来就可能激发需求，形成潜在客户以及业绩转化。

我们该怎样做好软文优化呢?

1. 文章首尾布局关键词

软文的首尾是搜索引擎蜘蛛最容易抓取的区域，也是仅次于标题的文章部分。在首尾段中巧妙布置好网站的关键词，内容上又不烦冗拖拉，是很值得花精力去做的事情。选择热点题材来写，除了在搜索时有一定的优势外，也能提高阅读量。

2. 改变关键词出现方式

软文优化时不要为了出现关键词而出现关键词，而是要自然过渡，这样才不会有“为赋新词强说愁”之感。而且嵌入关键词时要有所转变，不能千篇一律，可以适当选择一些同义词，只要符合百度的收录规律即可。

3. 优化软文的可读性

软文营销进入这个阶段，软文的可读性必须要提上日程。因为有了信息预埋阶段的基础和经验，可以有的放矢，根据第一阶段的得失来调整。比如，确定核心关键词，确定客户搜索的习惯，确定哪一类文章点击率高，这些问题的解决都可以通过优化软文来实现。

三、品牌传播

这是网络营销的高级阶段。简单理解，这个阶段不能再做“土老帽”了，必须要树立品牌意识，处处注意提高形象。

其实，信息预埋和软文优化阶段也是在做品牌传播，只不过更注重基础工作而已。软文营销进入这个阶段，要重视创意，要注意用整合的思维去做传播，目的是扩大传播量，实现“四两拨千斤”的效果。如果说前两个阶段的主要目标是品牌展示和曝光，那么这个阶段的重点就是提高品牌的美誉度。

总之，软文营销是一个坚持和创新的过程和系统，发一篇就见效的情况少之又少。研究软文营销的分层策略，是为了让处于不同阶段的企业开展软文营销时有不同的策略选择，避免眉毛胡子一把抓。

思政课堂

习近平总书记在致信祝贺中国科学院建院70周年时强调，当今世界，创新是引领发展的第一动力。希望中国科学院不忘初心、牢记使命，抢抓战略机遇，勇立改革潮头，勇攀科技高峰，加快打造原始创新策源地，加快突破关键核心技术，努力抢占科技制高点，为把我国建设成为世界科技强国作出新的更大的贡献。

第二节　软文营销的整合策略

整合就是把各个独立的营销工作综合成一个整体，以产生协同效应。整合营销是对各种营销工具和手段的系统化梳理和运用，根据环境进行即时性的动态修正，以使各方在交互中实现价值增值的营销理念与方法。

一、软文营销的整合策略概述

对于软文营销来讲，整合策略同样重要。在软文营销的过程中，企业需要对所有的资源与力量进行整合，这样对企业来讲才能说是“尽力而为”，才能最大化地达成企业的营销目标。

1. 从内容上进行整合

国内外热点，竞争对手的选题角度，企业自身的新闻点，这些能不能整合？此外，不同企业之间能够实现整合营销、跨界营销，为什么软文不能整合呢？举个例子，购买空气净化器的客户也是购买净水机的潜在客户，空气净化器的软文能不能与净水机的软文相互整合呢？这样就有了一次策划，植入两个产品，整合在软文营销的调研、策划、撰写方面就已经实现1+1>2的效果了。

2. 从表现形式上进行整合

从表现形式上来讲，软文与硬广告一般是相对的。硬广告是平面的，也可以是网络的，还可能是户外的。软文是单独的传播途径，与硬广告的配合主要有两种操作手段。一种是软文配合硬广告的投放，另一种是在硬广告的版面中展示系列软文的标题。

软文配合硬广的投放是将硬广告传播的要点进行提炼，以新闻性报道去进行二次传播。传播中可以直接插入硬广告图片。硬广告和软文之间在内容和投放时间上都要配合好。

在硬广告的版面中展示系列软文的标题，如果是网络软文，可以在硬广告中插入二维码，用手机扫一扫就可以阅读软文。这种操作手法，实际上就相当于把硬广告的版面做了延伸。

总之，用整合的思维来看，软文和硬广告不能分割开来，只有二者形成合力对外出击才会更有力量。

小提示

如何让你的软文链接变成二维码，读者扫码就可以立即阅读呢？

（1）在线下将推广的软文在公众平台编辑好图文。

（2）在 PC 端登录微信网页版，打开发布的文章链接。

（3）将这个链接复制到网络上一些免费的在线二维码生成器中，获取到的二维码经扫描后就可以直接阅读文章了。

3. 从发布渠道上进行整合

从纵向上来讲，不同的传播渠道有不同的受众人群，如果是为拓展品牌和事件营销的推进而做的软文，就需要考虑发布渠道的整合。比如，新浪财经、凤凰财经、东方财富、金融界、和讯网、网易财经等，即使是金融、财经类的软文，发布一轮也就差不多了，需要整合其他的传播渠道，如平面媒体《21 世纪经济报道》《第一财经日报》，还要整合新媒体方面经常发财经、金融类稿件的自媒体大号。

从横向上来讲，主要是寻求资源上的整合。A 企业和 B 企业，业务没有直接竞争关系，客户群基本一致，就可以考虑发布在渠道上整合。

二、软文营销与事件营销

1. 事件营销

加多宝冠名《中国好声音》一炮而红；刘翔代言让人记住了 EMS；张瑞敏砸冰箱被人津津乐道；茅台在世界博览会上摔酒瓶，走向了世界……这些事情无不与事件营销有关。

事件营销是指企业通过策划、组织和利用具有新闻价值、社会影响以及名人效应的人物或事件，吸引媒体、社会团体和消费者的兴趣与关注，以求提高企业或产品的知名度、美誉度，树立良好的品牌形象，并最终促成产品或服务的销售的手段和方式。

简单分析上面的例子就会发现，有的事件营销是基于自身造势，有的则是借势传播。造势的前提除了事件本身要具有新闻性外，还要产品自身过硬、企业有影响力，能够引起媒体和受众的关注；借势的前提是关注度高的事件的内涵要与企业的价值相吻合，这样才能起到一箭双雕（知名度与品牌内涵的双提升）的作用。

上升到品牌建设的角度，品牌建设一般分为三步走：第一步是品牌策略（“我”是谁）、第二步是推广（8 大推广手段）、第三步是推广调研（品牌审计）。在品牌策略清晰的基础上，推广是品牌建设的重心，而事件营销又是品牌推广的核心。

2. 事件营销的特点

企业事件营销运作的手法可归结为两类：一类是企业借用已有的社会热门事件或话题，结合企业或产品在销售或传播上的目的而展开的一系列活动，称为“借势”；另一类是企业通过策划、组织和制造具有新闻价值的事件，整合自身资源，以吸引媒体、社会团体及消费者的兴趣和关注，称为“造势”。无论是借势还是造势，事件营销都具有以下几个特点。

（1）目的性

事件营销应该有明确的目的，这一点与广告的目的性是完全一致的。事件营销策划的第一步就是要确定自己的目的，然后明确通过什么样的新闻可以让新闻的接受者帮助自己达到目的。

通常某一领域的新闻只会有特定的媒体感兴趣，并最终进行报道。而这些媒体的读者群也是相对固定的。

（2）风险性

事件营销的风险来自媒体的不可控制和新闻接受者对新闻的理解程度。例如，一些利用负面新闻进行曝光的公司，虽然企业的知名度扩大了，但如果一旦市民得知了事情的真相，很可能会对该公司产生一定的反感情绪，从而最终伤害该公司的利益。

（3）成本低

事件营销一般主要通过软文形式来表现，从而达到传播的目的，所以事件营销相对于平面媒体广告来说成本要低得多。事件营销最重要的特性是利用现有的非常完善的新闻机器，来达到传播的目的，避免了其他营销方式的高额宣传费用，可以形成低投入高回报的宣传效果，甚至让企业一夜成名。

以“黄太吉”为例，该企业所使用的招数就是，不断制造话题，引发围观，吸引潜在客户和媒体注意。作为一名营销老兵，“黄太吉”的创始人赫畅深谙现代社会吸引眼球之术，于是在“黄太吉”创办之初，他开着自家的奔驰去送煎饼。

廉价的煎饼与高端的奔驰车形成对比，迅速吸引了消费者注意，“老板开奔驰送煎饼”的新闻就这样诞生了，做这条新闻没有花一分钱，却在网上热翻了天。

（4）多样性

事件营销是国内外十分流行的一种公关传播与市场推广手段，它具有多样性，可以集合新闻效应、广告效应、公共关系、形象传播、客户关系于一体来进行营销策划，多样性的事件营销已成为营销传播过程中的一把利器。

（5）新颖性

大多数受众对新奇、反常的事情葆有极大的好奇心，尤其是时下最流行、最热门的事件，往往拥有大量的受众。而事件营销便是通过当下的热点事件来进行营销，拿当下最热的事情展现给客户，利用它的新颖性吸引用户点击。

以昆士兰旅游局“招聘大堡礁看护员”事件为例，澳大利亚大堡礁久负盛名，但随着海洋升温及游客增多，大堡礁的珊瑚虫一度濒临灭绝，经过一段时间的休养生息，大堡礁生态环境得到了恢复，知名度却已大不如从前。尤其是拥有“大堡礁之星”美誉的汉密尔顿岛，由于受到金融危机的冲击，旅客量大减。于是，昆士兰旅游局策划了一次网络营销活动来推广其旅游业。昆士兰旅游局网站面向全球发布招聘通告，并为此专门搭建了一个名为“世界上最好的工作”的招聘网站（www.islandreefjob.com），招聘大堡礁看护员。网站提供了多个国家的语言版本，短短几天时间网站吸引了超过 30 万人次的访问，导致网站瘫痪，官方不得不增加数十台服务器。“世界上最好的工作”共吸引来自全球 20 个国家和地区的近 3.5 万人竞聘。据昆士兰旅游局称，整个活动的公关价值已经超过了 700 万美元。在中国，这一热门创意营销事件同样火热，各类报刊网站争相报道该事件，让昆士兰旅游局一时间声名大噪。

（6）效果明显

一般通过一个事件营销就可以聚集很多用户一起讨论这个事件，然后很多门户网站都会进行转载，效果显而易见，仅以上述昆士兰旅游局的营销事件，我们以“世界上最好的工作”为关键词进行搜索，可以看到千万条搜索结果。

3. 事件营销的策略

事件营销的表现形式有很多，总体归为三类，即公益、聚焦和危机。这三类事件都是消费者关心的，因而具备较高的新闻价值、传播价值和社会影响力。

（1）公益

公益切入点是指企业通过对公益活动的支持引起人们的广泛注意，树立良好的企业形象，增强消费者对企业品牌的认知度和美誉度。

（2）聚焦

聚焦事件是指消费者广泛关注的热点事件。企业可以及时抓住聚焦事件，结合企业的传播或销售目的展开新闻“搭车”、广告投放和主题公关等一系列营销活动。

例如，华泰宝利格借北京大雨之势，自拍视频真人演示司机水下脱困，帮助更多的司机了解水下如何脱困，起到了很好的效果。

（3）危机

企业面临的危机主要来自两个方面：社会危机和企业自身的危机。社会危机指危害社会安全和人类生存的重大突发性事件，如自然灾害、疾病。企业自身的危机是指因管理不善、同业竞争或者外界特殊事件等因素给企业带来的生存危机。

4.“软文 + 事件”的互动

简单来说，事件营销就是通过把握新闻的规律，制造具有新闻价值的事件，并通过具体操作，让这一事件得以传播，从而达到广告的效果。

软文营销不一定是事件营销，但是事件营销却离不开软文营销的配合。软文营销的过程随时会策划出事件营销，事件营销会为软文营销带来软文创意和撰写的话题，两者是相互联系，并时刻互动的。我们结合下面案例进行详细介绍。

在一次赛事中，在与首尔 FC 队的决战开始前，广州恒大的球员穿上了胸前印有恒大冰泉的球衣，此前恒大拒绝了三星以每年 4000 万冠名球衣的合作。当晚广州恒大如愿以偿地捧得了亚冠奖杯，恒大冰泉则几乎一夜成名。

恒大冰泉的横空出世与广州恒大在足球赛场上的表现紧密相连。

除了品牌在赛场上的展示，恒大在微博上的表现也堪称优秀。每场重要的比赛，官微都会进行同步文字直播，在重要比赛之前，恒大还会在微博上发布官方海报，2013 年 11 月 9 日晚恒大“这一夜我们征服亚洲！下一步我们走向世界！”一条带有海报的微博获得超过 7000 次的转发。

恒大的这一线上线下整合营销的策略为其获得了极大的曝光率和品牌价值，而当 11 月 9 日晚恒大推出恒大冰泉的时候，这一切优势和价值便附加在了恒大冰泉身上。

三、软文营销与口碑营销

1. 口碑营销的概念

口碑营销是近年网络营销领域中备受关注的新星，但是同时由于它与传统营销操作方法的不同，也产生了众多不同的看法。

所谓口碑营销，是指企业在品牌建立过程中，通过客户间的相互交流将自己的产品信息或者品牌传播开来。

2. 口碑营销的特点

口碑营销一词的走俏来源于网络，其产生背景是博客、论坛这类互动型网络应用的普及，并逐渐成为各大网站流量最大的频道，甚至超过了新闻频道的流量。作为时下流行的营销方式，口碑营销有着以下特点。

（1）可信度非常高

口碑传播其中一个最重要的特征就是可信度高，因为在一般情况下，口碑传播都发生在朋友、亲戚、同事、同学等关系较为密切的群体之中，在口碑传播之前，他们之间已经建立了一种长期稳定的关系。相对于纯粹的广告、促销、公关、商家推荐、家装公司推荐等而言，可信度要更高。

例如，邻居告诉你，附近新开了一家超市，挺不错的。那么，你很有可能有空时就会想去逛逛，尽管你可能没什么急着要买的东西。

网络论坛上说，某电脑存在什么样的问题，不太好。那么，你在选购电脑的时候，尽管那个电脑在疯狂促销，但那个型号甚至那个品牌的电脑依然不会在你的选择之列。

（2）传播成本低

口碑营销无疑是当今世界最廉价的信息传播工具，基本上只需要企业的智力支持，不需要其他更多的广告宣传费用。与其不惜斥巨资投入广告、促销活动、公关活动来吸引消费者的目光以产生“眼球经济”效应，不如通过口碑这样廉价而简单奏效的方式来达到这个目的。

（3）具有团队性

不同的消费群体之间有不同的话题与关注焦点，因此各个消费群体构成了一个个攻之不破的小阵营，甚至是某类目标市场。他们有相近的消费取向，相似的品牌偏好，只要影响了其中的一个或者几个，在这个沟通手段与途径无限多样化的时代，信息便会以几何级数的增长速度传播开来。

3. 口碑营销的原则

美国作家安迪·塞诺威兹的《做口碑》一书，提到了口碑营销的五个原则（五T原则），即谈论者（Talkers）、话题（Topics）、工具（Tools）、参与（Taking-Part）和跟踪（Tracking）。

（1）谈论者

谈论者是口碑营销的起点，首先需要考虑谁会主动谈论产品？是产品的粉丝、用户、媒体、员工、供应商、经销商。这一环节涉及人的问题，即角色设置。目前的口碑营销往往都是以产品使用者的角色来发起，以产品试用者为代表。其实如果将产品放在一个稍微宏观的营销环境中，还有很多角色成为口碑营销的起点。其实企业的员工和经销商的口碑建立同样不容忽视。

（2）话题

人们谈论的理由一般是产品、价格、外观、活动、代言人等。其实口碑营销就是一个寻找话题的过程，总要发现一点合乎情理又出人意料的噱头，让人们尤其是潜在的用户来谈论。

（3）工具

网站广告、病毒邮件、博客、论坛等工具可以帮助信息更快的传播。网络营销给人感觉上最具技术含量的环节也是这一部分，不仅需要对不同渠道的传播特点有全面的把握，而且广告投放的经验对工具的选择和效果的评估起到很大的影响。

此外，信息的监测也是一个重要的环节，从最早的网站访问来路分析，到如今兴起的舆情监测，口碑营销的价值越来越需要一些定量数据的支撑。

（4）参与

鼓动企业主动参与热点话题的讨论，其实网络中从来不稀缺话题，关键在于如何寻找到和产品价值与企业理念相契合的接触点，也就是接触点传播。

（5）跟踪

这是一个事后监测的环节，目前很多公司和软件都开始提供这方面的服务。相信借助于这些工具，很容易发现一些反馈和意见。但更为关键的是，当知道人们已经在谈论你或者他们马上准备谈论你，你会怎么办？参与他们的话题讨论，还是试图引导讨论，抑或置之不理？答案不言而喻。

4. 口碑营销的要诀

无论是线上还是线下，忠诚的消费者向周边人进行积极的口碑传播都是同等重要的，这种传播也是将潜在消费者转化为最终消费者的强有力的工具之一。那么，营销者应该怎么做才能让消费者成为自己的代言人呢?

（1）促进线下口碑宣传

没有消费者会真正关心你的产品本身，他们更关心的是产品所能提供的价值，能解决什么问题。这就是为什么企业需要做一些宣传展示的原因，只有如此，你才能向消费者传达最重要的信息——“我们的产品可以很好地帮你解决你想要解决的问题”。

所以，不要仅仅使用一些大牌明星，而要将聚光灯聚焦在产品本身，还可以尝试一下用忠诚的消费者来代言，将宣传的焦点聚集在他们对于产品体验的积极反馈上，这样会有出奇的效果。

因为人们更愿意相信普通人的使用感受，相信身边亲朋好友的推荐，没有什么比贴近生活的代言更加深入人心。这对于中小企业来说无疑是一个巨大的好处，已经拥有的忠实客户就是最好的代言人，企业不必再为那些明星支付巨额的代言费，就可以轻松赚到非常高的人气。

（2）培养品牌忠实用户

互联网时代，“顾客就是上帝”的理念越来越凸显其价值。调查表明，影响潜在客户购买行为产生的因素中，积极的品牌评价比重高达 90%，购买行为产生过程中带有很强的情感因素。为了达到最好的传播效应，尽可能多地接触更多的客户，社交媒体自然是不二选择。

无论是对大公司还是小企业，社交媒体让你的品牌传播变得如此简单。微博、朋友圈上一次又一次积极的点赞、评论、转发，使你的品牌价值迅速发酵、增长，因此在社交媒体的环境中培养极度痴迷者是最容易成功的。

在社交媒体上，可以通过微博搜索、关键词检索等手段，第一时间接触到你的客户，解决他们使用产品时的困惑、消除他们的不满，往往更容易赢得顾客信任，这是奠定顾客成长为极度痴迷者的基础。

比如，Zippos 在实时回应顾客心声方面下了很大功夫：顾客的吐槽，耐心细心地解决；顾客的赞许，自动转发并表达感谢。这赢得了顾客一片赞许之声。

（3）鼓励顾客写产品体验

没有人会喜欢内容无聊空洞的商品介绍页或者一成不变的产品推销的推文、博客，顾客只想知道你的商品能解决什么具体问题、是不是真的好，因此他们更想看到别人的使用反馈和评价。

营销者可以试着使用淘宝卖家经常使用的手段，在商品介绍中插入一些“万人好评”“销量第一”的积极评价截图，让那些潜在客户看到并产生一种怦然心动的感觉，用已有极度痴迷者的热情来点燃潜在顾客的购买欲望。

为了最大限度地发挥已有极度痴迷者的传播热情和影响效力，最好列出一些用户反馈的例子，案例应该简单、清楚，力求一句话深入用户的心理和生活状态中、寻求当前消费者心里的追求，戳中痛点，如此才能达到四两拨千斤的效果。

（4）开设网页方便提交

网站可以专门为粉丝设计一个展示页，精心安排一些内容，表现人们的满意感受、反馈甚至包括一些短视频、粉丝的感谢信等。总之，让你的客户觉得自己被重视、被珍惜，购买你品牌的产品会有一种优待感，产生一种在别的商家那里感受不到的优越感。

5. 软文 + 口碑的互动

其实每一篇软文的成功发布，都是一次对产品的口碑宣传，一篇好的软文能提高产品知名度，对于网站来说可以带来滚滚流量，进而是滚滚财源。这从侧面也印证了口碑营销的强大生命力，下面我们结合具体软文案例，分析两者的互动关系。

中秋节是我国的传统节日，也是我国的主要节日之一。月饼作为中秋节的一种饮食文化已经深入人心，中秋节吃月饼也是家喻户晓的。

中秋未至，月饼先行，各种月饼的品牌早已使出浑身解数，月饼大战已经开演。无处不在的月饼广告，于公交车身、电视、广播等平台上开展市场抢滩战役。在众多的营销利器中，软文可以说是创意营销的代表。下面，我们以香港锦华月饼的软文营销策略为例，详解软文与口碑之间的关系。

（1）软文推广

软文推广从一早便开始进行，一般提前 2 个月，因为软文有一个准备的过程，在软文发布以后，搜索引擎还有一个记录的过程。香港锦华月饼的软文推广也是如此，早在中秋节前 2 个月，锦华月饼便在各个媒体渠道上推出软文。

（2）百度推广

这一部分包括百度问答、百度百科、搜搜文案、互动百科等。

（3）活动推广

香港锦华月饼推出了以中年妇女为主的活动，分别是“锦华月饼宝贝”和“家里你最行”。因为现在婆婆奶奶辈以及家中的当家妇女，掌握了一定的发言权，而且她们能够给企业带来很好的口碑宣传。

通过一系列推广活动，香港锦华月饼迅速占领了中秋月饼市场，当年的销量远超同类品牌，并获得一致好评。

四、软文营销与新闻营销

一般来说，在广告轰炸的年代中，对新闻的认可远远高于广告。因此早期的软文就被称为新闻性广告或广告性新闻，随着网络媒体环境的不断演化，“软文”一词进步深化，涉及范围已逐渐超出新闻的范畴。

1. 新闻软文的概念

新闻软文是软文营销的一种形式，是以新闻形式表现的营销。新闻软文是一种软文广告，软广告由于在形式上的隐蔽性和表达上的悬念性、完整性与可看性，抓住了消费者的心理，为企业的宣传起到了立竿见影的作用。

作为软文营销的主要组成部分，新闻软文具有以下营销优势。

（1）具有完整阐释功能

广告本身所具有的属性，决定了它不可以采取说理或陈述的方式来表现。但是，新闻就不一样，它可以用文字把一件事说得明明白白，因此，新闻报道可以把企业要传达的目标信息传播得更准确、详尽。

（2）具有高性价比优势

一般来说，同样版面的企业新闻传播，成本只有广告的五分之一，甚至更低，对于那些广告预算紧张的企业来说，当然是非常划算的。

（3）具有及时传播特性

一个企业发生了具有对外宣传价值的重大事件，就必须在第一时间把事件传播出去，否则就失去了新闻价值。此时，只有启动新闻传播才能实现这个目的。

（4）具备危机公关职能

为什么许多企业发生危机事件后，第一时间想起的就是启动新闻传播？因为新闻传播具有危机公关的职能而广告不具备。

（5）具有二次传播特性

所谓“二次传播”，就是一个媒体首先发布出来之后，其他媒体纷纷转载，这样的事情屡见不鲜。

2. 新闻软文的分类

（1）体育类软文

体育类新闻软文与其他的软文写法并不一样，主要包括竞技的解说性、预测性、评述性、趣味性四个独有特性。

①解说性

解说即解答和叙说，这一特征是体育新闻深受读者喜爱的主要因素。缺少以至于没有解说性的描写，就会失去体育新闻存在的基础，不会给人以真正的感染力。

②预测性

运动场上波澜起伏、动人心魄的场面值得大写特写，赛场外的“激战前夜”也有文章可做。

③评述性

评述，即评论和叙述，也称述评。新闻是客观的，体育新闻的评述性特征体现了客观性，即对胜负双方在比赛中的表现，客观地、实事求是地进行评论、分析，以总结经验，吸取教训。

④趣味性

“文武之道，一张一弛”似排山倒海、万马奔腾的赛场拼搏令人亢奋一样，轻松愉快、诙谐幽默的描写也同样使人入迷，这就构成了体育新闻的趣味性特征。赛场花絮、运动员趣闻逸事对读者同样有吸引力。

（2）时政类软文

时政新闻本身存在容易枯燥、干瘪、生硬、索然无味的问题，相对于社会新闻多渠道的来源，时政新闻软文的主要来源渠道大多“同一”，不是新闻发布会，就是领导讲话稿，或者是各部门的汇报材料、工作总结。那么，时政类新闻软文应该如何撰写呢？

①角度的选择

时政新闻一般关注者比较多，不过大家所选的角度也比较一致。要想出类拔萃，一定要寻找那些既有意义而旁人又忽略的角度来写。不同的切入角度体现着不同的取舍和写作意图。报道所选的角度要做到立意新、题材新、表现手法新。

②结构的选择

结构就是“谋篇布局”，是指对材料的组织和安排的方法，它是思路外在形式的表现。文章结构的基本要求是：完整性、连贯性。不过要想写好，也离不开创新。

③材料的选择

主要分两项：第一是取舍，就是哪些材料要，哪些材料不要；第二是决定详略，就是哪些材料要详写，哪些材料要略写。

④风格的选择

在动笔写作之前必须考虑这篇文章用什么样的风格、文体来写。有时候因为文体、风格不对，整篇文章写出来会很别扭。时政类的风格比较严谨，写的时候要注意。

（3）娱乐类软文

现在社会生活节奏越来越快，人们面临的各方面的压力也越来越大。除了需要了解社会上最新发生的重大事件或与自己相关的信息外，人们还迫切需要一些娱乐消遣的东西来缓减心理压力，而阅读娱乐新闻成为许多人放松的重要方式之一。

小提示

作为新闻的一种特殊类别，娱乐新闻受到很多公众的质疑，娱乐新闻的写作也需要推广者专心斟酌，要尽量避免以下误区。

（1）娱乐新闻的庸俗化倾向。

（2）新闻炒作、假新闻现象严重。

（3）报道形式不注重新闻规范。

（4）活动类软文

活动新闻软文的结构一般是：第一段写导语、主承办单位、参与人员；第二段主要写活动的过程、活动现场以及现场观众的反应；第三段则评论开展本次活动的意义。在撰写此类软文时，应该尤其注意以下几点。

①活动必须体现主题，参与人员的介绍要有层次感。每个活动都有自己的主题，主题很重要，它浓缩了整个活动的内容，开篇介绍活动主题，有助于读者把握活动

的主要内容和活动的形式。

②写作要紧扣活动主题。整个活动的内容必然要体现活动的主题。

③要根据新闻稿投放的媒体，确定新闻事件的主角。

④活动程序要分清主次。在写活动程序的时候要分清这些程序的主次，活动都有主体部分，主体部分才是报道的重点。

⑤描写活动现场，一般采用总分式的段落写法，重点突出活动的特色。

第三节　软文营销的创意技巧

创意是创造意识或创新意识的简称，它是指通过对现实存在的事物的理解以及认知衍生出的一种新的抽象思维和行为潜能。

一、创意概述

人类的每一次发明、创造都是在一定的环境、压力、生存下产生的，语言的创意让人类变成了高级动物——直到人类发明、制造、运用了工具，并在这个开拓性技术过程中深化了思考，驾驭了语言，才与动物有了本质的区别。语言诞生之后，文字诞生了，创意就更加生动和丰富了。

创意是一种通过创新思维意识，从而进一步挖掘和激活资源组合方式进而提升资源价值的方法。显然，软文营销的创意非常重要。

说到底，软文营销就是根据产品卖点和企业定位创造性地撰写系列文章，整合传播渠道推广出去，然后根据反馈持续调整和创新的过程。

在这个过程中，有两个最为基本的要素，一个是绝妙的创意，另一个是用资金去找传播的适合渠道。其中传播渠道可以用资金砸，而创意是资金砸不出来的。但是创意的方法是有规律并可以总结出来的。

二、三个经典思维方式

接下来，重点分析一下软文创意是怎么练出来的。

首先要留意生活细节。艺术来源于生活，软文的创作也是如此。在生活中，学会做观察者和思考者。

有了这些基础，我们为某个产品做软文营销时，在调研、策划、撰写环节，就可以思考这个产品的每一个场景了：客户使用产品的场景，客户收到产品的场景，客户网络下单的场景，客户评价产品的场景，产品发挥价值的场景等。

除了场景化外，要让好的软文创意诞生，我们接下来应该做多维思考。谙熟三个经典思维方式，进行创意就会有很多落地的思路和方法。

1. 逆向思维

凡事和常人的思维不一样，不要人云亦云。直接在常人认知的问题上加否定词，只要能合理解释，至少这个创意吸引眼球是没有问题的。

2. 联想思维

这个思维的内涵和外延就更广了。相关联想、相近联想、对比联想、因果联想、连续联想等，核心围绕着我们的产品或者软文营销的任务去思考就行了。

3. 换位思维

“己所不欲，勿施于人”，这个道理众所周知。不过，换位思维的核心是要站在消费者的角度去看撰写的软文。在大多数情况下，企业特别清楚自身想要传播的内容，但就是表达和传播出来的内容消费者听不懂，甚至听都不愿意听。这样怎么可能实现与消费者的沟通呢？

有了好的思维，要想实践落地也并不是一件简单的事情。就像大家听课，听起来热血沸腾，真的干起来发现一切都是那么残酷和现实。只有一种方式最快，那就是模仿式创意。新媒体营销中大家都公认杜蕾斯做得好，其实他们有很多创意段子是借鉴了国外的创意营销。不过，要指出的是，模仿式创意要融入自己的东西，不能直接照搬，否则在信息透明的互联网时代，会带来麻烦。

最后，勤练习，及时总结。想得多了，思考得多了，练习得多了，自然就会成为软文创意的高手。

第四节　软文营销的说服技巧

说服力是指说话者运用各种可能的技巧去说服受众的能力。销售性的软文要想达成目标，就要具有说服力，让客户信服软文所传播的价值，从而接受甚至立即行动去购买所推荐的产品。如何让我们写出来的软文更具有说服力呢？这就需要更好的说服技巧。

一、攻心为上

营销“定位理论之父”特劳特说过：消费者的心是营销的终极战场。因此软文也要研究消费者的心理需求。人类的心理需求可以分为安全感、价值感、支配感、归属感四个方面，因此我们的软文创作也要从以上四个方面入手，抛砖引玉，攻心为上。

1. 安全感

所谓安全感就是渴望稳定、安全的心理需求。人都有趋利避害的心理，内心的安全感是最基本的心理需求，如果把产品的功能和安全感结合起来，将是说服客户的最有效方式。比如，新型燃气灶的销售软文说这种燃气灶具有熄火自动关闭气源的安全控制装置。当用户烹饪时由于汤水外溢等意外导致燃气熄火时，燃气灶会自动切断燃气通路，从而避免燃气泄漏，能有效防范燃气安全问题。这对于关心燃气安全的家庭主妇来说一定是个攻心点。

此外，从安全感出发我们既可以正着来，也可以从反面来。例如，“不要让孩子输在起跑线上”，这句话就让无数父母在儿童教育产品上争先恐后地买单，乐此不疲。

2. 价值感

心理学认为，人类行为以目的为导向，所有行为的首要目标都是在一定的社会环境中追求价值，得到他人的认可也是一种自我价值实现的满足感。将产品与个人的价值实现感结合起来打动客户不失为软文营销的优选技巧。想当年脑白金之所以能够打动消费者，恰恰是满足了他们孝敬父母、送亲友礼物的价值感。

思政课堂

习近平总书记在主持召开基层代表座谈会中指出，每个人出一份力就能汇聚成排山倒海的磅礴力量，每个人做成一件事干好一件工作，党的事业发展就能前进一大步。推进伟大事业实现共同目标，每个人都是主角，每个人都有责任，每个人都不能缺席。我们自觉把个人的前途同党和国家民族的未来紧紧联系在一起，立足本职岗位，踏踏实实把正在做的事情做好，把实现自我价值融汇于实现中国梦的共同奋斗中。

3. 支配感

每个人在生活中都想自己做主，每个人都希望表现出自己的支配权利。这种支配感不仅是对自己生活的一种掌控，也是对生活的自信。这是人们一种隐含的需求，也是软文营销的说服点。

一位先生领着太太来到一家珠宝店。太太轻声叫起来，原来她发现了一枚很大的钻戒，非常漂亮。两个人欣赏完这枚价格不菲的钻戒后，销售员很轻快地报了价，先生的脸上微有难色。销售员紧接着说：“这枚钻戒当年曾经被某大国的总理夫人看好，只是因为有点贵他们没有买。”

“是吗？”那位先生的眼睛立刻睁大了，“竟然有这样的事情？”销售员简单地讲了那天总理夫妇来店的情景，先生饶有兴趣地听完，脸上的难色一扫而空，又问了几个问题，于是很痛快地买下了这枚钻戒，脸上尽是得意之色。这就是一种对财富支配感的体现。

4. 归属感

归属感是指个人被别人或团体认可与接纳时的一种感受，通俗地讲就是标签，你是哪类人，成功人士、时尚青年、小资派？

每个标签下的人都有一定特色的生活方式，他们使用的商品、他们的消费都表现出一定的亚文化特征。运用归属感来说服消费者，一定要把产品和消费者所在的或者所推崇的群体紧密结合起来，投其所好，这样才能引起这一群体的集体归属感。

二、表述有术

如果说从消费者的心理需求出发是增强软文说服力的“道”，那么以下的讲述就是“术”了。

在软文中表述观点时，如果能找到具体数字，或者能粗略地估算出数字，尽量不要用模糊的语言。

例如，描述一部手机充电快的三种表述。

表述一：该款手机充电速度快。

表述二：该款手机充电 3 小时可以充满。

表述三：该款手机充电 2 分钟可以打电话 2 小时。

显然第三种以具体数字加以对比的表述更具说服力。这就是在市场上迅速取得成功的 OPPO 手机。

在表述具体时间的时候，也是越具体越好。

例如，报道“中关村互联网 + 人才学院”的活动有如下三种表述。

表述一：据了解，“中关村互联网 + 人才学院”军转学员的大比武，即将征集企业项目。

表述二：据了解，“中关村互联网 + 人才学院”军转学员的大比武，7 月份将征集企业项目。

表述三：据了解，“中关村互联网 + 人才学院”军转学员的大比武，7 月 1 日起开始征集企业项目，预计至 7 月底结束。

显然第三种表述更为清晰，效果也会更好。

通常情况下，强调产品或者服务卖点的软文，建议从产品或服务的每个点撰写软文，只有这样才能将其中优点各个击破，才能说得更透彻，读者印象也更深刻，软文的说服力自然也就能增强。

不过要特别指出的是，软文不能吹大牛，对于过去的、客户能够很轻松查证的事情更要老老实实，言简意赅，但是偶尔用一些专业术语来秀一下专业度也是应该的。

除了软文中的表述，还可以从以下四点提升软文的话术技巧。

1. 构建环境

对于一件事物，不要主观地去说自己的感受，而是应该努力把想要表达的场景描述出来。

例如，想说今天的蒸排骨很好吃，如果一味地说“特别好吃”“很好吃”，显然没有什么说服力。如果这样说，效果就会好很多：“在我揭开盖子时锅中的香味扑鼻而来，看到锅中的排骨泛着点点油星，口水上来了，肚子好像也在叫了。”当读者读到这些文字的时候，就会根据描述去还原这样一个场景。自然，软文的目的就达到了。

2. 多用比喻

用比喻来对某事物的特征进行描绘和渲染，可使事物生动形象、具体可感，引发读者联想和想象，给人以鲜明深刻的印象，并使语言文采斐然，富有感染力。比喻还可以用平常易见的事物对深奥的道理加以描述，化抽象为具体，化繁为简，帮助人们深入理解。

3. 多用对比

对比就是把两种对应的事物对照比较，使形象更鲜明，感受更强烈。运用这种手法，有利于充分显示事物的矛盾，突出被表现事物的本质特征，让读者在比较中分清优劣、辨别是非，还可增强文章的艺术效果和感染力。

4. 少用形容词

形容词其实是语言中的二级词汇，是初步抽象化了的。在软文写作中应多用动词和名词，少用成语和形容词（不是说一个不用），给人以感性的认知，所谓“华丽的辞藻”是应该避免的。

我们在使用语言的时候，应该围绕最直接的感官体验，给人真切的感知，这样会更有说服力，这也是更加适合软文营销的语言模式。

第五节　软文营销的感召技巧

无论是在软文营销中，还是日常的推销活动中，感召（共情）营销追求的是共赢。感召是指与软文营销受众产生共鸣。无论你是在营销一种产品，还是在营销一种服务，都要将对方放在最重要的位置，充分考虑到对方的需求和欲望，不断地通过行动使对方的需求得到满足。将心比心方能心心相印，让顾客心动才预示着感召的成功。

一、定向

软文营销感召技巧的第一步是定向。简单地说，就是确定感召的大方向，让自己和他人的心态与精力对准感召的方向。任何一件事情，只有确定了方向，才能实施。定向，首先是范畴的定向，在软文营销中，范畴的定向就是所有的阅读者。

为什么要感召他们？感召他们的价值在哪里？感召的价值通常是想让他们购买我们的产品、服务，或者是树立企业形象，总之是想体现企业的价值。从关注单次购买产品行为转向关注企业品牌价值认同，反复消费并成为义务的传播源，这就是感召的意义所在。

对于一个产品或者一项服务来讲，在感召技巧的实施过程中，不仅要挖掘消费者感兴趣的卖点，更要深入挖掘客户的需求点包括情感方面的需求，扫除障碍，深入消费者内心才能达到感召的目的。

二、联系

感召是为了得到对方的心，让对方心动以后，自愿消费购买我们提供的产品和服务，其中很重要的一环是与对方建立一种信任的关系。顾客信任是所有顾客购买行为发生的基础。如果缺乏信任，对方会首先审视和怀疑感召者，有可能最后发展为抗拒感知。即使不抗拒，也将增加感召的难度和拉长感召的时间。

联系是与顾客建立信任的前提。那么，企业如何利用软文营销与顾客建立联系，进而建立信任呢？诚实真挚的语言，会使消费者动容，透过字里行间感受到我们的真诚。站在客户的立场，感知对方的真实体验和真正需求，把对方看成一个值得我们关心的人，尊重对方的存在和需求，是联系中关键的成功因素。

在联系顾客过程中，要把我们最人性化的一面释放出来，发自内心地关心对方，重视对方的内心感受，和对方形成良好的互动模式。我们不是要卖产品给客户，而是真心地要和客户做朋友，真心想用产品帮助他。

三、挖掘

挖掘通常从两个不同的方向着手，逐渐向中间收拢，最终得到最佳的答案。这就像挖隧道和修建桥梁，隧道的挖掘者分别从两个不同的方向开始挖，桥梁的建设者从两个不同的方向着手修建，最后两方准确无误地会合，隧道得以接通，桥梁合龙建成。会合的那一刻正是感召营销挖掘的答案。

一个方向是“客户需要什么”，从消费者内心的需求出发，不断挖掘其内在的欲望与潜力；另一个方向是“客户不需要什么”，从消费者拒绝接受的感觉出发，找到消费者内心不需要的东西。由浅及深，逐渐深入，逐层推进，最终挖掘到消费者的体验和感知，深入对方最本质的需求。

在挖掘的过程中，我们还要清楚目前企业所处的位置，下一个阶段进步的方向以及在营销过程中引发的新的可能性，如产品的销量快速增长、服务品质的升级以及品牌的美誉度等。

我们需要用心聆听、判断来自各方面的信息，站在消费者的角度，理解他们的观点和感受，然后再写软文。

四、选择

当消费者挖掘到自己的真实需求之后，接下来他就面临一个选择，选择哪一款产品或者服务，通过什么样的渠道满足这种需求？此时，我们要营销的产品隆重登场，在这个恰当的时间、恰当的范畴中进入消费者的视野，着重突出产品或服务的优势，使之成为消费者的首选。

当消费者选择购买我们的产品或服务时，说明我们的感召是成功的；而当消费者还在犹豫，不能说明我们的感召失败了，而只能说明我们的感召没有到位，还欠火候。

针对还在彷徨的消费者群体，我们首先要尊重他们的选择，给消费者选择的权利和空间。同时可以再撰写有关部分消费者的使用反馈或好评的软文来进行进一步的感召。

五、行动

营销中最关键的一环是促成，只有促成双方的交易，营销才算最终完成，实现了从产品到商品的跳跃。也就是说，消费者的行动才是衡量感召的标尺。

软文发布出去，随着阅读量的增长，产品或服务的咨询、销售也随之增长，这说明消费者在行动。消费者的选择是发自内心的，行动也是自愿的，积极性和效率就会很高。如果消费者迟迟没有行动，那么我们就需要调整策略和方法。

【知识拓展】

软文营销效果达成技巧

很多企业以为写一篇软文发到网上，就能被客户看到，进而购买自己的产品。其实这种想法是错误的，那么软文营销如何才能达到最佳效果呢？

1.为受众而生

很多时候，我们都觉得软文的目的就是要宣传和做广告，但是由于功利色彩太严重，因此我们的软文广告色彩也很严重，这样反而吓跑了用户。软文是为受众而生的，只有受众真正买单，软文才算是达到了最佳推广的效果。否则再多的广告和产品宣传也是徒劳无益的。

2.精准定位受众

一种营销不能针对所有人，尽管我们希望越多的人关注越好。但是，并不是网撒得越大收获就能越大，反而会顾此失彼，失去真正的潜在用户。结合自己的考察确定受众群，才能真正针对这些有效人群投放信息。内容的不相关和太浓重的广告色彩都只能引起不相关人群的反感。

3.抓住受众口味

这也就是说营销者要认真分析受众真正喜欢的是什么。不要以为什么样的信息都能够传播，没有真正的推广效果。要想取得最好的传播效果，需要对受众的需求进行系统的研究，抓住受众的口味，这样才能引起众多受众的关注和阅读。从某种程度上来讲，受众口味也能决定你的软文能否得到较好的推广效果。

4.选对发布网站

研究好用户，写好了软文，接下来就是选择软文发布的网站了。收录、新闻源、转载率等都是考量网站的重要标准。而一般用户对这些并不了解，也不知道如何联系编辑，那该怎么发布呢？

营销者可以借助一些软文推广平台，将新闻、软文快速发布至全国几家媒体上，让企业信息迅速覆盖全网络。

5. 营销策略转化

软文投放之后不代表工作就完成了，营销者要真正考察软文能够给自己带来多少效益，也就是我们说要做效益评估。效益评估内容包括：多少人是你的潜在客户、什么人群是忠实用户、什么人群能够真正转化为购买用户。

网站的浏览量、关注度都是软文营销应该完成的策略转化，而且这次软文的效果可以为下次软文发布提供参考。

（来源：https://www.ruanwenka.cn/navinfos.php?ID=356，有改动）

课后思考

1. 如何进行信息预埋？
2. 如何从内容上整合软文营销？
3. 简述事件营销的概念。
4. 如何提升软文的话术技巧？
5. 软文营销感召技巧的第一步是什么？

第五章

搜索营销与软文营销

【开篇导航】

在网络中进行搜索，最主要的方法就是关键词搜索。而对于软文来说，关键词是表达主题、内容的重要桥梁，正确、合理地给每一篇软文添加关键词能提高软文的曝光率和转载率，为企业营销带来实际利益。怎样正确地给软文添加并设置好关键词对于所有进行软文营销的人员来说，都不是一件容易的事。

【知识结构】

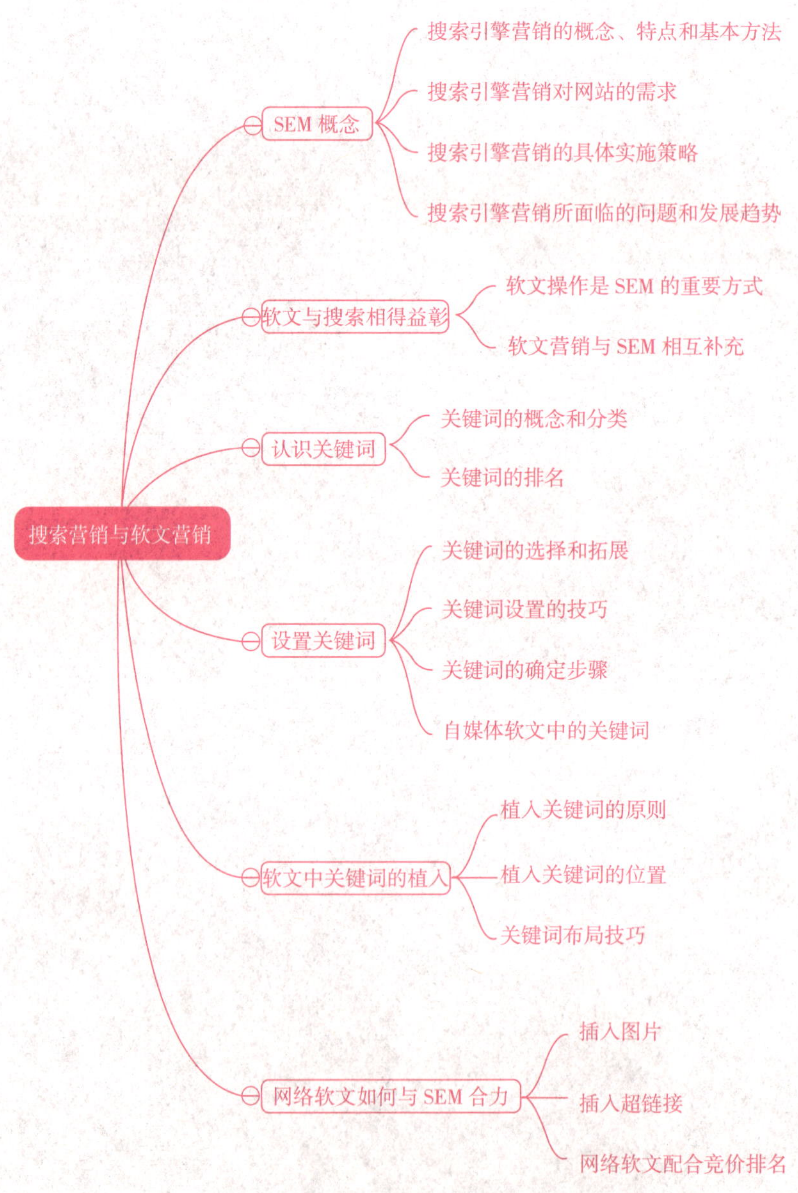

【学习目标】

◆ 知识目标

1. 掌握搜索引擎营销的概念、特点、基本方法和对网站的需求，了解搜索引擎营销的实施策略、面临的问题及其发展趋势。

2. 了解软文与 SEM 的关系。

3. 了解关键词的概念和分类，掌握关键词的排名。

4. 了解自媒体软文中的关键词，掌握关键词的选择、拓展、设置技巧和确定步骤。

5. 了解网络软文与 SEM 的合力方式。

◆ 能力目标

1. 能够区分不同的关键词排名类型。

2. 能够合理设置关键词。

◆ 素养目标

通过本章的学习，了解搜索营销与软文营销的基本知识，明白科技进步的重要意义，积极学习科学文化知识。

【知识引导】

搜索引擎的概念、特点和基本方法

第一节　SEM 概念

搜索引擎营销 (Search Engine Marking，SEM) 就是根据用户使用搜索引擎的方式，利用用户检索信息的机会尽可能将营销信息传递给目标用户。

一、搜索引擎营销的概念、特点和基本方法

1. 搜索引擎营销的概念

搜索引擎营销是一种网络营销的模式，其目的在于推广网站，增加知名度，通过搜索引擎反馈的结果，来获得更好的销售或者推广渠道。

2. 搜索引擎营销的特点

搜索引擎营销的实质就是通过搜索引擎工具，向用户传递他所关注的营销信息。相较于其他网络营销方法，它有以下特点。

（1）用户主动创造被营销的机会

搜索引擎营销和其他网络营销方法最主要的不同点在于，前者是用户主动创造被营销的机会。为什么这样讲？以关键字广告为例，它平时在搜索引擎工具上并不

存在，只有当用户输入了关键字，结束查找，才在关键字搜索结果旁边出现。虽然广告内容已定，不是用户所决定的，但给人的感觉就是用户自己创造了被营销的机会，用户主动地加入了这一过程，这也是为什么搜索引擎营销比其他网络营销方法效果更好的原因。

（2）搜索引擎方法操作简单、方便

搜索引擎操作简单、方便主要表现在以下几个方面。

①登录简单

如果搜索引擎是分类目录，企业想在此搜索引擎登录，那么只需要工作人员按照相应说明填写即可，无须专业技术人员或营销策划人员，纯技术的全文检索则不存在登录的问题。

②计费简单

以关键字广告为例，它采用的计费方式是 CPC(Cost Per Click，按点击次数收费)，区别于传统广告形式，它根据点击的次数来收费，价格便宜，并可以设定最高消费(防止恶意点击)。

③分析统计简单

一旦企业和搜索引擎发生了业务联系，搜索引擎便向企业提供一个接口，通过这个接口，企业可以很方便地知道自己每天的点击量、点击率，这样有利于企业分析营销效果，优化营销方式。

3. 搜索引擎营销的基本方法

（1）登录搜索引擎

从工作原理来分，常见的搜索引擎技术大概有两类：一类是纯技术型的全文检索搜索引擎，如 Google 等，其原理是通过机器手法检索程序，到各个网站收集、存储信息，并建立索引数据库供用户查询。这些信息并不是搜索引擎即时从网络检索到的，通常所谓的搜索引擎，其实是一个收集了大量网站或网页资料并按照一定规则建立索引的在线数据库，这种方法不须各网站主动登录搜索引擎。另一类称为分类目录，这种方法并不采集网站的任何信息，而是利用各网站向搜索引擎提交网站信息时填写的关键词和网站描述资料，经过人工审核和编辑使各网站或网页登录到索引数据库中。在早期，因为搜索引擎的第一种技术未出现，大多用的是第二种技术，又加之其他网络营销工具的缺乏，当时的网络营销者认为，只要可以将网址登录到 YAHOO 并保持排名靠前(通过搜索引擎优化)，网络营销的任务就基本完成。无论是付费登录还是免费登录，也无论登录上搜索引擎是被机器检索到的，还是网站主动提交资料登录的。作为最底层目标，搜索引擎营销基本方法之一就是将网站信息登录到搜索引擎上。这也是实现更上层目标和其他方法的基础。

（2）搜索引擎优化和竞价

网站信息在搜索结果中的排名非常重要，在一个检索结果中，往往前面几页或者第一页的前几个的点击率较高，搜索引擎优化的目的就是要通过对网站关键字、标题、网站结构的修改，使网站更符合搜索引擎的检索规则，使网站更容易被检索，排名更靠前。当然，现在很多搜索引擎，如百度，它采用竞价排名的方法，即在同

类网页或网站信息之间，用付费竞价的形式，谁出的价钱高，谁就排在前面（需要一套信用审核机制）。

（3）关键字广告

所谓关键字，就是用户所关注信息中的核心词汇，用户用它通过搜索引擎查找自己期望的网页或网站。现在不少搜索引擎，如Google、百度等，充分利用用户对这些核心词汇的高度关注，在搜索结果的旁边显示关于它的产品广告，这就是关键字广告。事实证明，关键字广告是一种成功率很高的宣传媒体，成功率比其他网络广告高得多。现在也有不少网站用网页内容定位的方法，实质上，这种方法是关键字广告的一种拓展，它的基本做法是：在某些和搜索引擎友好的网站中的某些关键字旁，显示有关于这个关键字的广告链接。

二、搜索引擎营销对网站的需求

1. 品牌需求

这类站点主要不是以推广某种产品为主，而是希望利用站点本身的内容，完善整个品牌体系和服务体系，并借这个平台推广最新的产品线或者某种型号。像IBM、NIKE的站点，其本身就是一个品牌的形象的展示，是服务体系的补充，搜索引擎营销的重点是如何塑造更好的企业形象和获得更多用户的青睐，在方式上可以是投放广告、用户评价的展示、产品类别的展示和搜索引擎结果中反馈良好的展示效率等。其特点为：整体感、影响力持久、手法多元化、结构稳定、耗资巨大、人员需求量大、作用人群广泛。

2. 形象需求

这类站点其主要是以形象广告为主，主要是根据产品某种性能或者其特点，量身制作，具有不可复制性。其目的比较简单，快速有效地打造一个以前并不存在的或者同类产品中具有相同属性和不同特点的以形象为主的产品，然后根据其形象定义拓展产品线。其特点为：快速、定位精准、炒作性强、阶段性、节奏感、耗资大。

3. 用户需求

这类站点其主要与现在互联网上门户、概念站等挂钩。概念站如现在流行的WEB2.0站点：blog、online video等，这些站点都需要积累用户，搜索引擎营销策略比较简单，其方式主要为：搜索引擎优化、投放关键字词广告。其特点为：覆盖面广泛、效果持久、节奏感强、投资小、见效迅速、人员素质高、团体协作。

4. 销售需求

这一类群体集中在中小企业，主要目的是增加销售、减少成本支出、扩大企业影响力、拓展企业生存空间。其目的性较强、时间要求急迫、注重成本控制与投资回报比。搜索引擎营销手法多样：投放关键字词广告、搜索引擎优化、软文投放、卫星站点的建立、配套服务站点建立、文案的组织等。其特点为：效果精准、投资与回报率的计算、人员要求少、阶段性、长久性。

三、搜索引擎营销的具体实施策略

1. 搜索引擎优化 SEO 实施策略

搜索引擎优化既是一项技术性较强的工作，也是一项同企业特点息息相关，需要经常分析和寻求外部合作的工作。实践证明，搜索引擎优化工作不仅能让网站在搜索引擎上有良好的表现，而且能让整个网站看上去轻松明快，页面高效简洁，目标客户能够直奔主题，网站可发挥出了沟通企业与客户的最佳效果。为了更好地实施搜索引擎优化，提出以下建议。

（1）避免使用过多的图片和动画。

（2）使用静动结合的网页。

（3）用好关键词。

（4）重视外部网站链接的数量和质量。

（5）利用“网站地图”为搜索引擎访问网站提供方便。

2. 竞价排名的实施策略

（1）分析某企业是否适合竞价排名

竞价排名本身并不能决定交易的实现，只是为用户发现企业信息提供了一个渠道或者机会，由此可见，网站建设是网络营销的基础，没有扎实的基本功，很多先进的网络营销手段都不会产生明显的效果。另外，某些垄断性行业如石油和煤炭行业的开发生产型企业就没有必要做竞价排名。而对于一些网络服务企业、IT 产品生产和销售企业等企业最好做竞价排名。

（2）选择适合企业自身的搜索引擎

在同样的价格条件下，应尽量选择用户数量比较多的搜索引擎，这样被检索和浏览的效率会高一些，但如果同一关键词参与竞价的网站数量较多，若排名靠后，反而会降低营销效果，因此还应综合考虑多种因素来决定性价比最高的搜索引擎。在可能的情况下，也可以在若干个搜索引擎中同时开展竞价排名，这样更容易比较各个搜索引擎的效果。

（3）根据企业实际情况购买适量的关键词

实际上，即使在同一个行业，由于用户使用关键词也是有一定分散性的，仅仅选择一个关键词所能产生的效果是有限的，比较理想的方式是，如果营销预算许可，选择 3~5 个用户使用频率最高的关键词同时开展竞价排名活动，这样有可能覆盖 60% 以上的潜在用户，取得收益的机会将大大增加。此外，在关键词的选择方面也应进行认真的分析和设计，热点的关键词价格较高，如果用几个相关但价格较低的关键词替代，也不失为一种有效的方式。

思政课堂

习近平总书记强调:“坚持实事求是，就是坚持一切从实际出发来研究和解决问题，坚持理论联系实际来制定和形成指导实践发展的正确路线方针政策，坚持在实践中检验真理和发展真理。”青年学生也要努力做到知行合一，注意理论联系实际，在踏入工作岗位后实实在在地做事情，尽心尽力地干工作，而不是热衷于追求热闹、做华而不实的“书呆子”。

(4) 提高点击率和业务达成率的转换率

①将搜索引擎营销的思想贯穿于整个网站策划建设过程中。最好是在网站策划和设计阶段就将网络营销思想结合进来，这样不仅要比网站发布之后效果不佳再回过头来考虑这个问题节省时间和金钱，同时在很大程度上增加了网络营销人员的信心。

②网页内容与搜索关键词具有相关性极为重要。如果在百度或 Google 上就某些关键词进行宣传，在用户输入那些关键词并登录网站后应该能正确地进入与关键词相关的网页的位置。因此，如果用户在百度中输入“鲜花”，你的链接就会显示出来，继续点击就可以进入一个涉及并出卖“鲜花”的网页上，而不应是进入网站的主页或者与鲜花无关的网页上，然后通过一个链接将用户带至其他相关产品的网页。

③测量和实验是提高转换率的关键。在没有测量的情况下，无法提高转换率。因此，需要具备一种好的测量系统，了解其实际情况，并测试网站的更新。

④提高网络品牌形象，获得客户的信任。可以通过积极地展示企业的隐私政策、采购程序，对站点上的表格采用 SSL 加密保护，提供易于使用的联系方式，如地址和电子邮件等，建立用户对企业的信任。

⑤通过网络营销软件、搜索引擎优化与排名自动检测软件和网站流量分析系统监控网站的报告，并找出那些转换率较高的关键词以及删除那些转换率低的关键词至关重要。

⑥点击付费预算百分比在各个搜索引擎之间的分配也是影响转化率的一个因素。

四、搜索引擎营销所面临的问题和发展趋势

1. 搜索引擎营销所面临的问题

(1) 搜索引擎优化市场混乱

搜索引擎优化前几年进入我国市场，到现在还处于混乱期，大多是作坊式经营，即主要是对公司的网站进行一定的修改，也就是所谓的网站优化。有专业的公司，但规模不大、技术也一般。

（2）垃圾 SEO 较多，影响搜索引擎检索结果的价值

与搜索引擎垃圾类似，垃圾 SEO 是指那些专门欺骗搜索引擎从而获得在检索结果中好的排名的手段。不同的是，垃圾 SEO 的主要目的是利用搜索引擎优化手段来牟利，垃圾 SEO 影响了搜索引擎检索结果的价值，对用户通过搜索引擎获取信息形成误导，因此垃圾 SEO 也影响了正当搜索引擎优化的声誉。

（3）搜索引擎营销应用层次较低

在我国，很多企业对搜索引擎营销的应用处于较低层次，要么是购买搜索引擎广告，要么就是搜索引擎优化，或者是就只做网站推广，而没有把搜索引擎营销作为企业营销策略的一个组成部分。没有上升到战略的高度来应用搜索引擎营销。

（4）竞价点击率和业务达成率的转换率不高

搜索引擎营销的最终目标是将浏览者转化为顾客，促使业务达成，给企业带来订单。从目前的实际情况来看，用户点击搜索结果进入企业网站之后，业务达成率比较低，也就是说点击率和业务达成率的转换率较低。这是搜索引擎营销面临的最重要的问题。

2. 搜索引擎营销的趋势

（1）搜索引擎营销将成为企业营销和网络营销的一个重要组成部分

企业营销应该是包括网络营销的一个大系统，在建立和评估这个大系统时，我们应该应用整体效益原则。虽说现在越来越多的企业开始关注网络营销和搜索引擎营销，但很多企业仍然把网络营销和搜索引擎营销看作是和传统营销截然不同的方法，并没有用一样的经营思想来处理好两者的地位。在网络经济时代，一个公司不能忽视越来越庞大的网民群体以及他们所共有的使用搜索引擎的行为习惯，而应该把包括搜索营销在内的网络营销看成是企业营销不可或缺的重要的组成部分。

（2）搜索引擎营销方式趋于多样化，但主流方式依然存在

早期的搜索引擎营销主要依靠搜索引擎的免费服务，如登录分类目录，以及通过网页 META 标签的优化设计达到在搜索引擎中更好的排名。随着搜索引擎技术的发展，以及本身业务的需要，现在的搜索引擎已经很少有专门依据 META 标签的内容来收集网页资料的了，而免费登录的分类目录也有向付费方式发展的趋势。营销技术和方法的层出不穷，必然使搜索引擎营销方式多样性得到加强，这种趋势今后仍然会延续下去，但无论怎样，就像现今竞价排名和关键字广告是主流形式一样，将来不管多样性程度多么激烈，主流方式将仍然存在。

（3）复合型搜索引擎对提高网络营销效果和促进搜索引擎的品牌的形成有积极作用

一个对用户实用的搜索引擎，应该能使用户不但能查询网页、图片、声音等，能为用户提供对产品分门别类的查找功能。现在，有些知名搜索引擎已对用户查找对象进行了有效的分类，并实现分类查询，如百度，它不但可以查询相关网页、网站，还可以查询图片和声音。这种复合型搜索引擎受到了用户的青睐，对提升其本身价值、树立品牌形象，起到了积极的作用。复合型搜索引擎是以后的重要趋势，它的出现为提高网络营销效果以及增强搜索引擎营销方式的多样性提供了一个平台。

第二节　软文与搜索相得益彰

利用软文和搜索引擎做营销是目前互联网最流行的营销方法之一，本节主要对此进行介绍。

一、软文操作是 SEM 的重要方式

其实，软文对于 SEM 而言（无论是付费的百度推广还是基于技术的 SEO）有重要作用。因为用软文操作来实现的搜索引擎营销，如果不考虑软文撰写和发布的成本，整个过程几乎是免费，实际上目前依然可以通过长微博、博客来进行免费的发布。退一步讲，即使付费去网站发布，也比百度推广按照点击量收费划算得多。

小提示

国内搜索引擎上的竞价排名，始创于百度，且百度的市场份额最大。在百度上付费推广的热门关键词，排在前十位的单次点击收费少则 1 元，多则几十元。

商业就是商业，在搜索引擎上，“钱在信息在，没钱靠边站”，一旦客户推广账户里没费用了，信息不在首页显示甚至检索不到也属正常。如果是用软文优化的，被搜索引擎收录之后，除了新的信息收录以外，一般来讲检索结果会长久存在。

二、软文营销与 SEM 相互补充

中小企业开展网络营销，首先离不开网站。如果用软文来推广网站，还会增加网站的搜索权重。那么什么是网站权重呢？网站权重是搜索引擎给网站（包括网页）赋予一定的权威值，是对网站（含网页）权威的评价。一个网站权重越高，在搜索引擎中所占的分量越大，在搜索引擎排名就越高。如果有一个站点能够拥有无数高质量的原创软文，那么，这个站点就能够获得巨大的流量，以及用户的信任，而这些巨大的流量往往是通过 SEM 带来和完成的。

因此，提高网站权重，不但利于网站（包括网页）在搜索引擎的排名更靠前，还能够提高网站的流量，提高网站的信任度。

在软文营销的实践中，除了发布到极个别的全国门户网站的软文不能带链接外，很多地方门户和小站在与编辑沟通后，大多都能保留一个链接，即使没有保留链接的也有可能在软文中留下网址或者网站中文名称。试想一下，当一篇好的软文，被转载了数以千次、万次的时候，意味着所推广的网站增加了千个、万个外链接，无论是电子商务网站还是企业网站，都可能会带来流量，甚至在移动搜索端，也能带来直接的展现机会。

因此，SEM 在软文营销中起着至关重要的作用。如果说一篇好的软文是千里马的话，那么 SEM 就可以称为伯乐。

总之，搜索营销与软文营销是互为补充、相互作用的。搜索营销能让网络软文有更多的展现机会。网络软文发布后，绝大部分读者只有在通过搜索引擎主动检索的时候才能找到。那么如何能够搜索到呢？这就要靠 SEM 手法在软文中布局的关键词了。

反过来，网络软文能够让搜索营销的手段更丰富。搜索营销有很多技术性的手法，除了网站内代码优化以外，网络软文就成了重要的载体，特别是对于站外的优化，更离不开网络软文。软文中关键词植入得好，用户就可以通过关键词搜到软文从而阅读软文，之后再进入优化网站或者导入到优化页面。

第三节　认识关键词

软文推广作为网络推广的一种策略，一直都有举足轻重的作用，因此一篇高质量的软文能为企业带来良好的营销效果，创造较大的经济效益。软文就好比是陈年老酒，时间越久，便越能散发出它的醇香。软文中的关键词，则起到精神支柱般的影响力，这也使得关键词在软文中的作用至关重要。

一、关键词的概念和分类

1. 关键词的概念

关键词到底是什么呢？它源自英文“keywords”，是指在搜索引擎中输入的词汇，可以是一个词语或者是几个词语。关键词搜索是网络搜索索引的主要方法之一，利用关键词可以命令搜索引擎寻找任何内容。

关键词的内容可以是人名、产品、企业、服务、网站等，也可以是任何中文、英文、数字，或中文、英文、数字的混合体，关键词可以输入一个，也可以输入两个、三个、四个，甚至可以输入一句话。

2. 关键词的分类

一般来说，关键词主要包括以下七类。

（1）核心关键词

所谓核心关键词，就是最简单的网站主题词语，也是搜索量最高的词语。例如：某网店是卖女装服饰的，那么“女装”就是核心关键词；某网站是一个 SEO 服务型网站，那么该网站的核心关键词就是“SEO”。此外，核心关键词可以是产品、企业、服务、行业等名称或是这个名称的一些属性、特色的词汇，如“某某网络营销公司”“某某网络营销网站”。

（2）相关关键词

相关关键词，也可以称为扩展关键词或辅助关键词，通俗地讲就是对核心关键词的补充，是与核心关键词相关的近义词、解释、名称、术语等。相关关键词的数量可以是无数个，相关关键词可对核心关键词进行补充优化，从而起到吸引用户的作用。淘宝店主在选择相关关键词时可以不考虑是否能促成消费，只要与核心关键词相关，都可罗列。

相关关键词可以是词语，也可以是短语。从用户搜索习惯可以了解到用户喜欢用“什么是 ×××”的搜索短语。例如：核心关键词是“软文”，那么“什么是软文”“软文是什么”等都是相关关键词；核心关键词是“网络营销”，那么“什么是网络营销”或“网络营销是什么”就是相关关键词。

（3）长尾关键词

长尾关键词就是意思更为具体的词语或短语，是对于相关关键词的一个扩展，长尾关键词一般都是一个短句。长尾关键词的特点就是比较长，可能由 2 ~ 3 个词语组成，甚至可能是短语，存在于搜索内容页的标题中、内容中。例如，“网络营销课程培训”是由 4 个词语组成。

通过百度下拉框的提示也能获得一些长尾关键词，但因为下拉框是单体搜索，扩展量较小，不适于大批量的长尾关键词拓展。

（4）错拼关键词

错拼关键词可以实现即便用户拼出的关键词是错误的，但因内容与正确的关键词有联系，网站也能显示出来这一目的。例如，要搜索一个人名但是不知道他名字的具体字怎么写，无意中打错了一个字，那么百度会给你提示“您要找的是不是 ××”。

（5）泛关键词

泛关键词就是包含的信息比较广泛、比较详细的关键词。以服装为例，“2022 年秋季欧美最新款针织衫”等。

（6）盈利式关键词

盈利式关键词，如直销类、促销类商品。还是以服装为例，“2022 年女装最低价出售”等。

（7）借力关键词

借力关键词，顾名思义就是借用某些品牌或热门关键词。例如，一些运动服饰可以借助奥运会等来推广。

二、关键词的排名

关键词排名是一种在搜索引擎的搜索结果中以字、词、词组的相关性体现网页排名的方式，通过关键词搜索得出的结果就是关键词的排名结果。

1. 关键词排名的类型

关键词排名通常分为自然排名及各搜索引擎提供的竞价排名两种类型。

（1）自然排名

关键词的自然排名是根据搜索引擎算法而获得的排列结果，是一种比较通俗的叫法。当搜索某个关键词时，搜索引擎根据对与该关键词相关的网页分析的结果进行排列，然后把根据算法得出的最符合（或内容相关的）的该关键词解释的页面展示在最前的位置。当然，这些都是在进行检索前就已经处理好的数据结果，搜索引擎只是对号入座地把每条数据展示在客户面前。

关键词的自然排名具有以下优点。

①整体效果很明显，可以做到长尾效应（也就是通常所说的薄利多销）。

②费用低，相对竞价排名费用会低很多。

③不必再投入人力进行管理，因为不涉及点击费用。

④更能展示企业实力。同样是排在第一页，如果消费者发现目标网站不需要做竞价就能排在前面，就更能说明该企业具有更强的实力。

当然，自然排名也有一些不足之处。

①需要一个较长的优化周期，从开始优化到实现效果，一般需要 1 ~ 3 个月的时间。

②如果是搜索引擎优化并且已经有人做竞价排名，那么自然优化的结果只能排在竞价排名的后面。

（2）竞价排名

竞价排名的基本特点是按点击量付费，推广信息（关键词）出现在搜索结果中（一般是靠前的位置），如果没有被点击，则不收取推广费。竞价排名是一种按效果付费的网络营销推广方式，用少量的投入就可以给企业带来大量潜在客户，有效提高企业销售额和品牌知名度。竞价排名按照给企业带来的潜在客户访问数量计费，企业可以灵活控制网络推广投入，获得最大回报。关键词的竞价排名具有以下优点。

①见效快。充值后设置关键词价格后即可进入排名服务。

②关键词数量无限制。可以在后台设置无数的关键词进行推广，数量由客户自己控制，没有任何限制。

③关键词不分难易程度。不论多么热门的关键词，只要客户需要，都可以进入关键词排名的前三甚至第一。

当然，竞价排名也有一些不足之处。

①恶意点击、无用点击会造成成本的增加。

②长期投入费用较高。

③因为需要合理控制关键词价格及费用，所以通常要有专人负责。

2. 关键词排名的优化

网络中有庞大的信息量和便捷的访问渠道，人们已经习惯了从互联网中搜索自己需要的资料，因为通过搜索引擎能快速准确地搜索到所需要的信息。随着网络的发展，网络营销已经成为企业营销的一个重要组成部分，网站不再是一个单纯的展示企业信息的平台，网站在搜索引擎中有好的排名，不仅会给一个网站带来极大的流量，同时订单也会随之增加。对关键词排名进行优化有以下 4 个目的。

（1）可以让各搜索引擎上的潜在客户更容易找到企业网站，并通过了解与企业进行合作交易，企业从中获得盈利。

（2）通过搜索引擎给网站带来更多的流量，以此来提高公司的业绩，吸引投资者或收购者，从而实现网络营销的最大效益，提高网站的曝光率。

（3）通过搜索引擎的访问量来提高企业品牌的知名度和影响力。

（4）可以通过搜索引擎向浏览者推介公司的产品，展现产品的亮点，吸引更多的潜在客户。

百度推广是关键词排名营销中最有效的推广方式之一，百度推广是百度在国内首创的一种按效果付费的网络推广方式，简单便捷的网页操作即可给企业带来大量潜在客户，有效提高企业知名度及销售额。企业在百度注册与产品相关的关键词后，就会被主动查找这些产品的潜在客户找到。

第四节　设置关键词

关键词对软文营销来说有着至关重要的意义，只有选取好了关键词，才能够提高软文的搜索排名，实现营销的目标。所以，设置关键词是非常重要的。

一、关键词的选择和拓展

关键词是软文的灵魂，关键词设置的重要性在于：能否让用户在第一时间利用搜索引擎搜索到你的软文，或从更多不同角度、以更高的概率找到你的软文（包含产品与服务的推介信息）。关键词的设置应该从多角度全面体现所推广的公司产品或服务的特性。因此，关键词是对软文起到画龙点睛的作用，还是起到反作用，取决于选择的关键词。要如何选择关键词才能更好地发挥作用呢？

1. 选择关键词的原则

（1）从用户角度考虑

关键词的选择，首先要以用户的思维去思考、选词，注意积累用户的搜索习惯。

做网站的最主要目的就是吸引用户，提高网站流量，所以在选择关键词时需要考虑用户的搜索情况。在选择关键词的时候，可以多列举出几个作为核心关键词，然后换位思考，从用户的搜索习惯、浏览习惯以及阅读习惯等出发去选词，以保证关键词的设置更加接近用户。

（2）从对手角度考虑

知己知彼方能百战不殆。仅仅只是了解用户还不够，还需要了解同行及竞争对手网站的关键词及布局，这样才能掌握关键词的竞争热度。通过对比分析做出优化。

2. 选择关键词的途径

软文撰写者在充分了解用户需求和竞争对手的长处之后，就可以来选择软文的关键词了。那么应该怎么来选择关键词呢？下面介绍通过百度搜索选择关键词的途径。

（1）百度知道

了解用户所需，通过用户的搜索行为从而更好地把握软文的内容，以便能更容易地确定软文的关键词。可以通过“百度知道”寻找答案。

（2）百度下拉框

当在百度搜索框中键入某个词组时，下拉列表中会出现不少提示，如要分析用户寻找与“网络营销”相关产品服务的搜索习惯，可以在百度搜索栏输入“网络营销”，如图 5-1 所示，百度下拉框会显示与“网络营销”相关的搜索语句。从百度下拉框中能简单地看出用户常用的搜索行为。

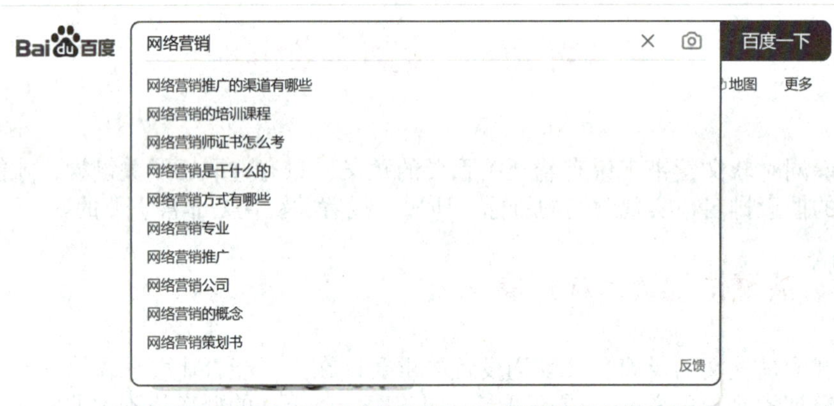

图 5-1　对网络营销的相关搜索

（3）百度相关搜索

在百度搜索引擎最下面有“相关搜索”一栏，“相关搜索”体现了百度对用户体验的注重。可以根据“相关搜索”来决定软文的关键词。还是以“网络营销”为例，如图 5-2 所示。

相关搜索

互联网销售怎么做	广告运营具体是做什么
浅议网络营销论文	营销课程培训
营销方式都有哪些	电商运营的工作内容有哪些
网络营销都具有哪些功能	有创意的网络广告案例
大学生网络营销策划方案书	网络营销有哪些内容

图 5-2　相关搜索

（4）关键词挖掘工具

百度搜索能找到很多相关的关键词挖掘工具，特别是有一些免费提供查询的站长类网站，如图 5–3、图 5–4 所示。

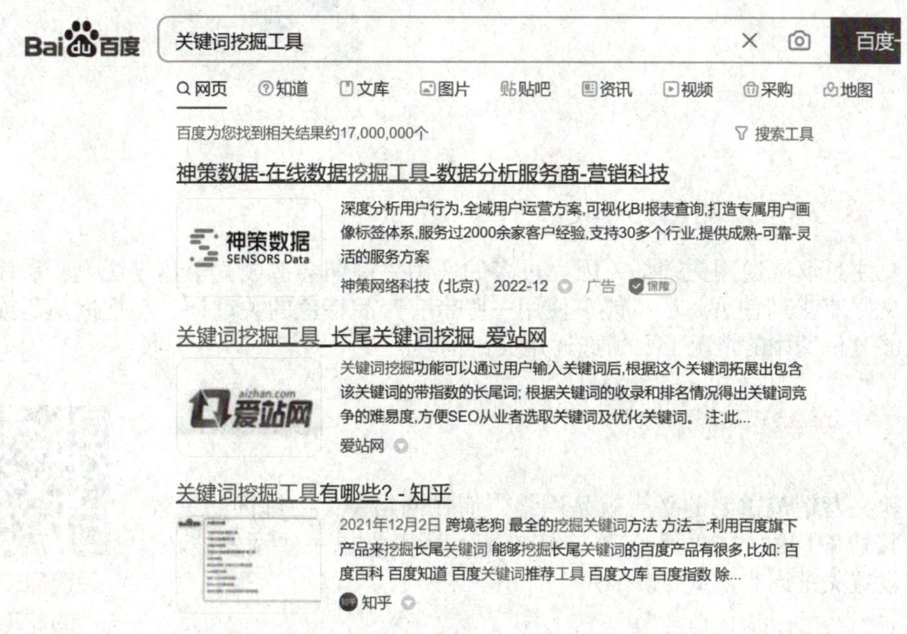

图 5–3 关键词挖掘工具查询

3. 关键词拓展

关键词的拓展有很多种方法，主要有以下两种。

（1）对核心关键词进行发散

可根据核心词的别称、简称、俗语、错别字、缩写等扩展关键词；可以选择关键词的同义词或近义词，如减肥和瘦身；可以是关键词的简称或扩写，如农行和农业银行，北京大学和北大；可以是关键词的相关词，如健身和瑜伽。

还可以加长词汇，如关键词是产品或服务，那么可以这样加长：地域 + 产品 + 服务、公司 + 产品 + 功能或者产品 + 功能、属性特征等；如产品是皮鞋，可以写女皮鞋、牛皮皮鞋等。

（2）使用关键词工具

使用百度指数拓展关键词，如图 5–4 所示。当通过百度指数查询一个关键词时就会列出十几个相关的关键词，再用其中一个相关的关键词搜索，又可以得到几十个相关的关键词。

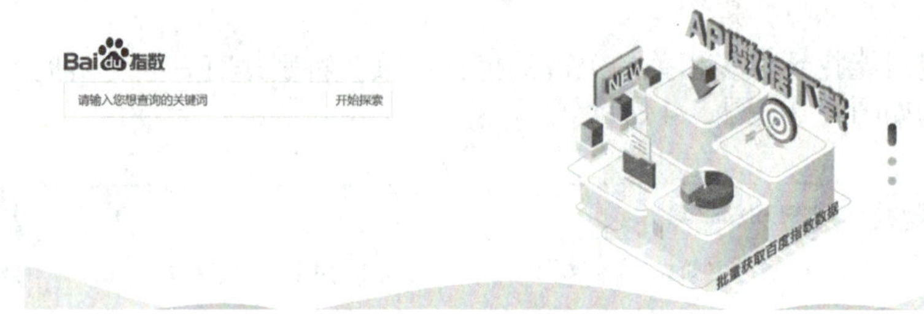

图 5-4　百度指数

4. 慎选通用关键词

要注意慎选通用关键词，因为过多的通用关键词会造成竞争热度增大，从而使得软文很难排到首页。尽可能多使用一些带有产品特色的关键词。在把握不足或没有足够竞价费用的情况下要慎选通用关键词。

二、关键词设置的技巧

关键词设置的技巧

软文营销最重要的平台就是网络，而在网络中，关键词的设置将直接影响网站的访问量和客户转换率，所以掌握一些设置技巧，对于设置关键词非常重要。

1. 关键词排列组合

可以将多个关键词放在一起进行排列组合，它们无论以何种顺序出现都能组成新的关键词，而且这个新的关键词会进一步缩小搜索的范围，强强联合可以起到“1+1 ＞ 2”的效果。

例如，在淘宝网中购买一本关于 Office 商务办公的工具图书，首先输入关键词“Office”，其搜索结果如图 5-5 所示，并没有我们需要的图书。而将关键词设置为“商务办公”和“Office”两个词的组合进行搜索，其搜索结果如图 5-6 所示，很显然，得到了我们需要的结果。

图 5-5　单个关键词搜索结果

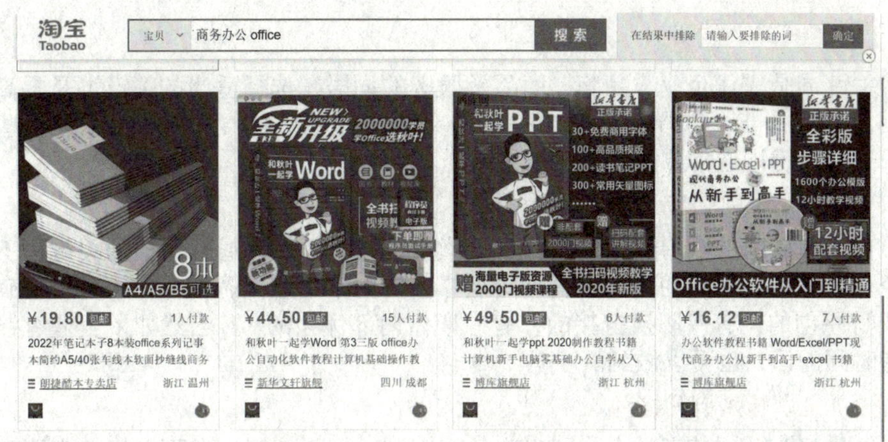

图 5-6　组合关键词搜索结果

2. 控制关键词的数量

关键词的数量需要控制，关键词过多容易失去自己的特性。对于一篇软文来说通常只有一个主题，所以标题中的关键词不能多于 3 个。而在软文中关键词出现只要两三次即可，当然这也要根据文章的篇幅而定，如果篇幅较长，关键词出现五六次也可以。切忌关键词堆积，堆积的效果只会适得其反。

3. 添加区域关键词

很多人的消费习惯都遵循“就近原则”，一般消费者都喜欢在离家近的地方买东西，即便是在网上购物也有这个习惯。所以，在设置关键词时可加上区域名称，这样搜索结果会更精准，竞争更小，更容易被消费者接受。

4. 确定目标关键词

既然是关键词，其目标就应该相对集中。很多软文为了追求更完美的效果或为了节约成本，喜欢在软文里同时针对企业、网站、商品 3 个目标设置关键词，自以为这样较为完美，可结果往往不理想。这是因为这种胡子眉毛一把抓的行为导致重点模糊，关键词的效果也被稀释了。首先确定好软文的推广目标是商品、企业还是网站，然后再针对其一进行关键词选取，这样目标性更强，搜索效果也较好。

三、关键词的确定步骤

通常情况下，关键词是从软文标题、内容提要或正文中提取的，能表达软文主题的、具有实质意义的词语。关键词一定是实词，一般是用来概括软文所涉及的一至多个领域，以及作者认为重要的研究方法的。所以，在软文营销中，了解了关键词的种类和设置方法后，就可以按照下面的操作步骤来确定关键词。

1. 选择关键词

关键词是描述企业、品牌、商品及服务的词语，选择适当的关键词是提高软文访问量的第一步。选择关键词的一个重要的技巧是选取大家经常搜索的一些关键字，选择关键词通常要注意以下 3 种情况。

（1）追求热门词语

直接在标题上套用热门词语，日搜索量可以上万次。通常这样的关键词不是中小企业能做的，一般的热门关键词排名靠前的网站都是团队在操作（分工明确，有专职写原创的，有专职换链接的，有专职做内部优化的）。当然如果企业有钱也愿意花时间的话，也可以做到。

（2）追求伪热门关键词

伪热门关键词其实是人为刷出来的关键词，这类关键词在百度指数中刷到了日搜索量几万次，但是其实每天真实的搜索量可能只有几百次，而且这个关键词的搜索量只是暂时的，选择这样一个关键词对企业的用处不大。

（3）追求冷门关键词

有些人认为冷门关键词是有搜索量的，但是每天搜索量估计仅有 10 个左右，即使将软文做到了该关键词搜索排行的第一，也不会带来较多的流量，因为该关键词搜索的基数太低了。

当然关键词的选择还需要考虑最终的目的，不能只考虑流量多少，所以一定要根据软文的主题来选择最合适的关键词。

2. 理解关键词

选择软文使用的关键词前，还需要了解普通消费者是如何使用关键词进行搜索的，因为他们通常不是只使用一个词进行搜索，而是使用词组或短语进行搜索。例如，在网上购买一件运动服，搜索的关键词并不会只是“运动服”，通常还会对这个关键词进行限定，如“长袖运动服春夏女”“运动服套装 2022 时尚”“运动服阿迪达斯男”等。只有了解了消费者的搜索习惯，才能更好地选择关键词。

3. 处理关键词

处理关键词就是将选择的与企业、品牌、商品或服务相关的关键词进行排列和组合，将它们组成常用的词组或短语。

4. 舍弃关键词

舍弃关键词就是将一些冷门或网络搜索中很少用到的关键词删除，将关键词精练为更容易搜索的词语。舍弃关键词主要包括以下 4 种方式。

（1）英文关键词

在我国网络中进行搜索，一般以用中文搜索为主，所以关键词中的英文最好舍弃。另外，如果一定要使用英文关键词，要采用大小写没有区别的关键词。

（2）拼写错误的关键词

拼写错误的关键词通常是没有用处的。错别字关键词只有在特殊情况下才能额外地提高访问量。

（3）停用的关键词

有些关键词在网络搜索引擎中已经被停用，搜索这类词语无法得出结果。

（4）习惯性不用的关键词

在网络搜索中，有一些词语是客户习惯性不用的，如“疯狂的”“最好的”等，在软文中也不要使用这类关键词。

5. 最佳关键词

了解消费者使用什么样的关键词进行搜索是十分重要的，换位思考，假如你在购买此商品时会选择哪些关键词，那么这些关键词就可能是最佳关键词，需要将这些关键词安排到商品名称中。

6. 关键词密度

关键词的密度设置为多少比较合适？不同的营销人员有不同的看法，大概有 4 种说法：2% ~ 8%、3% ~ 7%、低于 10% 或低于 5%。自己要选择一个最适合自己软文的关键词密度，到底设置为多少，需要在实践中慢慢摸索，找到属于自己软文的最佳答案。

关键词密度并没有准确的公式限定。各家搜索引擎的密度值都不一样，甚至是同一家的搜索引擎，对不同网站的关键词密度所允许的容忍阈值也不相同。

小提示

下面就是常见的关键词密度计算公式。

公式一：关键词密度 = 关键词数量 ÷ 页面总字数 ×100%

公式二：关键词密度 = 关键词数量 ÷ 页面总字数 ÷ 关键词字数 ×100%

公式三：关键词密度 = 关键词数量 ÷ 页面分词数量 ×100%

7. 突出关键词

突出关键词主要体现在标题、页面描述、超链接文本、段落标题和强调文本、正文文本、图片属性等方面。突出意味着在一个链接或者一段文字里面，开始出现的关键词比后面出现的关键词更重要。根据算法，越往后出现的关键词权重越低，到最后有可能是零。

（1）标题

对于搜索引擎而言，这是网页上最重要的部分。搜索结果页面上展示的就是标题，而且出现在浏览器的窗口上。我们可以认为一个网页的标题就像一篇文章的标题，它能够指出整篇文章的主要内容，所以要把关键词中的重要关键词放在标题的最前面，这样搜索引擎给它的权重最高，有利于排名。

（2）页面描述

网页通常含有一个摘要，有些搜索引擎也会在搜索结果中的网页标题下显示摘要。但是大多数搜索引擎不在显示页面描述，也不会给它比正文文本更多的权重。虽然说页面描述中关键词的权重比原来有所下降，但仍然有权重，还是需要重视的。

（3）超链接文本

链接到一个与网站内容相关的网页，这也是突出关键词的表现。

（4）段落标题和强调文本

大多数搜索引擎会更重视在使用加粗文字的段落标题中找到关键词，而对斜体或有颜色的文字，会假设是比较重要的关键词。段落标题与杂志文章的粗体段落标题极为相似，能够断开连续的文字并指出下面段落要讲的内容。

（5）正文文本

正文文本包括页面上出现的所有词，但是出现在页面顶端部分的正文会被认为比在中间和下部的文本更重要。网页上的图片也会含有可供选择的文字，以便搜索引擎“了解”每个图片讲的内容。

（6）图片属性

搜索引擎不能抓取图片，因此网页制作时在图片属性中加入关键词，对于利用搜索引擎查找图片关键词来说是有效的办法。搜索引擎认为图片内容与关键词一致，这在无形中也突出了关键词。

四、自媒体软文中的关键词

自媒体软文虽然在属性上没有新闻网站的官方权威性，但是却有着传统网络媒体不具备的传播速度和意见领袖的示范效应。由于自媒体的软文风格与传播方式有别于传统网络媒体，因此自媒体软文中的关键词也将相应地发生一些变化。

前面讲过，传统网络媒体软文中关键词的分类、设置大多都要遵从搜索引擎用户的搜索习惯，以求更好地展现在首页位置，更有竞争力地展现在客户面前。

而自媒体软文的真正目的不是搜索引擎，而是用户。一篇好的自媒体软文要考虑如何选主题，嵌入广告与主题之间的内容要有逻辑性，设置要巧妙无痕，再配以精美的图片点缀，让用户阅读起来有种水到渠成的感觉，让用户在无形之中感受到广告内容。关键词在这里就变得不是很“关键”了，即便是为了热门关键词考虑SEO的因素，通常也不会表现得那么直白。

必须要指出的是，自媒体软文的标题关键词的植入依然很重要，对于检索来讲，也会见到明显效果，如图5–7所示。如果既能实现很好的阅读又能符合SEO关键词的植入规则，一箭双雕岂不更好？

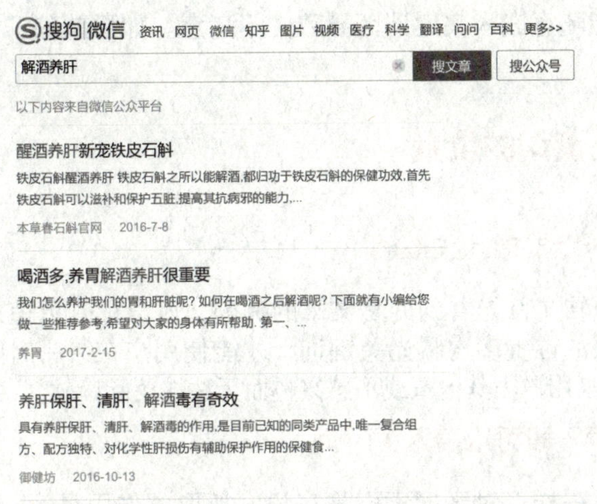

图 5-7　搜狗检索公众号文章，检索关键词“解酒养肝”示意图

第五节　软文中关键词的植入

软文应如何来写，怎么在软文中植入关键词，关键词应该怎样来布局才能起到良好的推广作用呢？

一、植入关键词的原则

1. 不要太密

一般来说，软文关键词的植入密度应是 3% ~ 7%。如果必须要多植入，可以对关键词进行拓展，如用长尾关键词拓展，但切记不要有重复。例如，“网络营销”可以拓展为“网络营销课程培训”或者“网络营销公司”“网络营销软件”等。

2. 高热度、低竞争度

虽然经常被搜索的关键词才是最有价值的关键词，但这样的词一般竞争度也较高，在这里建议软文关键词尽可能选择百度指数高而竞争度较低的关键词。尽管在实践中不太容易找到，但是一旦能发现这样的词，那么软文效果就会事半功倍。通过站长工具等对关键词进行详细的对比分析，或许还会有更大的收获。

3. 文章描述要表现软文的中心思想

软文内容必须与软文标题的关键词密切相关，因为软文的灵魂就是关键词，软文的内容就是为关键词做铺垫的，而且搜索引擎会抓取与标题关键词相关的内容作为描述。千万不能随意嵌入关键词而导致文不达意。如果欺骗了搜索引擎，搜索引擎也会给予惩罚。

二、植入关键词的位置

1. 软文标题一定要植入关键词

因为用户接触软文首先看到的是文章的标题，所以标题里植入关键词是非常重要的，只有在显眼的位置多次曝光关键词，才能使用户在第一时间看到关键词，加深印象，即使接下来用户因其他事或不感兴趣而无法继续阅读软文，也会记住关键词。

2. 在软文的第一段可以植入关键词

第一段和标题一样，对于搜索引擎来说，抓取的作用最大、效果最好。所以，可以在软文的第一段适度植入关键词。

3. 软文关键词要进行拓展

在软文的正文中，关键词要积极拓展。在拓展时，可以根据关键词的分类自然嵌入，不能将其随意地放进软文中。需要注意的是，关键词在植入时一定要自然通顺、简洁流畅，切忌太过冗长，引起适得其反的效果。如果担心关键词在正文中植入会对用户阅读造成影响，可以将关键词集中在文章的头尾部分。

4. 网站编辑的权限

此外，如果网站编辑允许，可以将软文标题或软文中的关键词更改字体、颜色、加粗、加下划线、倾斜等，使得关键词更加凸显，这样对于搜索引擎的收录更加有利，也更能吸引用户的注意力，增加用户印象。

三、关键词布局技巧

好的软文就如同一盘精妙的棋局，步步为营，而软文的关键词就好比是一枚克敌制胜的关键棋子，只要下错了这枚棋子，便会使棋局满盘皆输。所以关键词一旦布局得不好，这篇软文就成了一篇废文，没有任何的意义。可以这么说，“得关键词者得天下”。怎么在软文中更好地布局关键词呢？可以通过下面几种技巧来布局软文关键词。

1. 心得体会法

这是软文创作中最常用的一种技巧。通过将一些体验或感受作为切入点，利用大众的同感来寻找彼此心灵上的共同融合点。例如，在面向“80后”人群的软文中，针对他们已经为人父母，在教育孩子的问题上都有心得体会的特点，自然地引出这些心得体会，顺理成章地嵌入关键词，引起共鸣，在共同的体验和感受中再自然过渡到相应的关键词上，以达到软文的营销推广效果。

2. 比较嵌入法

无论是什么样的网站或者什么样的产品，都不可能是独一无二的，因此在撰写软文时可以用比较法，以用户的口吻把这些类似的门户网站或产品进行比较，分析优缺点，然后再把文章的重点潜移默化地转移到自己的网站或产品上，加深大家对网站或产品的印象，从而产生到网站上浏览或购买产品的欲望。

3. 散文、故事法

这类软文需要软文高手来撰写，不然很容易写偏题。过分注重故事讲述容易忽略软文关键词的诱导。例如，在写软文时，想通过一个故事来体现自己的产品或服务的优点，但写着写着就把大家的目光都集中到了故事主角的命运中，这样就是一篇失败的软文。好的散文、故事型软文应该紧紧围绕关键词本身来撰写，撰写故事的主要目的就是为关键词做铺垫。

4. 日记心情记录法

这种方法有些像心得体会法，适合女性读者，主要是利用女性喜欢交流各种心得的特点模仿撰写一些相关的心情类文章、日记等。

软文是网络推广的重要方式之一，在软文中植入关键词首先要了解关键词，遵循关键词植入的原则，并对关键词进行分析，策划关键词植入的时机，把握关键词在软文中出现的频率，运用关键词布局技巧进行植入。切记，植入关键词时语句要自然通顺、简洁流畅，切忌太过冗长，适得其反。

第六节　网络软文如何与 SEM 合力

上文谈到了软文对于 SEM 的贡献，那么网络软文如何与 SEM 合力呢？本节主要介绍的就是这一内容。

一、插入图片

网络软文要想对 SEM 做出贡献，除了以上谈到的软文中要嵌入关键词外，还要考虑插入图片。如果是发布到全国门户网站的软文，带上两张图片已经不错了。如果是发布到地方门户和小站的软文，则建议配三张图片，因为图片太多会导致阅读文字的概率下降。如果是发布到论坛和博客的软文，除了以图片为主、文字为辅的软文外，不建议配图太多。不过如果是发布到自媒体的软文，特别是微信公众号的软文，图片只要新颖，吸引眼球，就不在此限。

但是软文中的配图一定要与文章内容相关，配图中如果有肖像的话，要特别注意是否会引起侵犯肖像权的情况，图片中是否有将人物切割开的内容。图片内容尽量不涉及政治、宗教。图片要清晰，不要太大。图片下面最好加上说明文字。

二、插入超链接

如果是推广网站的网络软文，最后千万不能忘记插入超链接，这个超链接极有可能直接成为网站流量的入口。超链接一定要选择关键词，而且不能把超链接选为文章标题和小标题。凡事过犹不及，一篇软文即使可以带超链接，也不要带太多，一般 3 个就可以了。超链接最好放在最后。

三、网络软文配合竞价排名

实际上，除了公关软文外，大多时候，网络软文和 SEO 的目标基本是一致的，都是为了被搜索引擎收录，都是为了实现网络营销效果。在这种情况下，网络软文做优化可以按照 SEO 的方法去操作，网络软文就可以与竞价排名做好配合。

那么如何去配合呢？

我们的经验是根据百度竞价关键词的投放，统计一下点击量多的时段和成交的比例，找出点击量大但是成交比例低的时段。这一时段就是投放网络门户软文的时间。

确定好关键词，围绕关键词撰写一系列的文章，注意一定要在百度网页格式下收录好的网站上投放，因为百度推广是在网页检索形式下进行的，必须与此对应。如果软文发布到新闻收录好的网站，对于 SEM 来讲效果就会差很多。网站大小和网站知名度都不是考虑的主要因素，百度网页格式下能收录才是硬道理。

在百度网页格式下，不管百度首页上面有多少推广、百度右侧有多少推广信息，在下面关键词的最新相关信息中出现的就是软文。如图 5-8 所示的信息，都是新闻性质的软文。在这里显示的软文完全可以和百度竞价的“工业机器人”相配合。

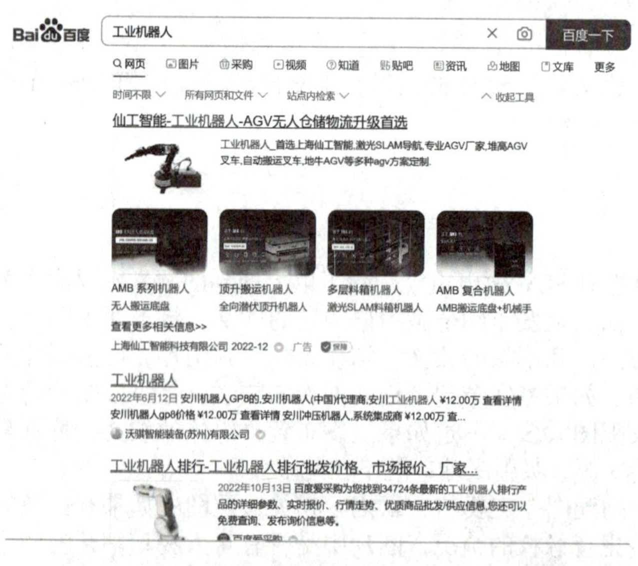

图 5-8 百度“工业机器人”网页收录格式截图

最后还有一点要补充说明一下，投放的数量不需要多，要保持投放的频率，这就需要多撰写软文，不能简单地更换标题了事，毕竟百度对于原创文章的判断还是比较精准的。换了标题不换内容，收录的效果就会比较差，因为百度用软件系统判断原创和伪原创的技术越来越高。

思政课堂

习近平总书记指出，科技事业在党和人民事业中始终具有十分重要的战略地位、发挥了十分重要的战略作用。我国科技实力正在从量的积累迈向质的飞跃、从点的突破迈向系统能力提升。立足新发展阶段、贯彻新发展理念、构建新发展格局、推动高质量发展，必须面向世界科技前沿、面向经济主战场、面向国家重大需求、面向人民生命健康，深入实施科教兴国战略、人才强国战略、创新驱动发展战略，完善国家创新体系，加快建设科技强国，实现高水平科技自立自强。

【知识拓展】

常见的搜索引擎算法

——以百度搜索为例

1. 飓风算法

飓风算法主要是严厉惩罚恶劣采集为内容主要来源的网站，同时百度搜索引擎会删除恶劣的采集链接，给优质的原创内容提供更多的展示机会，促进搜索引擎生态良性发展。飓风算法会展现惩罚数据，同时会根据情况随时调整，体现了百度对恶劣采集的零容忍。如果发现优质的原创内容被大量采集，而且索引量大幅度减少，流量也出现下滑的迹象，就需要在反馈中心进行反馈。

2. 清风算法

清风算法主要是严厉惩罚网站通过页面标题作弊欺骗用户并获得点击行为，从而保证搜索用户体验，促进搜索引擎生态良性发展。清风算法可以总结为以下几点：标题作弊：主要是指标题内容虚假，在标题中故意堆积关键词的行为。标题内容虚假：是指标题描述的内容与网页内容不相符，有欺骗用户的嫌疑。标题故意堆积：是指标题中多次重复、过度堆积关键词。以上类型的网站会被百度搜索引擎重点打击。

3. 天网算法

天网算法主要是针对网页搜索发现部分网站存在盗取用户隐私得行为，主要体现在网站添加恶意代码，用户盗取用户的微信号、手机号等。

4. 惊雷算法

惊雷算法主要是严厉打击通过刷点击来提升网站排名的作弊行为。只要发现网站存在刷点击行为，就会对网站进行惩罚，严重的网站有可能被搜索引擎所屏蔽。

5．细雨算法

细雨算法主要是保护用户体验，促进 B2B 网站生态健康发展而存在的。

（来源：https://blog.csdn.net/batman360/article/details/125714350）

课后思考

1. 简述搜索引擎营销的概念。
2. 为什么说软文操作是 SEM 的重要方式？
3. 简述选择关键词的原则。
4. 简述植入关键词的原则。
5. 关键词的布局技巧有哪些？

第六章

软文创意

【开篇导航】

创意营销是通过营销策划人员思考、总结、执行一套完整的营销方案，从而带来销售额急剧上升的营销方式。创意营销可以给广告主带来意想不到的收获，可以说是一分投入十分收获。而随着软文营销的火热，创意与软文之间的互动也增多了，许多商家企业从创意营销案例中找到了软文营销新的切入点，软文营销也变得创意十足。

【知识结构】

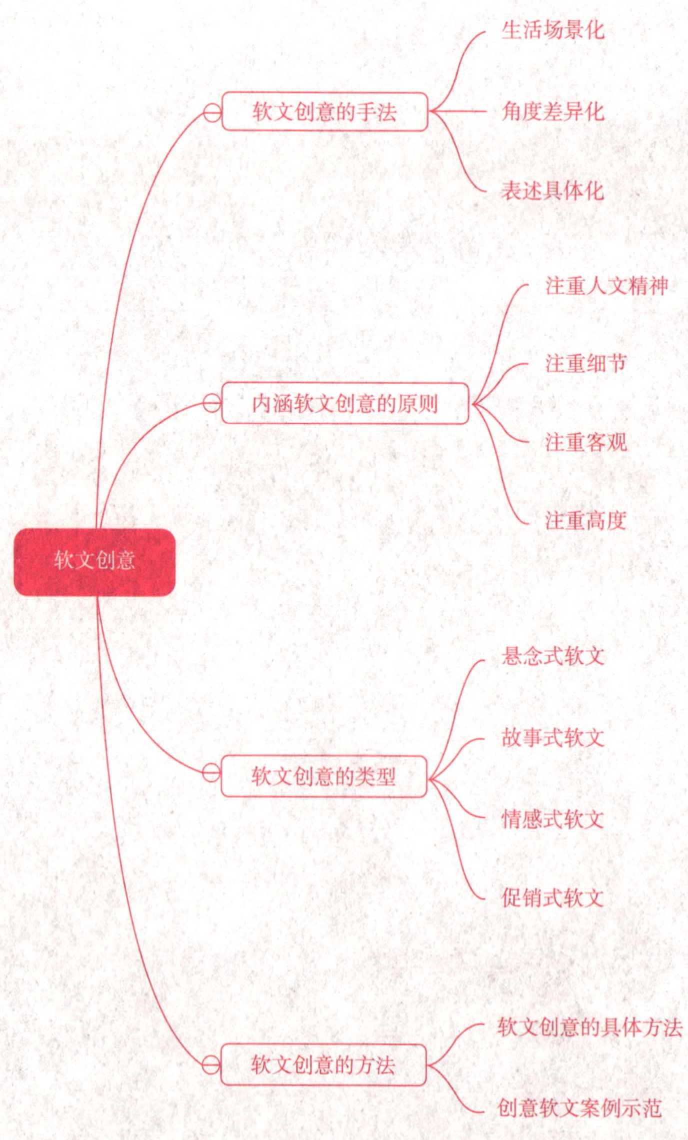

【学习目标】

◆ 知识目标

1. 掌握软文创意的手法，了解内涵软文创意的原则。
2. 掌握软文创意的类型和方法。

◆ 能力目标

1. 能够区分不同类型的软文创意。
2. 能够根据需求进行软文创意。

◆ 素养目标

通过本章的学习，了解软文创意的基本知识，培养创新意识和创新能力，在未来积极推动软文营销的发展进步。

【知识引导】

软文创意的手法

第一节　软文创意的手法

我们的生活因为互联网而变得便捷，获取的信息也更全面、更迅速。信息获取的便捷也让我们的读者越来越挑剔，从而对软文创作提出了更高的要求。因此首先就是要谈创意。软文创意的 3 个常用手法分别是生活场景化、撰写差异化和表述具体化。

一、生活场景化

创作来自生活，创作者在文章中描述的应该是目标群体在生活中常见的事物。“生活场景化”正在成为不少软文的创意，也就是从产品的使用情境出发去构想故事背景。从产品的使用情境出发，文章容易引发消费者共鸣、使其产生兴趣、产生感同身受的情感，进而产生购买欲望。

二、角度差异化

差异化不是哗众取宠，而是另辟蹊径。网络上每天都会产生大量的软文，如果是人云亦云，读者就会产生阅读疲劳，看不下去。因此积极创新、找准直戳人心的“痛点”“high 点”，是软文创意的要点。

例如，大多数的女性用户不太关注手机参数。那么我们可以反其道而行之，撰写一篇《2022 最适合女士用的三大品牌手机》软文。如此，通过变化看待问题的视角，我们就能找到差异化的内亮点，从而让软文脱颖而出。

三、表述具体化

具体化比较好理解，就是描写真实，尽量出现数据、真实人物，以及各种能提高可信度的东西。比如，写男女之间的情感纠葛，就要有名、有姓、有情节；如果讲人生、旅行，就应具体到每一件事、每一个景点，让读者读得明白。

我们撰写企业软文更要具体化，因为越具体，客户的理解和记忆就越清晰，就越有可能达到软文的最佳营销效果。

第二节　内涵软文创意的原则

语不惊人死不休，软文的竞争越来越激烈，各种奇葩的软文随着自媒体的发展越来越多地出现，有些软文为了吸引眼球甚至到了没有底线的地步。如果是投放在有品位的自媒体，特别是传统媒体上，特别奇葩的软文是不妥当的。要让软文成为经典之作或者影响力更持久一些，就需要在软文创意方面有些内涵。那么，如何才能写出有内涵的文章呢?

一、注重人文精神

从产品角度而言，软文营销是通过一系列的撰写、发布战略，将人们对某种产品的潜在需求和欲望转化为实际的购买行为。当经历了太多的以强欺弱、明争暗斗、尔虞我诈、坑蒙拐骗之后，大家内心深处其实都开始呼唤、倡导一种共赢的营销模式，呼唤具有亲和力的营销，在营销过程中注重人文关怀。

软文营销过程中的人文关怀就是要关注营销过程中的利益相关者。软文中的人文关怀就是要侧重对产品使用价值的挖掘和升华，将产品使用价值背后的消费者需求元素进行提炼整合，升华到人类价值观的层面，让人们接受软文所宣传的价值观念，自然而然地选择产品或者服务。

思政课堂

习近平总书记强调:“核心价值观，其实就是一种德，既是个人的德，也是一种大德，就是国家的德、社会的德。”将社会主义核心价值观内化于心、外化于行，需要把正确的道德认知、自觉的道德养成、积极的道德实践紧密结合起来。

软文的内容中如果融入道德和人文关怀，就显得有内涵，“老酒弥香”。有营销专家指出，没有人文精神的营销是肤浅的、短视的，充其量是一些雕虫小技，只有具有人文精神的营销才能长久。因此从软文创意的角度出发，要想让软文有内涵，就需要时常思考人文精神，思考软文传播的真正价值。

二、注重细节

真正的“魔鬼”藏于细节之中，细节是一种关注的态度，更是一种认真的体现。因此才有细节决定成败之说。

在企业的生产和经营中，细节之处的完美能真正体现出一个品牌的用心所在。从技术研发到造型设计、从品质保证到运输包装，这里面的每一个环节都是考虑的重点，任何一个纰漏就可能导致客户的流失甚至投诉、索赔。软文也同样如此，有时候一篇洋洋洒洒的文章换来的却是消费者的不买账，文章中的一个小纰漏，如数据错了，出现错别字了，一个细微的差错可能导致功亏一篑。

小提示

内涵软文不仅仅有前面所讲的人文精神，更需要细节完美，不能也不允许出现任何纰漏。例如，我们去欣赏人体彩绘，初见可能是感觉新奇有趣，再细看便能真正感受到艺术家细腻的笔触。软文可以用标题吸引眼球，可以用开头抓住读者，但最终还是靠精细扎实的文字内容去说服读者。每一篇软文都要有一个落点，而这个落点其实就是我们所控制的那一个重要环节。内涵软文的创意必须从细节入手，从细微之处行文。创意的角度各有千秋，文章的落点各有不同，但是只有真实、准确和细腻的文字才能实现完美。

三、注重客观

主观的软文不排除有创意特别棒的，能够打动客户的，不过大多数过于主观的软文都会落入“王婆卖瓜，自卖自夸”的境地。自己说好不是真的好，别人说好，说得多了，这就叫口碑。

软文要想说服力强，要想有内涵，还需要客观。以第三方评论，从“旁观者”的角度对产品或企业进行客观、公正的评论。具体来讲可以是一篇人物采访，一篇企业产品口碑的调查。可以说，从正面看，软文是将广告信息“隐藏”于各种形式的软文中，而从侧面看，每一篇软文都是具有一定价值和意义的正能量的有价值观的客观表达。

四、注重高度

“先天下之忧而忧，后天下之乐而乐”成为千古名言，“为中华之崛起而读书”鼓舞了几代中国人，它们都是内容有高度的。软文要站在国家、民族层面，树立情怀，可以大胆尝试，只要不是空喊口号，论述有理就可以切中要害。

比如，格力软文传播的核心是“中国制造”，打民族牌。再比如，2015年的国庆大阅兵，民族品牌都高举“民族、爱国”的旗帜。必须指出的是，打民族牌要产品过硬，服务经得起考验，否则打了自己的脸就不好了。

除了站在这个高度以外，对于大多数企业来讲，更为合适的是站在行业的高度。比如，曾经创造辉煌的5X极草，当时所推广的软文，都是站在行业的高度，“开创冬虫夏草科学利用的新时代”，不仅仅是推广极草品牌，更是推广冬虫夏草的药用价值和功效。

第三节　软文创意的类型

“创意，就像兔子。假使文案创作者手头上只有一对兔子，但如果他学会对这些小兔子细心呵护，那么他很快就会养出一窝兔子。”可见，创意并不是凭空产生的，它是文案创作者用心思考，然后一点一滴积累起来的。本节介绍常见的软文创意类型。

软文创意的类型

一、悬念式软文

悬念，即读者、观众、听众对文艺作品中人物命运的遭遇、未知情节的发展变化所持的一种急切期待的心情。“悬念”是小说、戏曲、影视等作品的一种表现技法，是激发广大群众兴趣的重要艺术手段。

在软文创意中，悬念如果做得好，就能够卖好“关子”，吸引注意力，让软文的主题更深刻。悬念式软文的核心就是提出一个问题，然后围绕这个问题自问自答。

例如，“北京的房价会降吗？”“网约车新政，对我们用滴滴打车有影响吗？”等，通过设问引起话题和关注是这种方式的优势。但是必须掌握火候，提出的问题要有吸引力，答案要符合常识，不能作茧自缚、漏洞百出。在新闻格式和百度一下中，问题类的标题大多都是悬念式的创意软文。

二、故事式软文

通过讲一个完整的故事带出产品，利用产品的“光环效应”和“神秘性”给消费者心理造成强暗示，可使销售成为必然。讲故事不是目的，故事背后的产品线索才是文章的关键。听故事是人类最古老的知识接受方式，所以故事的知识性、趣味性、合理性是软文成功的关键。

例如，“1.2亿买不走的秘方”“中关村互联网+人才学院优秀学员获50万元天使投资”“我有10个职场经验，价值10万元，但今天免费”等文章，都是故事型的创意切入。

很多著名公司都善于利用故事挖掘营销创意，尤其是对于消费者最关心的那些内容。他们为员工创造了一种可以自愿讲述个性化故事的语言，通过故事的形式扩大并传扬品牌意识。

我们不需要再讲“海尔砸冰箱的故事”，也不需要再讲“可口可乐的配方故事”，更不需要去看国外奢侈品“拉链需测试5000次才过关”的故事，这种操作手法已经被消费者所熟悉。讲故事，可以从小切口切入，力求真实。

此外，讲故事要有情节。近年来电商的“猫狗大战”、王老吉和加多宝的“抢孩子养孩子的故事”让品牌曝光度远超硬广投入的效果。除了以上这些，360是最会讲情节故事的企业。

有媒体评论，“周鸿一直深信‘柔道战略’，他懂得寻找支点，在适当的时候利用杠杆将对手甩出去，对手的体量越大，受到的伤害亦越大。从3Q大战算起，周鸿先后与腾讯、百度、乐视、小米等友商开战，为产品带来极大曝光量的同时塑造出一副颠覆者和破坏者的形象”。如今，每一场口水战，对于360来讲都是一段故事。360也成功地从BAT的搅局者变成了跟随者。

故事型的软文，可以是品牌类的，可以是创业类的，可以是产品类的，可以是员工的，还可以是客户的。总之，只要能够融入价值主张，有利于企业形象塑造和产品销售，能够讲出情节，就可以大胆地使用这种类型。

三、情感式软文

情感一直是广告的一个重要媒介，软文的情感表达由于信息传达量大、针对性强，更容易让人心灵相通。“比‘我爱你’更重要的是，‘我如何爱你’”“女人，你的名字是天使”“写给那些战‘痘’的青春”等。情感最大的特色就是容易打动人，容易走进消费者的内心，所以“情感营销”一直是营销中屡试不爽的灵丹妙药，也是容易出新出奇的创意之处。

华为一个女员工离职后写出了自己与华为的故事，在网络上引起了广泛的关注。如果她不是以“我与华为的故事”为切入角度，不融入自己的情感，也不会引起太多的关注，因为华为离开的员工太多了。

“华为基层女兵万字离职感言：别了！烈火般燃烧的鸡血八年……”，从这样的角度去写，就充满了情感，能够引起很多职场人士的兴趣。

四、促销式软文

促销式软文常跟上述几种软文综合使用。例如：“北京万人抢购loft”“月子油，在香港月子会所卖疯了”“一周断货三次，天津奥克莱生物中医眼贴生产告急”……这样的软文或者是直接配合促销使用，或者就是使用“买托”造成产品的供不应求，通过“攀比心理”“影响力效应”多种因素来促使客户产生购买欲望。

这类促销式软文，最好给出一个促销的理由。如果是大家都熟悉和方便比价的产品，越来越趋向于直接讲明优惠条件。当然，这个条件大多也是区间价或者加了很多限定条件。如果是不方便比价的产品或者服务，建议多用些创意的形式去促销。

第四节　软文创意的方法

无论是以哪种形式表现的软文，背后都有方法和规律可以遵循。本节主要介绍软文创意的具体方法和一些创意软文的示范。

一、软文创意的具体方法

1. 挖历史

我们先来看一句中国的古语，叫作“灭人之国，必先去其史”。这句话出自清代著名学者龚自珍，原句为“欲知大道，必先为史。灭人之国，必先去其史”。大概意思是说要消灭一个国家，首先要篡改和抹黑它的历史。

向上追溯，唐太宗曾说过:“以铜为鉴，可以正衣冠；以史为鉴，可以知兴替；以人为鉴，可以明得失。”他也在强调研究历史的价值，强调历史的重要性。

任何企业也都有历史，即使刚刚成立的企业，也不是一蹴而就的，对于创始人而言，也一定有他自己的创业想法萌生、筹备、实施和落地的过程。这个过程对于当前来讲就是历史。

此外，历史和文化是紧密结合的。企业所在地有没有历史可挖掘，有没有文化可以传承？企业的产品或者经营项目有没有历史？如果能找到历史典故，那么首先要恭喜一下，企业具备开展软文营销的地利了。

白酒企业都善于挖历史，用历史文化来美化自己，大多见到了效果。“百年牛栏山”的二锅头，宣传“大唐国酒”的剑南春，“川盐走贵州，秦商聚茅台”的繁华写照，国窖 1573 悠久历史的窖池，这些品牌挖出来的历史如今已经成为消费者津津乐道的话题，也让这些酒类品牌深入人心。

具体来说，可以挖行业的历史、企业的历史、创业的历史、家族的历史、产品的历史、区域的历史，一切对于企业营销可以用的就可以大胆地挖。当然，像有负面联想的区域历史，建议还是慎重使用，如秦桧的历史、汪精卫的历史等。

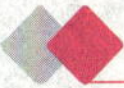

思政课堂

2022年7月16日出版的第14期《求是》杂志发表了习近平总书记的重要文章《把中国文明历史研究引向深入，增强历史自觉坚定文化自信》，文章指出：在五千多年漫长文明发展史中，中国人民创造了璀璨夺目的中华文明，为人类文明进步事业作出了重大贡献。西方很多人习惯于把中国看作西方现代化理论视野中的近现代民族国家，没有从五千多年文明史的角度来看中国，这样就难以真正理解中国的过去、现在、未来。要把中华文明起源研究同中华文明特质和形态等重大问题研究紧密结合起来，深入研究阐释中华文明起源所昭示的中华民族共同体发展路向和中华民族多元一体演进格局，研究阐释中华文明讲仁爱、重民本、守诚信、崇正义、尚和合、求大同的精神特质和发展形态，阐明中国道路的深厚文化底蕴。

2. 借东风

唐朝诗人杜牧有句名诗："东风不与周郎便，铜雀春深锁二乔。"意思是多亏老天爷把东风借给了周瑜，使他能方便行事，否则孙策的老婆大乔和周瑜的老婆小乔就会被曹操掳到铜雀台去了。提到借东风，不得不提到赤壁之战。这个经典故事中，"东风"成了胜败的关键。

所谓借东风，也就是借势营销。顾名思义，重点在于借，即使目前手中没有所需要的资源，你也要学会去收集、整理，并将它们重新组合起来，以达到推广自身品牌的目的。在网络营销中，因为互联网让传播更迅速，只要借到这股东风，就会事半功倍。

天时、地利、人和，是借东风的三要素。借东风，可以借重大历史事件，可以借新闻事件，可以借社会热点话题，可以借热映影视剧。不过，重大政治事件违反官方定调的东风不能借。借东风也要讲政治、讲原则、讲党性，还要讲社会公德，注意社会舆论。比如，马航事件和天津大爆炸这种事件的东风不能轻易借，借的角度如果不对，容易引起舆论反感。借东风要想成功，请记住，一定要讲究正能量，做锦上添花的事情。

3. 曝内幕

为什么非要曝内幕呢？答案我想聪明的读者已经猜到了，西方谚语说"好奇心害死猫"，网友对于各类内幕的兴奋点和好奇心也是如此。曝内幕就是为了吸引眼球，赢得关注，同时可以获得免费的二次传播。

从营销角度来讲，这是一个小投入、大产出的事情。娱乐圈的各种"曝内幕"，大多都经过公关公司或者经纪公司精心策划，用"内幕"维持着某一事件的热度，用"内幕"保持一些明星的曝光度。

对于软文营销创意来讲，"曝内幕"的操作手法也能博眼球，引来流量，引来关注。不过对于“曝内幕”的尺度也有讲究，即使是明星曝内幕，有些底线也不能破。曝内幕一定要讲究社会责任，讲依据，不能为了商业利益不择手段，不计后果。

4. 造新闻

软文创意的一个重要方法就是要制造新闻。对于中小企业而言，有太多的制造新闻的机会：年底开个经销商座谈会或者经销商大会，签下大的业务单子，接待社会知名人士到访，企业领导对外参加知名的活动，招聘方面新举措，企业管理的卓有成效的方式，都可以变成新闻。

制造新闻，只要有据可依就可以大胆地做。此外，造新闻的软文一定要用新闻性的客观表述来撰写。有时候，软文用造新闻的方法去创意，很有可能演变出来一个事件营销的策划案。因此，这个方法建议经常使用。

5. 作对比

好东西不怕比，软文创意作对比，可以与同类产品比，与同类服务比，以己之长比别人之短。有读者肯定会问，要是产品没有这样直接对比的效果，怎么“作对比”呢？其实，能够直接比出上下高低或者产品效果的，就直接对比，如果不适合那就得比产品背后的东西，如“文化”“荣誉”“历史”以及其他附加值的东西。

国氏全营养素是一个中国减肥市场上的老品牌，在新媒体上推广，开始时介绍产品卖点，迟迟不见销售增量。后来，改为晒单，晒客户的减肥前和减肥后的效果对比。一组照片没有见到反馈，坚持了一段时间，大量真实的对比照片，最终唤起了微信朋友圈的关注和消费者的直接下单。

有什么能比大量的真实客户见证更有说服力呢？最有意思的是，所采用的图片是用户自己使用产品前和使用后的效果对比。

除了纵向对比，也可以横向对比。和对手比，在软文创意方面就是向对手学习，研究相同或者近似产品或者服务的特点，找到自己的优势。

必须要指出，在软文创意中千万要客观，不要恶意诋毁竞争对手。要记住，是对手让我们强大，是对手让我们有不断学习和进步的机会，要怀着一颗感恩的心，与对手作对比，向对手致敬！

6. 傍名人

人们对于名人都有好奇心或者好感，喜欢通过各种途径获取名人的相关信息。因此名人的出现往往能够达到事态扩大、影响加强的效果，这就是名人效应。

在广告方面，尽管新广告法对名人代言产品有了更严格的规范和管理，但是企业请名人为产品代言依然屡见不鲜。对于中小微企业来讲，傍名人最快的方式是用软文。

在软文营销的实践中，傍名人的操作手法有些时候与借东风一样，可以直接借名人事件做一些评论，引出要植入的话题。

傍名人有一点必须注意，绝对不能杜撰名人和你产品或者服务之间的关系，如你写减肥产品，你可以写用了减肥产品可以拥有刘亦菲那样的身材，但是你绝对不能写刘亦菲是用你的减肥产品而保持了理想的身材。更不能因为你的傍名人导致名人的社会评价降低，甚至是有损毁形象。

其实傍名人的操作，不仅仅是名人，名企、知名商标都可以去傍，关键是要傍得巧妙，傍得让名企、名人都感觉更有面子，这才是好事，才能让读者不觉得反感。否则，即使傍上了名人，要么惹来官司，要么引起读者反感，就没有任何意义了。

7. 反着来

实际就是逆向思维，要敢于“反其道而思之”，对司空见惯、已成定论的事物或观点反过来思考。让思维向对立面的方向发展，从问题的反面深入地进行探索，树立新思想，创立新形象。

例如大爷买西红柿，挑了三个到秤盘，摊主称了一下：“一斤半，三元七角。”大爷：“做汤用不了那么多。”摊主去掉了最大的西红柿。摊主：“一斤二两，三元。”正当我想提醒大爷注意秤时，大爷从容地掏出了七角钱，拿起刚刚去掉的那个大的西红柿，扭头就走了……摊主当场就凌乱了。

这个小段子，讽刺了摊主，把大爷的智慧表现得很充分，大爷思考问题的方式就是典型的逆向思维，不要秤上的，要去掉的，两个价格相减，让摊主“哑口无言”。

8. 做访谈

这种方法最简单，也最容易成文。列出一系列的采访提纲，注意要口语化，找行业里的名人或者资深人士。如果找不到，至少找个比你强的业内人士或者目标客户中的代表，参考你列的提纲，和对方聊天。

记得录音，回来整理，把行动目标植入就是一篇软文。如果不会植入，直接让你访谈的对象评价你的公司或者产品即可。

用这种形式去创意软文，实际上是没有创意的创意方法。其核心就在于访谈中的亮点挖掘。如果在访谈中挖出了让大家都开心的事情，或者是让你访谈对象动感情的事情，写出来就很有机会打动读者。

访谈如果放到自媒体上，可以根据访谈对象的核心内容，提炼一个有创意的标题，这样能够增加访谈类文章的创意。

即使是访谈类的文章，也可以不出现访谈的词语，写成企业和人物的第三方报道。当然，不要忘记软文的植入信息。最简单的一种访谈软文就是直接找出产品卖点，用访谈的形式来表现。看起来硬，实际上能够卖货，因为目标客户很精准。

9. 搞评论

每个人都是有思想的，只是有人擅于表达，有人不擅于表达而已。软文营销用搞评论的方法去创意，是人人都能实现的。特别是自媒体兴起后，评论越发显得多样化，无论是京骂，还是大白话，在微信公众号上居然能吸引来大量粉丝。

不过在传统媒体和网络媒体上要正式一些，要有深度和内涵一些。特别是对于重大历史事件和新闻热点事件，评论要有深度和高度。对于广大中小企业提供的产品或者服务而言，大多都是老百姓能直接接触到的事物，评论可以站在行业高度，可以站在专家角度，可以站在消费者角度，怎么高兴、怎么有创意就怎么来。

把以上的评论表达出来，文字上润色一下就是软文。如果把多个人的评论汇总在一起，在此基础上加上你的观点，这就是综述类的评论软文。

10. 干一仗

有人说，中国人喜欢看热闹。这是人性，其实和国界无关。在国外大街上吵架，黑帮火并，企业商战，照样是最吸引眼球的内容。趋利避害，是人的本性。对于容易造成伤害的事情，人本能地会加以关注。

软文创意的“干一仗”，除了商战之外，说穿了就是打口水仗。加多宝和王老吉从打官司争商标，到线下争抢渠道，再到广告大战，文案大战，硬生生地打出来一个凉茶新品牌。出人意料的是“和其正”的凉茶销售受到了较大影响。

不必打得你死我活甚至到了骂人的境地，其实优雅的软文大战才是一种新境界。在这方面国内企业软文营销都要向宝马和奔驰学习。

100 多年来，宝马和奔驰两个品牌既是对手又是盟友，每次交手即使是调侃挖苦也透着幽默的聪明劲儿，但都懂得点到为止、保持自身优雅的形象。在宝马汽车创建 100 周年的日子，奔驰（创建于 1871 年）在 Twitter 和 Facebook 上给宝马送上了祝福。奔驰说：“感谢 100 年的竞争！没有宝马的那 30 年，是有点儿无聊！”乍一看，高风亮节，甚至有网友被奔驰感动了。

仔细看完下面这段文字才明白，原来奔驰是来优雅地挑衅，免得宝马在 100 周年的日子里营销势头盖过奔驰。

原文翻译如下：

感谢 100 年的竞争！没有宝马的那 30 年，是有点儿无聊！

那将是多无聊的一件事啊，如果没有宝马的一路同行：最创新的科技、最酷的设计、最好的顾客满意度！当然，还有销售、市场份额、利润……

因此，我们来了，贺老朋友的百岁生辰！

当然，我们也要做点儿表示：

下周，奔驰博物馆邀请宝马的伙伴们免票参观！在这儿，宝马的小伙伴们可以了解宝马出生前 30 年的汽车历史！驾驶宝马来的小伙伴，我们邀请您将宝马停在奔驰博物馆最棒的螺旋球入口正前方！每天最先抵达的 50 位巴伐利亚小伙伴们［宝马的全称是巴伐利亚发动机制造厂（Bayerische Motoren Worke）］，在漫步一圈儿后，奔驰博物馆餐厅还将为您提供一份施瓦布人（奔驰）特色小吃：酸饺子！

感谢一百年的竞争！生日快乐！BMW

奔驰先是给“老朋友”送上祝福，看上去理所当然的一句“没有宝马的那 30 年，是有点儿无聊”，以及下面那句“奔驰博物馆邀请宝马的伙伴们免票参观！在这儿，宝马的小伙伴们可以了解宝马出生前 30 年的汽车历史”无不在彰显自己才是汽车的发明者。并且还要提供给宝马员工一份“酸饺子”。优雅的挑衅，“杀人不见血”。

宝马的营销也不是吃闲饭的，迅速回应：“I was not when you were born，you were old when I was born.”（君生我未生，我生君已老）显然在暗讽奔驰的历史不如宝马，以在宝马面前奔驰就是个小孩的口吻，并说了句：谢！

两个竞争了 100 年的老对手，连干仗都这么优雅。双方之前也多次交手，并且都是这么调性，互相调侃、挖苦，却又不失幽默，每一次干仗都能形成话题广泛传播。

11. 玩盘点

这个创意与做对比有些类似，但是又有不同。作对比大多是一种或者两种产品对比，或者自己和自己对比。盘点是站在行业的高度，也就是站在第三方的角度，装作很客观，实际上已经把自己的营销主意打好了。

假如我们是做“爱米优”充电宝的软文推广，可以玩出“2022 最受消费者喜欢的五大品牌充电宝盘点”“2022 京东销量前十的充电宝盘点”“网友盘点 2022 最萌的充电宝”，等等，在不同的噱头盘点之下，把“爱米优”充电宝加入进去即可。当然，要给一个有利于营销的好位置。这种方法，既可以傍一下名牌，也可以用作对比的方法扬长避短，还能让搜索同类和不同品牌的潜在客户看到软文。

不过必须要指出的是，采用玩盘点的方式，要掂量自己的实力，无论是以哪一种噱头去盘点，不要过分夸大，否则，失去可信度的盘点就没有意义了。

二、创意软文案例示范

1. 案例一

冰雪覆盖的世界屋脊上，狂风夹着雪花漫天飞舞。两名登山者沿着陡峭的山崖，异常艰难地向主峰攀登。

作为专业登山者，他们都配备了最好的登山设备，但即便如此，由于路途极其险峻，加之长途跋涉，孤军奋战，他们的登顶之路真可谓是难于上青天。

不过最终，他们还是凭借过人的毅力和过硬的专业技能，双双冲顶成功。正当他们舒展双臂，俯视群山，以征服者的豪情奋力狂吼的时候，耳边突然传来了两声清晰的汽车鸣笛声。

侧目一看，天哪，竟然是一辆大卡车缓缓地开到了他们的面前——他们经过千辛万苦、冒死抵达的峰顶！卡车司机似乎并不见外，他摇下车窗，冲着两个惊呆了的登山勇士打招呼说：“嘿，伙计们，去昂古达尔，路还远吗？”

勇士们告诉他这里是喜马拉雅山。闻听此言，卡车司机还以为他们是在跟自己开玩笑，不满地回了一句：“喜马拉雅？别逗了！”

随即，画面打出广告语：“乌拉尔卡车，无处不在。”

软文中体现了创意，用新颖的方式表达了卡车的实用性以及性能高的特点。

2. 案例二

一个凌晨，两个家伙装上他们的飞行装备，向山区进发。

第一次飞翔时，在上升阶段，牛肉干是这两个家伙唯一的早餐。虽然他们是全国闻名的纨绔子弟，但他们到山区练习飞翔时，最好的补给也不过是牛肉干。可是这个牛肉干根本不是它该有的味道，难嚼且乏味。

当他们降落下山时，肚子和口味的冲撞越来越严重，他们开始憧憬美味的牛肉干在嘴巴里的场景。

夜黑风高的晚上，野外伸手不见五指。他们像坐了几十年监狱一样眷恋美味，嚼劲十足的牛肉、新鲜的甜橙、红酒、黑胡椒……不对，黑胡椒配牛肉干，这不就是牛肉干该有的味道吗?

那天晚上，手电的所有电都用完了。他们需要在草稿纸上画出最理想的牛肉干——香料、工艺、大小、包装，伟大的创意诞生了。

一个月后，他们带着研制成功的牛肉干重新征服了山顶、极速下坡和他们原计划半年内完成的所有冒险。

软文用新颖的创意，向观众表现了牛肉干的劲道以及获得牛肉干的不易。

3. 案例三

这是斗牛士与公牛之间的一场新式决斗，目的是为了验证一种新型洗衣粉的速效去污能力。一边，斗牛士手持一瓶红酒，对着绳子上挂的一块白布，一下一下地甩着红酒。

另一边，一头被关在卡车里的暴躁的公牛已经急红了眼，卡车被它撞得摇来晃去。斗牛士示意打开卡车的后门。公牛发疯似的朝着斗牛士的方向狂奔而来，身后黄土飞扬。斗牛士镇定自若，有条不紊，他先是向旁边桌子上准备好的一盆清水里倒了一小勺洗衣粉，然后摘下那块沾满红酒的方布，放入清水中，回头看了一眼飞奔而来的公牛。

当公牛离他还有几步之遥的时候，斗牛士猛地从水中抽出并展开方布，英姿勃勃地冲着公牛摆出了一个迎战的亮相。但此时，方布上的红酒污渍已经荡然无存。公牛急停了下来，望着那块白布，无奈地垂下了头。

毋庸置疑，新型洗衣粉的快速去污功能得到了实践的检验。但就在这时，桌子上的酒瓶被不慎碰倒，红酒溅了斗牛士一身，衣裤被染红了一大片。猛然间，近在咫尺的公牛高扬牛角，重新进入了决斗状态……

文章用一个完整、曲折的故事增加了文章可读性。

4. 案例四

夜晚，在巴黎的街道上，一个小伙子站在一幢居民楼的楼下，一言不发地仰头望着楼上。书籍、闹钟、杂志、运动鞋、唱片、电吉他等物品相继被人从楼上抛下，物品砸得满地狼藉。

站在楼下的小伙子神色凝重，看起来像是与恋人闹了不愉快，最终导致了这场“纷纷扬扬”的分手大战。

这时，楼下又来了一位白发苍苍的老者，他想要阻止楼上的行为。路人正准备感叹老头儿的好心肠，楼上的人又抛下了一个相框，里面镶着老头儿夫妇的合影。

路人再抬起头，发现一个出完气的老太太双手叉腰站在阳台上。到这个时候，围观的群众才看明白，原来是一对老夫妻在闹矛盾，看来扔东西出气并非年轻人的专利。

文章的最后，打出了一条来自保险公司的温馨提示：即使活到了 70 岁，还是什么事都有可能发生。

文章运用诙谐幽默的反转，不仅增强了文章的可读性，也让读者了解了该保险公司。

5. 案例五

在非洲肯尼亚广袤的原野上，烈日当头，微风轻拂。在原生态的自然环境中，一位穿着当地土著服装的非洲小伙子，一只手提着锋利的长矛，另一手紧抱着一个小包袱，神情焦急地一路小跑，一路像是在寻觅些什么……

这位非洲小伙子循着路标，飞快地来到了位于首都的内罗毕机场，毅然决然地搭上了走出非洲的航班。在飞机上，他用双手把小包袱紧紧地抱在怀里，唯恐有任何闪失。包裹中一定装着十分重要的东西。这个善良朴实的非洲小伙子心中只有一个想法：无论如何，也要把自己捡到的东西归还给它的主人。

经历了十几个小时的长途飞行，飞机降落在一个繁华的欧洲都市。在这个完全陌生的文明都市里，非洲小伙子处处感到不适，而他的出现以及独特的装扮也引来了好奇的都市人的纷纷侧目。但非洲小伙子痴心不改，依然是一手长矛，另一手包袱，在茫茫人海中苦苦寻觅着失主。

功夫不负有心人，他最后竟然幸运地找到了失主的家门。家门打开，年轻夫妇满脸疑惑，不知发生了什么事情。非洲小伙子却如释重负，他小心翼翼地从小包袱里拿出一样东西，笑呵呵地说："这是你们在非洲打猎时遗忘的东西。"

原来，那是被年轻夫妇随手丢弃在非洲大陆的一个空矿泉水塑料瓶。广告最后告诫游人要懂得尊重大自然，不要在旅途中乱扔杂物，污染环境。

文章中设置了悬念，在悬念揭开的最后一刻点明了公益广告的主旨，引发读者的深思。

【知识拓展】

头脑风暴法

头脑风暴法（Brain storming）是最为人所熟悉的创意思维策略，该方法是由美国人奥斯本（Osborn）于 1937 年所倡导的，此法强调集体思考的方法，着重互相激发思考，鼓励参加者于指定时间内，构想出大量的意念，并从中引发新颖的构思。

所谓头脑风暴（Brain storming）最早是精神病理学上的用语，指精神病患者的精神错乱状态，后意为无限制的自由联想和讨论，其目的在于产生新观念或激发创新设想。在群体决策中，由于群体成员心理相互作用的影响，易屈于权威或大多数人意见，形成所谓的"群体思维"。群体思维削弱了群体的批判精神和创造力，损害了决策的质量。为了保证群体决策的创造性，提高决策质量，在管理上发展了一系列改善群体决策的方法，头脑风暴法是较为典型的一个。

头脑风暴法又可分为直接头脑风暴法（通常简称为"头脑风暴法"）和质疑头脑风暴法（也称反头脑风暴法）。前者是在专家群体决策中尽可能激发创造性，产生尽可能多的设想的方法，后者则是对前者提出的设想、方案逐一质疑，分析其现实可行性的方法。采用头脑风暴法组织群体决策时，要集中有关专家召开专题会议，共同商议，各抒己见，主持者以明确的方式向所有参与者阐明问题，说明会议的规则，尽力创造融洽轻松的会议气氛。主持人一般不发表意见，以免影响会议的自由气氛。由专家们“自由”提出尽可能多的方案。此后的改良式脑力激荡法是指运用脑力激荡法的精神或原则，在团体中激发参加者的创意。

（来源：https://baike.baidu.com/item/%E5%A4%B4%E8%84%91%E9%A3%8E%E6%9A%B4%E6%B3%95/858607?fr=aladdin，有改动）

课后思考

1. 你知道哪些软文创意的手法?
2. 内涵软文创意的原则有哪些?
3. 什么是悬疑式软文?
4. 请你简要介绍促销式软文。
5. 为什么内涵软文创意要注重细节?

第七章

软文撰写攻略

【开篇导航】

标题是软文的题目，它表明一篇软文的主旨，也是区分不同软文内容的标志。俗话说“题好一半文”。一个好的标题往往起到画龙点睛的作用。抓住文章的要点的标题，既能吸引读者眼球，又能获得搜索引擎的青睐。因此，标题起得好不好，往往决定着软文是不是吸引人，是不是可以被人们记住，是不是可以广为流传。

【知识结构】

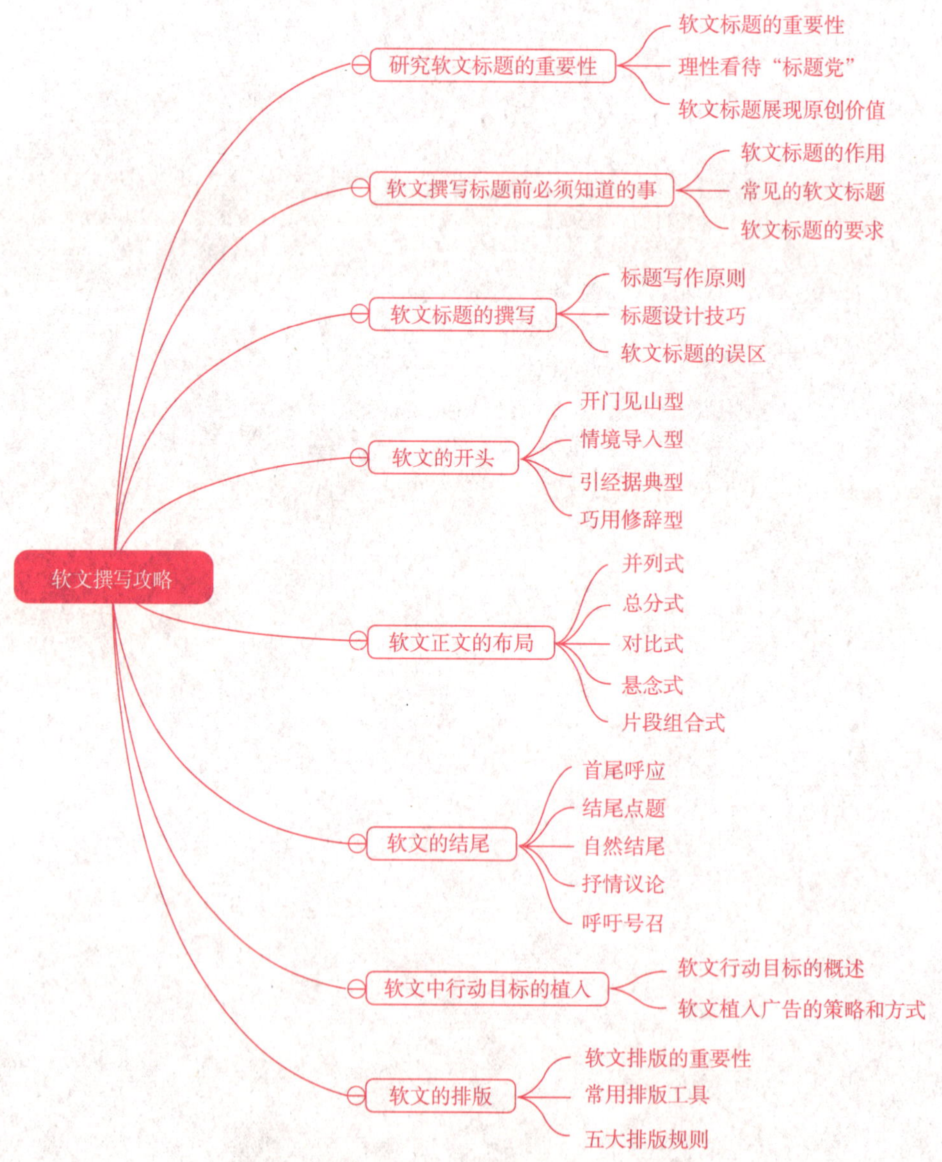

【学习目标】

◆ 知识目标

1. 了解研究软文标题的重要性，掌握软文标题的作用和要求。
2. 掌握标题写作原则和设计技巧，了解软文标题的误区。
3. 掌握软文开头的不同类型，掌握软文正文的不同布局。
4. 掌握软文结尾的不同类型，了解软文行动目标的概念和软文植入广告的策略。
5. 了解软文排版的重要性，掌握常用的排版工具和五大排版规则。

◆ 能力目标

1. 能够正确进行软文标题、开头、正文和结尾的撰写。
2. 能够正确进行软文排版。

◆ 素养目标

通过本章的学习，了解软文撰写攻略的基本知识，培养全局意识，提高利用理论知识解决实际问题的能力。

【知识引导】

软文标题的作用和要求

第一节　研究软文标题的重要性

标题能传达出一篇文章最大的亮点，读者如果在一个标题中看不到吸引自己的亮点，就不会点击进去阅读。大家从小看过的科普书籍《十万个为什么》一直很畅销，它之所以不直接叫《科普百科》也是因为同样的原因。标题里蕴含的力量从来都不容小觑。

一、软文标题的重要性

搜狐公众平台上有一篇阅读量达 15 万的文章，文章介绍的是一位香港明星的成长历程。但作者不直接在标题里告诉大家他是谁，而是将标题取名为：跑十年龙套成主角，出轨遭雪藏落魄，今长这样。跑十年龙套成名又遭雪藏就已经很引人猜测了，人们很好奇，今天他长哪样？颓废还是俊朗？好看还是不好看？阅读量能达到十五万与引起大家兴趣的好标题有着密不可分的联系。

互联网时代，网络新闻的标题因互联网链接的特点，在起标题的时候已经完全和纸质媒体的标准不一样了，它讲究的不再是标题的语言艺术，而是标题的心理学艺术，引导人们把这个链接点击下去。比如，同样是宣传心理咨询，《弗洛伊德说：你不止一个你》就比《本我与超我》这个标题更加吸引人。

标题要能把一件事情讲清楚，读者一看标题就知道大概讲了什么事情，才判断要不要来阅读。因此，软文标题决定了读者会不会走进这扇营销门里来。超市做折扣促销的时候，横幅是：伊利纯牛奶买一送一，数量有限，送完为止！这样的信息消费者一看就明白，而且有利于相互传播，增加超市的客流量。相反，如果超市拉的横幅是：购物有礼相送，送完为止！消费者的概念就会非常模糊，达不到宣传效果。

二、理性看待“标题党”

“标题党”是指有些名不副实的文章为了吸引读者将标题写得过分夸大，或者没有什么实质性内容，只是标题空摆在那里吸引人。新浪乐居网有一篇文章叫作《脱单tips，这个世界快容不下单身狗了》。看标题大家以为是教人如何脱单更快，给一些穿衣打扮或者出门聚会的实用建议，但实际点进去一看，开头内容如下。

脱单 tips，这个世界快容不下“单身狗”了

手里的淘宝先停一停，十一月将来临的购物狂欢源自“光棍节”，想通过剁手填补下与寂寞为伍的“单身狗”的寂寞空虚，好一个节日营销，以小编往年的经历，最后往往是人财两空。如今狗善被人虐，这个世界快容不下单身狗了。败家不如buy个家，市场上很多购房者买房源于刚需，年轻人用作婚房。下面小编推荐楼盘供大家置业参考。

津南区仁恒滨河住宅部分的26栋高层一共分为三期开发，楼体外形沿袭了仁恒经典的红顶风格，外延采用抛光干挂石材及釉面砖。项目前三期剩余楼座待开盘。二手房详情请咨询售楼处：400-606-6969转34234。

接下来的内容就是几条房产广告。不得不说这样的软文“标题党”让人产生巨大的心理落差，挂着脱单的旗子卖房。但另一方面，这样的“标题党”起的标题同样值得借鉴，就凭“标题党”可以让人数次入坑，而大坑前的路是自己指挥双脚走过去的。所以理性看待“标题党”，一样可以从他们身上吸取标题创作的经验。

“标题党”起标题的目的不是想利用标题画龙点睛，而是耍心眼儿让读者听从他的意愿。直接起名叫《新楼盘推荐》肯定没有太多人来阅读，但在双十一单身节的前夕起一个跟单身有关的主题，就轻易博得了大家的关注。写优质软文也是同理，抓住热点推广产品可以事半功倍。单身节可以推广单身贵族巧克力，还可以推广好感玫瑰，标题就可以仿照《脱单tips：这个世界还剩多少单身贵族》（巧克力）、《脱单tips：你为什么还是单身》（玫瑰）。

“标题党”还有几个共同的特点：一是用具备强烈感情效果的词或符号，如“惊呆”“傻眼”，常见的标题有《他把箱子打开，一下子惊呆了！》。二是采取恐吓策略，如《成都十家你可能去过的餐馆被检查出不卫生！》《子女要警惕，一个小区十个老人被骗的骗局》。三是形容不参与就晚了的煽动式，如《朋友圈被转疯的文章，你还没有看过吗？》。这些“标题党”只要没有过分使用虚假信息，或恶意煽动群众以达到营销效果，他们的创意还是很值得借鉴的。

三、软文标题展现原创价值

原创在软文写作和网站优化中所起的作用越来越重要，不仅内容传播需要优质原创，提高文章的曝光率更加离不开原创。尽管原创写作对于软文来说非常重要，但是能进行高品质原创的软文作者却并不是很多。目前比较有名的公众号或者微博软文发布者有六神磊磊、故宫淘宝等，大部分软文作者还没有出色的影响力和营销能力。

原创写作毕竟不能只说套话，很多人不知道具体的延伸知识，也不知道如何立意。推广医疗器械的时候，很多作者对医疗器械的具体使用方法和其所治疗症状的病因病情都不了解，就一个劲儿地往好处夸产品。因此，很多人不仅难以随心所欲地写作高品质的文章内容，而且绞尽脑汁也不得其法。

而对于有实质内容的干货文章和有趣味的创意文章来说，原创的标题是用户首先接触的地方，也是容易给用户留下较深印象的地方。具有特色的软文标题更能体现这些文章的原创价值。

“故宫淘宝”是一个销售故宫周边产品的淘宝店。从 2013 年开始他们就以有趣的原创文案宣传在网络上大火。故宫博物院文创产品有很多，包括服饰、陶器、瓷器、书画等系列，产品涉及首饰、钥匙扣、雨伞、箱包、领带等。目前故宫淘宝的微信公众号，那些有趣的“广告文”的点击量也多达 10 多万。

在众多文案“大神”中，他们的标题取的是最有特色，最能体现原创价值的。为什么呢？除了他们如此受欢迎如此大火以外，他们的标题是这样的：《穿越故宫来看你》《本宫有故事，你有酒吗？》《紫禁城建好后，住进来的皇帝都后悔了》《够了！朕想静静》……即使不点进去看内容，读者们都可以想象到这些文章是有关古代皇帝、古代贵族在皇宫里发生的故事。本来这样的历史题材故宫写起来就独领风骚，偏偏文章的标题又在古典人物身上增加了现代用语、流行词汇，透出原创内容的趣味性。图 7-1 为故宫文创产品。

图 7-1　故宫文创产品

第二节　软文撰写标题前必须知道的事

“一则好的新闻必然有一个吸引人的标题”，报纸的内容繁杂，人们在选择的时候除了选择版面靠前的新闻，更会选择一些有吸引人的标题的文章去阅读。软文也是一样，如果没有一个好的标题，即便文章内容再专业也不会得到更多人的认可。

一、软文标题的作用

1. 引起注意

正所谓“看书看皮，看报看题”。一般情况下，人们接触软文作品，视线常只扫描到标题。这就说明，标题最能引起消费者注意。如果标题引不起消费者的兴趣，那么他们往往会放弃阅读或产生不了继续阅读的欲望，这就会导致软文传播的失败。而标题精彩有趣，则能抓住消费者的注意力，引起消费者继续阅读的兴趣，最后引发购买行为。例如，一种有效的引人注意的方法是给消费者提供新的资讯。这样的标题通常会使用诸如“新”“发现”“介绍”“宣告”“现在”“在这里”“终于”等词汇。

如果能合理使用“免费”这样的字眼，适当运用于软文标题中，那么软文营销的效果会更好。这是软文营销文案的词汇表中一个非常有力量的词语，没有人不喜欢免费获得东西。

还有一些有效的引人注意的词语，包括“如何”“为什么”“减价”“快”“容易”“成交”“最后机会”“保证”“效果”“证明”“省”。不要因为其他软文经常使用它们而刻意避免用这些词汇，其他软文这样用是因为它们有效。

标题要表现出商品的利益消费点，且能给予消费者利益承诺。例如，“35岁以上的妇女如何才能显得更年轻”（某荷尔蒙霜广告标题），“我们已突破了世界语言的障碍”（荷兰电信广告标题），表现了消费者对商品的消费期待和商品的消费利益点，对应了消费者的消费心态，体现了商品满足消费的有效性。在标题中表现商品能给予消费者利益承诺，可以使广告抓住消费者的消费渴望，诱使他们产生浓厚的兴趣，使目标消费者对广告中的信息产生了解的渴望，自觉继续阅读下文。

2. 选择受众

标题能够为你的软文选择正确的受众群，筛选掉那些非潜在顾客，利用标题对消费者中的潜在受众人群招呼示意。例如，希望该软文让青少年来关注，那么标题中应该出现“青少年”等字样。

3. 传递一个完整的讯息

广告业名人大卫·奥格威说过，五个消费者中有四个会只读标题并且忽略掉广告剩下的部分（尤其是内文）。这意味着你要在标题中做一个完整的陈述。只有这样，广告才能对那些占 4/5 比例只读标题的消费者进行营销。

4. 推动消费者阅读内文

虽然很多人只读标题，不读正文，但是如果标题传播的信息正是他所关心的事物或标题引起了他的兴趣和好奇心，他就会继续阅读软文正文。可见，软文的多数劝导作用是从标题开始的，只有通过标题的力量才能使消费者接着看正文，而消费者也是通过软文标题与视觉形象的互相核对，从而对软文主题进行理解的。所以，优秀的软文标题能够紧抓住受众的心灵，让受众产生一种欲罢不能、非要看个水落石出的冲动，于是消费者自觉或不自觉地就接受了软文所要向消费者传达的内容。

有一些产品类别，如酒、饮料、时尚产品等，能够通过一些有吸引力的图片和一句强有力的标题和很少的内文（甚至没有）来销售。但是很多产品，如汽车、计算机、书籍、电话等，需要提供给读者更多的信息，这些信息出现在内文中，为了让软文营销更有效果，标题必须推动消费者去读内文。

要推动消费者进入内文，就必须激起他们的好奇心。可以使用幽默或者引起兴趣或者神秘感来办到；可以通过激将法或者提问设置悬念；也可以承诺一个回报、新的资讯或者有用的信息。

二、常见的软文标题

1. 宣示式标题

宣示式标题是一种常规标题，是将广告正文的要点如实地简要地体现，使人一目了然，这是目前采用较多的形式。

小提示

这类标题的写法中规中矩，新意不足，虽然它很自然平实地写明基本信息，能让读者第一时间感知文章的总体内容，但是建议推广者使用这个方法的时候考虑一些修饰词的运用，这样可以在平凡中凸显一丝新意。

2. 新闻式标题

一般来说，新闻都具有权威性，因此新闻式标题也比较正式且权威。一般的新闻式标题有单行、双行等多种形式，只要清楚描述人物、时间、地点等几个基本的要素即可。

新闻式标题直截了当地告知消费者新近发生的某些事实，也可用于介绍新上市的产品或生产企业的新措施，目的在于引起大众关心转而读正文，其本质上仍旧是宣事式标题的一种。

新闻式标题的特点是一针见血，具有权威性，这样编辑出来的文章可以放在网站的“企业新闻”或是“行业新闻”等类似的栏目中，就会显得很有权威性。

3. 诉求式标题

所谓诉求，就是用劝勉、叮咛、希望等口气写标题，目的在于催促读者采取相应的行动。诉求式标题兼具多种优点，主要的有以下 3 点。

（1）标题主动地劝说或强暗示读者去做或去思考某些事情。

（2）标题一般直接言明所推荐产品的某种用途或使用方法。

（3）它同时具有利益性标题的优点，由于建议使用及促使购买的说辞铺陈，直接或间接地将使用该品牌产品的利益告诉读者，标题就具有了动之以情、晓之以理的双重功能。

例如，香吉士柠檬广告标题是“加点新鲜香吉士柠檬，让冰茶闪耀阳光的风味”，某品牌菓珍广告标题是“菓珍要喝热的”，劲酒品牌的广告语“劲酒虽好，可不要贪杯哦”。

这一类诉求式标题容易让人产生共鸣，但是需要注意的是，在写作这类标题时要绝对谨慎，否则容易引起读者反感。

4. 颂扬式标题

这类标题是指用正面的方法，积极地称赞广告商品的优点。此类广告标题容易使人产生良好印象，以下两个标题就是典型的颂扬式标题。

杜邦塑胶广告标题：结实的杜邦塑胶能使薄型安全玻璃经冲击致碎后，仍黏合在一起；孔兰蛋蜜乳广告标题：只要三十元，孔兰蛋蜜乳，能使你的脸蜜蜜柔柔，表现个性美。

这类标题庄重严肃，无须强调和加强感情色彩，常常一目了然地点明广告信息内容。但必须以事实为根据，切忌夸大，否则容易令人反感。

5. 号召式标题

号召式标题是用带有鼓动性的词句做标题，号召人们从速做出购买决定。此类标题多用于鼓吹时尚流行的或即时性的广告，文字要有力量，能起到暗示作用，且易于记忆，使消费者易于接受广告宣传的鼓动，产生购买行为。在文学修辞上，文字应力求委婉，以回避一般人都不愿受他人支配的心理特点。

6. 悬念式标题

人类天生具有好奇的本能，这类标题专门在这点上着力，一下子把读者的注意力抓住，在他们寻求答案的过程中不自觉地产生兴趣。

有一则眼镜广告，其标题是“救救你的心灵”，初听之时令人莫名其妙，正文接着便说出一句人所共知的名言“眼睛是心灵的窗户”。救眼睛便是救心灵，妙在文案人员省去了这个中介，就获得了一种特殊效果。

在软文中应用悬念式标题，可以引发读者的思考，让读者带着作者给他的思考去阅读文章，如标题《新备案制度下，个人站长该何去何从？》，如果读者心中有这样一个疑团，看到这样的标题，会有一种可能会在本文中找到答案的感觉，也能引起其他一些没关注过此类话题的读者思考，所以会点击进来仔细阅读。

7. 提问式标题

提问式标题是通过提出问题来引起关注，从而促使消费者发生兴趣，启发他们思考，产生共鸣，留下印象。

例如，“如何利用网络书签做网络推广和网站优化？”“如何让您的关键词出现在百度搜索结果的左侧？”这类标题在教程式或者分享式文章里非常常见。

这类标题站在消费者的位置上，提出“为什么”或“怎么办”的问题，促使消费者在购买时进行分析思量。

8. 对比式标题

这类标题通过与同类商品的对比，突出本产品的独到之处，使消费者加深对产品的认识。

例如，《上海只适合 ××，不适合 ××》，既用了对比，又有悬念，符合当代网民的口味。

9. 爆炸式标题

此类标题的目的就是吸引人的眼球、增加点击量，往往写作思路就是不走寻常路，与平时的事物或者道理相背离，如《40 年的他在深山从未下来过一步》，这样的标题会让人觉得匪夷所思，急切地想知道故事的发展情节。同类的标题还有《捡破烂三年，他成了千万富翁》《三岁儿童竟然会背史记》等。

10. 寓意式标题

主要是利用比喻的修辞方法，使标题增加新意，加深人们的印象。这种标题在形式上处处为消费者着想，容易引起消费者好感。

寓意式与比喻式不同，比喻多借助具体、鲜明的形象来表达题意，寓意多借助人的本身知识、修养、情操等，对广告标题进行合理的想象发挥，提高读者的意境。

例如，某软文标题《中国网络营销培训七宗罪》，用“七宗罪”来隐喻中国网络营销培训现状，在业界内引发轰动，被转载了几百次，拥有至少 10 万的曝光量。

11. 总结式标题

这类标题也深受读者喜欢，这样的文章给读者感觉有很大的层次性，对写手的逻辑性要求也很高，通过对大量文章的阅读对比给读者一个眼前一亮的结果，简单明了，给读者省了不少时间。例如，《2022 年网上最赚钱的十大行业》《女人一生不可不做的 20 件事》，这类标题一般属于经验分享式的软文，吸引人的地方就在于其所具有的总结性，这是很多读者所喜欢的。

三、软文标题的要求

软文标题的价值在于读者在阅读正文前，就已经对软文产生了阅读的兴趣。因此能够在第一时间抓住读者眼球的标题，才是软文推广者真正需要的。那么，优秀的软文标题有哪些要求呢？

1. 简短明了

对于软文标题的设计，若使用长句作为标题，难免会让人有一种软文标题冗余的感觉，而对于过度冗余的软文标题，更是会让读者反感，从而产生不了阅读软文内容的兴趣。

举例来说，西安名胜大雁塔南侧有尊高大的玄奘铜像，经常有孩童爬到“唐僧”身上玩耍，周围游客众多，此行为甚是不雅。于是《华商报》撰写了一篇新闻稿，整个报道的照片就是一个随意的场景，但因为标题的简单传神，而让报道的分量得以提高，如图 7–2 所示。

搜狐首页 > 新闻频道 > 国内新闻 > 陕西新闻 > 华商报　华商报

“徒儿”休得无礼(图)

NEWS.SOHU.COM　2004年08月11日08:02　来源：华商网-华商报

页面功能　【我来说两句】【我要“揪”错】【推荐】【字体：大 中 小】【打印】【关闭】

免费RSS订阅最经典的幽默小段子 掌握第一手军事情报

搜狐新闻，告诉你正在发生什么。点击进入>>>

图 7–2　简单传神的标题

因此软文标题设计应尽量简短，简短必须在通俗明了的前提下，若用户对软文标题都云里雾里，那何谈阅读兴趣？

2. 内容相关

在着手软文写作之前，我们需明白软文的主题内容，并以此命题，从而让软文标题与文章内容能够紧密相连。

无论软文的主题内容是什么，也不管其目的是吸引用户去阅读，去评论，或是让更多的人转载从而带来软文外链，如果软文标题与软文主题内容不相关，那么该软文的目的很难实现，而对于搜索引擎而言也同样是不友好的做法。

3. 内容点睛

标题是一篇软文的大门，读者会通过这扇门而进入你的软文内容当中。如何才能让软文标题为内容点睛，抓住用户的眼球呢？

我们在设计软文标题之时可尝试插入具有吸引力的词，如免费、惊曝、秘诀。当然具有吸引力的词汇有很多，这就需要我们在软文写作中不断积累，并分析什么样的词对什么样的文章更具吸引力。

4. 多用问号

软文标题设计中，我们可以多用疑问句和反问句，从而引起读者的好奇心，前文我们曾经讲述了疑问式标题，可以作为这个要求的例证。

比如，类似“豆芽为什么这么肥？激素催的！”精彩的设问型新闻标题，一问一答之间，让标题的语势波澜起伏，直接吸引了读者对新闻内容的关注。这句问答包含了最核心的新闻内容，并且给了读者最容易记住的一个生活信息：“肥”豆芽要慎重购买。

5. 融入关键词

归根结底，推广的文章无非就是给搜索引擎及用户看，因此在软文标题设计时我们需要充分考虑这一问题。对于这一问题，重点在于融入关键词，无论是对用户还是对搜索引擎，只有融入关键词、融入长尾关键词，搜索引擎才能更好地判断文章的主题与内容的相关性，用户才能通过标题更精确地找到自己所需要的内容，当然这最后还是从用户的角度进行考虑。

软文写作技巧不仅仅局限于软文标题设计，还存在许多细节的地方需要我们注意，但这都需要我们更多地进行软文写作，从而积累经验，让软文效果最大化。

第三节　软文标题的撰写

虽说软文推广者也要做“标题党”，但是必须坚持标题与软文内容相关，否则会引起读者的反感。那么，软文标题的写作有哪些技巧呢？推广者在设计标题时需要重点关注哪些方面呢？

一、标题写作原则

软文营销中，软文标题是重中之重。推广者不能小看只有几个字的标题，它的作用可能占整个软文的50%，因此，写好软文的标题，让标题具有销售力，是网络销售的一个重要基础。那么，在标题写作时应该坚持哪些原则呢？

1. 要让百度容易收录

一篇软文要发挥销售力，必须首先要被百度收录，客户才能在搜索结果中找到并点击阅读。尽管百度对文章收录受很多因素影响，但一个好的标题会促进百度的收录。

那么什么样的标题能促进百度的收录呢？关键就是标题要原创，并且要有时效性，最好能有一定的流行度，百度才能收录得快。

在标题写作的时候，可以先将拟好的标题输入百度的搜索框里查一下，假如那里已经有很多相同或相近的标题，推广者就不要用这个标题了。

例如，我们准备采用“微店开店秘籍”作为标题，可以先在百度上查看一下，会有很多类似的题目，然后我们可以根据相关标题进行更改，如图 7–3 所示。

图 7–3　标题要让百度容易收录

2. 站在客户角度拟定

在拟定软文标题的时候，一定要站在客户的角度去考虑，客户最有可能用什么样的搜索语句来寻找问题的答案？根据搜索引擎匹配性的原则，越是与客户搜索语句匹配的文章标题越能获得好的排名。

在拟定文章标题的时候，可以先将相关关键词输入百度知道或百度指数，推广者就会发现许多读者或客户提出问题的语句，尽管他们的语句多种多样，但还是能从中找出规律。

3. 采取关键词组合

通过观察，我们可以发现能获得高流量的软文标题，一般都是由相关关键词组合而成的标题。这是因为，简短的只含有单一关键词的标题，即使被收录，在单一关键词的搜索结果中排名也不会很好，而组合的相关关键词搜索结果不仅少，排名也会靠前。

小提示

如果我们仅以“微店”一个关键词进行搜索，那么它的搜索结果不仅多，而且被收录的文章排名也不好，而标题上含有“微店”“开店”“经营”等多个关键词，则搜索结果的数量会大大降低，标题“露脸”的机会也就比较多。

4. 标题形式要新颖

这里介绍比较实用的几种标题形式。

（1）软文标题写作要尽量用问句，引起人们的阅读兴趣，如“你想在网站一小时赚50元吗？”“你想找价廉技艺高超的牙科医生吗？”“我市最权威的糖尿病医院是哪家？”，这样的标题会对有相关问题的读者产生很大的吸引力。

（2）软文标题写作要尽量具体详细，尤其是对于接近购买阶段的读者，越具体越可信越有吸引力，如上面所说的“你想在网站一小时赚50元吗？”，如果笼统地写成“你想让网站赚钱吗？”，它的可信力和销售力就会大大降低。

（3）软文标题写作要尽量将利益写出来，无论是阅读本文所带来的利益，还是本文涉及产品或服务所带来的利益，都应该尽量反映在标题上，从而增加标题的吸引力和销售力。

5. 不同购买阶段的标题

推广者应该知道，客户在购买的不同阶段所使用的搜索词是不同的，那么，软文的标题也要针对客户在不同阶段所使用的搜索词和需求来拟定，才能达到精准网络销售的效果。

例如，你的软文是为了向客户推广“微店运营秘籍”。如果针对的客户是没有接触过该领域的新手，他们搜索的关键词一般是“微店开店步骤”“开店流程”，那么推广者的软文标题就可以是“这样开一家微店？”“微信开店的五大平台”。

如果软文是针对微店运营阶段的客户，他们的搜索词一般是“微店商品”“推广”“营销”等，那么推广者的软文标题应该就是“动漫类图书微店的营销攻略”。这样，推广者的软文标题才能符合所设定的目标群体最关心的问题，从而大大提升软文的吸引力和销售力。

二、标题设计技巧

撰写一篇优秀营销文案的一个重要环节就是要有一个好的标题。精心设计的标题往往影响推广者的营销文案是不是吸引人，能否被人们记住。软文营销的操作者可以从以下几点做起。

1. 符号标题

一般来说，软文材料有三大亮点：数字、观点和事例，其中数字符号是非常形象的软文标题材料，因此推广者可以采用数字或符号，来使自己的标题更有说服力。

（1）数字：《5700万巨量变频蛋糕谁来切》。

（2）标点:《一个青年个体户说:“我们穷得只剩下钱了!”》。

（3）运算符号:《文凭≠水平》《海尔+海信=国际品牌》。

2. 借力借势

对于中小企业来说，力量和影响力都不太强，并没有过多的资金投入软文营销中，因此就需要善于借力，借政府的力、借专家的力、借社会潮流的力、借新闻媒体的力。例如，新闻标题《世界规模最大的奶牛基地落户内蒙古科尔沁草原》便是借力营销。

借势不同于借力，借力一般都有代价，而借势却是完全免费的。借势一般都是借助最新的热门事件，包括奥运会、世界杯、神舟飞船发射等大事件。例如，在电影《山楂树之恋》热映之际，配合电影宣传的“山楂月饼”——限量的3000套的“山楂月饼”，刚推出后马上售罄。

相比赤裸裸的植入式营销，张艺谋的山楂月饼既合情又应景，为电影营销开创了一条新的道路。从山楂月饼的销售一空来看，张艺谋十分擅长“借势”，尤其会借具有国人共性的“势”。

3. 利用悬念

前文中我们介绍了悬念型标题，一般来说，悬念的设计主要包括以下几种。

（1）反常造成悬念:《中国人90%“不会”喝茶》。

（2）变化造成悬念:《传统对开门“过时了”？全球上演高端冰箱升级赛》。

（3）惊骇造成悬念:《武汉上演“蛇吞象”风波》。

（4）疑问造成悬念:《数码产品年年换，废旧电池谁人管？》。

4. 亮眼词汇

一个亮眼的标题，能在最短时间内吸引读者，报纸界所谓“三步五秒”之说，就是指读者到报摊买报纸时，选择哪一种报纸，考虑的时间只在走动三步之间五秒之内。因此，推广者可以采用PK、三国演义等词汇吸引读者的目光。

例如:《万明坚东山再起，中国手机市场“三足鼎立”》《曹荣：曹操是我十八辈祖宗》。

5. 利用文化特点

推广者可以用诗词、成语典故、古汉语、谚语、歇后语、口语、行业内专业术语、军人常用语、外语、方言土语、人名、地名、影视、戏曲、歌曲等特色词汇吸引读者，一般来说双行体较多，如《第一视频叫板央视：同根不同命，相煎已太急》《房价下跌百姓只问不买，中介只求“非诚勿扰”》《五年成为“带头大哥”，揭秘鼎好差异化经营之路》。

思政课堂

习近平总书记在主持中共中央政治局第三十九次集体学习时指出，中华优秀传统文化是中华文明的智慧结晶和精华所在，是中华民族的根和魂，是我们在世界文化激荡中站稳脚跟的根基。我们坚持把马克思主义基本原理同中国具体实际相结合、同中华优秀传统文化相结合，不断推进马克思主义中国化时代化，推动了中华优秀传统文化创造性转化、创新性发展。要坚持守正创新，推动中华优秀传统文化同社会主义社会相适应，展示中华民族的独特精神标识，更好构筑中国精神、中国价值、中国力量。

6. 利用修辞手法

用比喻、衬托、引用、对偶等修辞方法，可以让标题更加有创意。

（1）比喻:《今年“秋老虎”好温柔》。

（2）拟人:《“双汇”掉泪了》《联想 × 平方急解高清之渴》。

7. 巧用谐音

此类标题的特点在于在切合新闻事实的前提下，巧妙地利用语音相同或相近而语义相反或相异的词语，使标题形成一种鲜明的对比，从而赋予标题以深刻的内涵。例如:《“裸画”有意，流“税”无情，人体艺术工作者抱怨税负太重》《百分通联让 App 开发者有“平”有“果”》《不要把集体婚礼变成集体分礼》《考核验收别成了“考喝宴收”》。

8. 选择、变化、对比

这种类型的标题设计展示的是一种趋势，主要包括以下三种。

（1）选择:《中国公关站在十字路口：向左走，向右走？》《风投资金进团购，该喜，该忧？》。

（2）变化:《五粮液不再强攻 ×× 市场》。

（3）对比:《第一视频 vs 软文联播：一在泥土，一在云端》。

三、软文标题的误区

在软文标题的创作中，必须遵循一定的原则，如点明主题、引人注意。可是也有一些软文推广者，因为没有掌握软文标题的写作技巧，进入了标题设计的误区。常见的误区包括以下三种。

1. 虚假最高级式标题

软文标题的创作要符合企业、商品和服务的实际。软文虽是夸张的艺术，但这种夸张并不是无限的炫耀，而是企业、商品和服务实际能力与质量的升华。

目前有些软文标题虚假自夸，冒充“第一”，并不能获得受众的欢心。例如：百事饮料的一则软文标题：“无法超越的口味”。

2. 比喻不适当式标题

比喻式软文标题是软文文案创作中一种常用的方法，由于它具有生动形象的特性，因而极富吸引力。但是如果比喻不当，喻体与本体之间关联不大、没有可比性，也会产生不好的宣传效果，使人感到莫名其妙，影响受众对软文的理解甚至会遭到受众的讥讽，影响受众对企业、商品或服务的品牌印象。

例如：某钢笔的软文标题“和铅笔一般好使”，含混不清，毫无创意。再如，某内衣的软文标题“像弦乐四重奏一般和谐动人”，而“弦乐四重奏”似乎与“内衣”之间并无可比性。因此，这样的比喻只会使人无奈失笑，并不会打动顾客。

3. 强加于人式标题

这种软文标题常常随意地把自己的意见强加于顾客，替顾客做出唯一的选择。在这种强压之下，顾客没有选择的余地，应有的权利被剥夺。而完美的吹嘘和强势的肯定却往往物极必反，引起人们的心理抵触，使软文宣传走向反面的效果。

例如，马斯巧克力的一则软文标题，“只要你喜欢巧克力，你就一定喜欢‘马斯’”，马斯巧克力或许适合一些人的口味，但绝不是所有人都一定喜欢它。

再如，米勒啤酒的一则软文标题“您早该踏入‘米勒时代’”。殊不知大多数顾客看后都会想：为什么我非要选择米勒？或许一些执拗的顾客还会说：“我偏不喜欢米勒”，从而使得软文效果大打折扣。

第四节　软文的开头

想要软文有一个“好开头”，避开灵感与写作技巧不谈，其实也无须刻意模仿，掌握以下几种简单的软文开头写作手法，就可以在实际的写作过程中派上用场。

一、开门见山型

开门见山型是在文章的开头便开宗明义，直奔主题，引出文中的主要人物，或点出故事，或揭示题旨，或点明说明的对象。用这种方式开头，一定要快速切入中心，语言朴实，绝不拖泥带水。

例如，朱自清先生的《背影》，文章一开头便直奔主题：“我与父亲不相见已两年余了，我最不能忘记的是他的背影。”一句话交代完，既点了题又可以展开内文。

当然，营销中的软文不同于文学作品，以医药行业的软文为例：需要直接指明产品的效用，一般会采用开门见山式的开头，强调能帮患者解决什么难题，站在消费者的角度，考虑与之相符的情况，非常快速地点题，引起消费者的共鸣，从而将其带入下文的阅读中。

让人“疯狂”的某保健食品，据说最初是以 8 篇软文启动了一个市场，推广者把它比喻为生物原子弹，事实证明，虽然这系列的文案没有“今年过节不收礼啊，收礼还收 ×××”这类的广告词为人所知，但后来它确实像一颗原子弹一般在保健品行业引起轩然大波，这种爆破式的语言和科技突破式的写法也正好印证了其后来所攻占的市场的强大。

时尚行业的新闻发布有时也会采用开门见山式的写法，特别是在介绍流行趋势和业界新闻时，需要开篇点题，形成简洁有力的风格，才能让读者一目了然，从中迅速地获取信息。

二、情境导入型

情境导入型文章主要在于激起读者的情感体验，开篇有目的地引入或营造软文行动目标所需要的氛围、情境，调动读者的阅读兴趣。用这种方法写开头，对于渲染氛围、预热主题有直接的效果。该类型的导入型软文大致可以分为两类：以情景的描述为中心和以意境的阐述为中心。

情景型软文导入在众多文学作品中很常见。例如，“灯下，我正在赶写堆积如山的作业，父亲轻轻地走进我的房间，把一杯热气腾的姜丝可乐放到了写字台上。透过层层雾气，望着父亲离去的背影，我的眼睛湿润了，泪水不知不觉地流了下来。”

又如，“电脑前，妹妹趴在桌上睡得很香甜。妈妈看到后，轻轻放低脚步声，走到妹旁边，将身上的薄外套脱下来，轻缓地盖在妹妹身上。从房间里出来的我，看到这温馨的一幕，不禁红了眼眶。”

以上两篇软文的开头都以叙事记录的写法将读者代入某一个情景中，从生活中细小的一面感触到温暖的父爱和母爱，每一位看到这些文字的读者，都会在脑海里自动形成一幅画面，为下文的叙述做铺垫。

强调意境的软文看起来手法更加高明，通篇很少提及产品，但意境的诞生才是最重要的。比如，一件家居产品，资历高深的文案人员不会一开始就描述这件产品如何好、质地如何舒适、色泽如何纯正，他可能会说，把它放在你的房间里面，给你陪伴。女主人或伸展腰肢，或惬意地倚靠着它，窗外透过的阳光，以及随风浮动的柔软窗帘，一切看起来刚刚好。接下来他才会认真阐述产品的功能和属性。

三、引经据典型

引经据典本义是指引用经典著作中的语句或故事，让文章看起来更有文化底蕴、更具有说服力，从而吸引读者。很多房地产文案当中就有类似引经据典的案例。中国人对于房子格外重视，“耕者有其田，居者有其屋”向来是中国人向往的稳定生活。随着每一个朝代的变迁，房屋演绎着不同的精神风貌，载有深厚的人文历史，是家的根基，所以在描述房屋时，不可轻浮，无须喧闹的个性，舒适、便利是其主要诉求，但人的追求不止于此，每个人都希望自己的家是独特的、理想的、有氛围的。

因此，每一个成功的房地产广告中，地产商及广告单位都赋予了楼盘鲜明独特的文化形象，以期符合当地消费者的文化观念。“安澜世家”的地产广告可以作为引经据典的很好案例。

“安澜世家”

“安澜”出自《文选·王褒〈四子讲德论〉》：“天下安澜，比屋可封。”字面意思是水波平静的湖面，体现太湖之滨的风光秀丽与水意灵气；“安澜”同时寓意天下太平，象征着祥和安宁的居住感受。从本案的建筑外立面风格看，Artdeco建筑的形体既高大摩登，又被赋予古老的、贵族的气质，代表一种复兴的城市精神；而景观将呈现出气派的“中轴对称”法式宫廷园林。这些特征可用“世家”来概括，即世代显贵的家族或大家，象征项目可以作为传承子孙后代的尊贵大宅。“安澜世家”，大气沉稳，亦古亦今，语感典雅，讴歌的是华美建筑的本身和高雅和谐的居住氛围，整个社区给人以复古奢华交融现代摩登的遐思。

以古典书籍的引用阐述案名的由来，赋予楼盘文化内涵，这样的开场白不失为一种好的创作手法，同时，可以为文章赋予文采，奠定主题基调，更好地表达产品理念。

此外，在文章的开头如果精心设计一个短小、精练、扣题又意蕴丰厚的句子，或者使用名人名言、谚语、诗词等句子，更能引领文章的内容，凸显文章的主旨及情感。

四、巧用修辞型

修辞手法是文学创作中的一项常用技巧，可以让文章看起来更加生动、形象，充分激发人的想象力。常用的修辞手法有拟人、比喻、排比、象征、对偶、夸张、反复、反问、设问、粘连等。曾被要求背得滚瓜烂熟，也常常被弄得晕头转向，但依然会萦绕于心的美妙句子：李白的“飞流直下三千尺，疑是银河落九天”、苏轼的“乱石穿空，惊涛拍岸，卷起千堆雪”、毛泽东的“山舞银蛇，原驰蜡象”、朱自清的“月光如流水一般，静静地泻在这一片叶子和花上”等，都运用了修辞手法。运用修辞得当的句子会让人忍不住拍案叫绝，更让人感叹语言的博大精深。文案创作者如果从这些文学作品中得到启发，在软文开头巧用修辞，可以使文章充满感染力。

1. 贴切的比喻

比喻是作者常用的一种修辞，一个得体生动、新颖贴切的比喻，可以使笔下的人或物栩栩如生，如某位作者在《感动在我们身边》一文中这样抒情：

例如网易新闻的文案“每个人都是一条河流，每条河都有自己的方向”。文案中，人被比喻为河流。这表达了网易新闻希望年轻人的观点不应被忽略，而应被尊重。

甘泉、海风、白雪是生活中能切实感受到的具象事物，作者展开联想，连用三个比喻，把抽象的感动形象化，这样的开头在读者心中留下深刻的印象。软文创作也可以采用类似的手法，摆脱空洞乏力，让产品具象化，使读者不再是只读到了文字，更像是体验过产品的滋味。

2. 形象化拟人

拟人就是用写人的词句去写物，更能激发人的想象力。曾有这样香艳的文案：她有一幅时尚靓丽的外表，但更吸引人的是她前凸后翘的迷人身躯，光滑而富有弹性。当然，还有她的温柔体贴、善解人意，每天早晚的深深一吻更是让我沉醉不知归路。又有谁能比得上她呢？

如此露骨地表达爱意，这样的软文一开头便抓住了读者眼球，可是谁又能想到作者口中的“她”，其实是一个“牙刷”，即使看到后来恍然大悟之后，还是会为作者的创意思路倾倒，让初学者甘拜下风，受众也会不自觉地想到：这是一个性感温柔的牙刷，一定把它揣在兜里，带回家！

3. 号召力排比

排比是把三个或三个以上意思相近或相关、结构相同或相似、语气相同的词组或句子并排在一起组成的句子。对仗工整的排比句往往气势如虹，很多小说或散文中排比句的运用，能有力地表达作者强烈的思想情感，对消费者的行为起到号召作用。

《抛开书本到街上去》

抛开阿莫多瓦的高跟鞋到街上去。
抛开村上春树的弹珠游戏到街上去。
抛开徐四金的低音大提琴到街上去
抛开彼得·梅尔的山居岁月到街上去。
街是开放的、没有边限的书；
太阳底下永远都有新鲜事。
诚品请您暂时抛开书本到街上来，
夜以继日，逢场作乐，
计时24小时，及时行乐！

该文案为诚品书店系列文案之一，软文开头采用“抛开”句式号召消费者把高跟鞋、弹珠游戏、低音大提琴，以及书本通通放一边，到街上去，因为太阳底下永远都有新鲜事。号召人们不要去看书？不，言外之意是不要成为书呆子，要懂得享受生活，立意明确，色彩鲜明。所以，以排比句式开头的软文，主观色彩浓厚，也容易对消费者产生影响。

4. 反复

反复是根据表达的需要，有意让一个句子或词语重复出现的修辞手法。反复的修辞出现在很多感情细腻的作品中，没有排比句式强烈，更像是作者的自言自语。如果把前者比喻成一泻而下的瀑布，那么后者则是出现在山清水秀中的涓涓细流。

第五节　软文正文的布局

软文主题虽然千变万化，但万变不离其宗，软文仍旧属于文章的范畴。传统文章以“凤头、猪肚、豹尾”三大构架来划分，其中，凤头是指开头新奇；猪肚就是指中间内容详尽；豹尾就是指结尾巧，强而有力。在这种原则的基础上对软文进行整体营销分析，软文的布局可以分为以下几种常见的形式。

一、并列式

所谓并列式软文布局，是从若干方面入笔，不分主次、并列平行地叙述事件、说明事物，或以几个并列的层次论证中心论点的结构方式。其特点是将事件、事物或论题分成几个方面来叙写、说明和议论，每个部分都是独立完整的部分，与其他部分是并列平行关系，如下文所述。

上文中的一、二两点即为并列式软文的组成部分。并列式软文的组成形式基本上有两种：一种是围绕中心论点，平行地列出若干分论点；另一种是围绕一个论点，运用几个有并列关系的论据。

二、总分式

总分式软文往往开篇点题，然后在主体部分将中心论点分成几个基本上是横向展开的分论点，一一进行论证。一篇文章在总体布局上，可以先总后分，也可以先分后总，还可以先总后分再总，它们通常都被称作总分结构法。下面以网络上流行的某一篇帖子为例，看一看作者是如何运用总分结构法将广告不知不觉渗入消费者头脑中的。

这样的女人才叫女人

新时代女人“十有”式。

（1）事业一定要有，但不得太大。太大则天天有人请示汇报，劳心！

（2）老公一定要有，但年龄不能太小或太大。太小需要哄着，太大则无趣！

（3）爱好一定要多，但手艺不得太精。太精则费时又伤神！

（4）儿子一定要有，但不得太帅。太帅了，小女生常常来敲门！

（5）自己的网站一定要有，但不能太烂太多，多了便费神，如博客，没人看不说，功能还少。雅虎站长天下就不错，10 万元悬赏新站长，不仅免费建还有钱赚，名利双收。

（6）服装一定要有品位，龙迪、Marisfrolg、宝姿中挑选合自己口味的即可，不一定要古驰什么的！

（7）化妆品一定要精，但牌子不能太杂，太杂会伤皮肤，雅诗兰黛就行！

（8）貂裘一定要有，但不得常穿，常穿则有退化之嫌，还会遭动物保护协会打搅！

（9）旅行一定要多，但不得过频，过频则是为航空公司捐款！

（10）QQ 聊天一定要会，但不得太久，太久则不用化妆也会像可爱的大熊猫！

全帖似乎在说，女人一定要有什么，但是发现，消费者看完之后，对这个雅虎站长天下似乎印象深刻，这才是这篇帖子的关键内容，看起来说得很随意，但要使用这样的产品才叫女人。总分结构在软文中常见，通常的做法是：先阐述作者的观点、产品所引起的轰动效果，让人一目了然。

三、对比式

通过正反两种情况的对比分析来论证观点的结构形式。通篇运用对比，道理讲得很透彻、鲜明；局部运用正反对比的论据，材料更有说服力。软文创作者在使用正反对比法时应注意以下两个问题。

1. 围绕中心论点选择比较材料，确定对比点

所选对象必须是两种性质截然相反或有差异的事物，论证时要紧扣文章的中心。

2. 正反论证应有主有次

若文章从正面立论，主体部分则以正面论述为主，以反面论述为辅；若文章从反面立论，则以反面论述为主，以正面论述为辅。

对比式软文以一篇介绍新酷威、新胜达和汉兰达三款 7 座的 SUV 产品为例，分别介绍汽车产品的软实力，文中从“空间谁更宽敞？”“安全谁最到位？”“享受谁更舒适？”“购买谁最容易？”四个方面分别介绍三款汽车产品的优势和特色，指引消费者从中做出最优选择。

驾大 7 座 SUV 出游，软实力谁更胜一筹？

又到了踏青出游的好时节，大 7 座 SUV 由此成为全家出动的最佳选择。大 7 座 SUV 市场上的车型虽然不多，但今年以来随着新酷威、新胜达的上市，原来的市场主力汉兰达遇到两个强劲的挑战者。这不，有个朋友开始犹豫了：“如果是去年的话，我肯定选汉兰达，但是新酷威、新胜达一出来，还是要再综合比较一下啦。”

空间谁更宽敞?

3 款 7 座 SUV 中，新酷威外形最长，达到 4910mm，轴距最长达到 2890mm。汉兰达车身长 4795mm，轴距为 2790mm。而新胜达最小，车身 4690mm，轴距更是只有 2700mm。而更长的轴距使得内部空间的可能性也大增：如果把新酷威的副驾驶和后两排座椅放倒后，可以形成一个长度超过 2.9 米，容量达到 1914L，可容纳 16 个 28 寸超大旅行箱的巨大空间，不要说是出游，搬家也足够了。

安全谁最到位?

在安全方面，三款 SUV 的表现各有长短，新酷威的安全配置包括多级安全气囊、三排安全气帘、电子车身稳定系统（ESC）、牵引力控制系统（TCS）、胎压测显示系统等，它获得了北美五星最高安全评价，还连续四年成为美国公路安全保险协会（IIHS）“年度顶级安全车型”。三者之中，只有新酷威是同级车型中唯一一款原车自带一体式儿童安全座椅的车型，这对于只有一根独苗的中国家庭来说就更为实用了。

享受谁更舒适?

三款 7 座 SUV 中的娱乐配置也是各有千秋。新酷威的中控液晶屏达到了 8.4 英寸，集合了媒体播放器、GPS 导航等多项智能功能于一体。在第一排和第二排中间安装了一个带有屏幕的多媒体系统，可以通过遥控器进行操作，并且可以通过原车提供的无线耳机收听只属于自己的音频，另外还可以通过头顶 9 英寸液晶独立视频系统进行操作，享受专业级 Alpine 6 扬声器豪华带低音炮音响，还有 AUX、USB 接口，蓝牙连接，在旅行途中也可以看大片、听音乐。它的空调是三区独立的，让随行的老人和小孩可以自主选择想要的温度，不用再妥协和谦让，让乘坐成为一种享受。相对而言，汉兰达只有在高配版本上才有中控液晶屏，没有独立空调；新胜达虽然全系都有中控液晶屏，但是第二排却没有这种享受，空调分区也只有两个。

购买谁最容易?

在价格上，新酷威已经全面跨入了 30 万元门槛，可以用国产合资品牌的价格享受进口车的品质。新酷威还为首批车主定制了“助威行动”购车金融计划，首付 50% 就可以享受“两年零利率零手续费”的优惠。你还可以有更多的付款方式选择，如最低首付 5 万元，或享受最少 300 元的超低月供。而汉兰达和新胜达的金融政策相对就没有那么丰富。

四、悬念式

所谓悬念，是指设置疑团，不做解答，借此以激发读者的阅读兴趣。通俗地说，它是在情节发展中把故事情节、人物命运推到关键处后故意岔开，不做交代，或说出一个奇怪的现象而不说原因，使读者产生急切的期盼心理，然后在适当的时机揭开谜底，如下文所示。

有一篇以《男人流行画眉毛？》为题的眉笔软文开篇指出：“修饰眉毛是女性的专利，然而最近席卷本市的‘草药生眉热’，却让不少白领男性拿起眉笔，开始对镜贴花黄，这可真够奇怪的。”以某一事件引起读者的关注，对这种现象提出质疑，进而指出，“原来，男性拿起的眉笔，不是普通眉笔，而是一种草药生眉笔——‘铂策划生眉液’”，接下来描述这种眉笔的优点和性能，这就是典型的设置悬念法，一般来说，制造悬念常用以下三种形式。

（1）设疑：这个疑问随着文章展开逐层剥开。

（2）倒叙：将读者最感兴趣、最想关注的东西先说出来，接下来再叙述前因。

（3）隔断：叙述头绪较多的事，当一头已经引起了读者的兴趣，正要继续了解后面的事时，突然中断，改叙另一头，这时读者还会惦记着前一头，就造成了悬念。

五、片段组合式

片段组合式布局又称为镜头剪接法，是指根据表现主题的需要，选择几个典型生动的人物、事件或景物片段组合成文。主题是文章的灵魂，是串联全部内容的思想红线，因此，所选的镜头片段，无论是人物生活片段，或是景物描写片段，甚至是故事、抒情片段，都要服从于表现主题的需要。

1. 组合方法

运用镜头组合法构思文章时，主要有两种组合法。

（1）横向排列组合

横向组合一般以空间的变化为主。例如，以“屋子”为题，可以写家乡的老屋，城市里的高楼大厦，农村里的低矮木屋等。

（2）纵向排列组合

一般以时间的变化为主。镜头组合法在结构形式上一般有两种方式，或者用“一”“二”“三”将文章分为3个部分，或者给各部分加上一个简明、醒目的小标题。

2. 分析

下面针对不同的片段组合式软文进行详细分析。

（1）小标题式

小标题的拟写不仅要整齐、富有艺术感染力，还要能反映作品的创作思路，写作层面跳跃性不可太大，如《感受四季·感悟芳香》一文，作者用“春之颂”“夏之恋”“秋之思”“冬之盼”作为小标题，文思清晰，由题入文，给人以清新、幽雅之感。

（2）回环反复式

回环反复式在内容上句句紧扣主旨，因此，可使中心突出。在形式上，它的出现可使层次更清晰。在表达上，因其常与排比句连用，可以增强语言的气势与节奏感。

（3）岁记式

岁记式以“岁”为主线，简明地记叙每个“岁”中的主要事件，而将许多的内容作为艺术“空白”留给读者去想象，去再创造。可以从“五岁—十岁—十五岁”“小时候—长大后—现在”“童年—少年—青年”等几个时间段写人生经历或事件，脉络清楚。

（4）片段记叙式

在记叙文中，我们经常写几件事，如《母亲的牵挂》，写了小时候身体差妈妈没日没夜的照顾，参加夏令营妈妈的牵挂，学习遇到挫折妈妈的疏导三件事，每一件事的后面都进行抒情，抒发对母亲的感激之情，文章的线索清楚，脉络分明。

（5）片段议论式

议论文中的并列式、递进式、对比式等也采用了片段式作文形式。

第六节　软文的结尾

软文结尾的目的是总结全文、突出主题或者与开头相呼应。因此，相对文章开头与标题来说，软文结尾比较好写一些。但是，软文创作者仍然需要掌握软文结尾的写作技巧，恰当地收尾。

一、首尾呼应

一般文章最常用的方式就是总—分—总，结尾大多根据开头来写，以达到首尾相呼应的效果。如果文章的开头提出了观点，中间进行了分析。到了结尾，就会自然而然地回到开头的话题。

首尾呼应的方式在议论性的文章中运用居多。这个收尾技巧能使文章的结构更加完整，使得文章从头到尾很有条理性，浑然一体，相对比较简单，这里不做详细介绍。

二、结尾点题

结尾点题式方法在软文创作中也时常用到，这种文章中没有提出任何明确的观点，在结尾时，要用一句或一段简短的话明确点出文章观点，起到卒章显志、画龙点睛的作用，让消费者恍然大悟——“哦，原来是这个原理，作者要介绍的是这个产品”，让人印象深刻，容易产生记忆，提升了软文的品格。

在软文的创作中，运用结尾点题的案例有很多，也许我们可以借鉴一下。

1. 抒情式点题收尾

老师，无论我走到哪里，我都走不出您的视野，感谢您的一路呵护、一路鼓励。

——《感谢恩师》（抒发了对老师的感恩之情）

2. 希望式点题结尾

把理解带到人间吧，尽量给别人减少一分痛苦，增添一分快乐。

——《最爱的人，别伤他最深》

3. 推理式点题结尾

有一颗感恩的心，会让我们的社会多一些宽容与理解，少一些指责与推诿；多一些和谐与温暖，少一些争吵与冷漠；多一些真诚与团结，少一些欺骗与涣散……

——《有一颗感恩的心》（点明了“要有一颗感恩的心”这个主题）

4. 表决式点题结尾

可以确定的是，无论前路是阳光明媚，或是崎岖陡峭，我会坚定地——痛并快乐着。

——《痛并快乐着》（既点明了主题，又回应了文题，可谓一箭双雕）

5. 感悟式点题结尾

她让我懂得了宽容，学会了宽容。

——《宽容》

类似这样的结尾式点题还有很多，如比喻式结尾点题、号召式结尾点题、引用式结尾点题和标题式结尾点题。“21 世纪的今天，不要再时时墨守成规。这个时代，需要的是创造性人才。朋友，请记住：我创新，所以我生存”选自《我创新，所以我生存》，作者用自身的标题作结尾。

当然软文的创作与作文的写法有所不同，一篇以点题式结尾的软文，一般都会在末尾点出产品、企业或网址的名字。

三、自然结尾

在记叙性软文中，经常会以事情终结作为自然结尾。在内容表达完整之后，不去设计含义深刻的哲理语句，不去描绘丰富的象征形体，而是自然而然地结束全文，给读者意料之外情理之中的感觉。一般情感故事类的文章会用这种技巧来结尾，如下面这篇酒类软文。

这篇软文以寡妇的视角回顾了自己的医生。全篇平铺直叙，平淡见真情，结尾顺其自然。

四、抒情议论

这种收尾方式多用于写人、记事、描述的文章结尾。当然也可以用在说明文、议论文的写作中。用抒情议论的方式收尾，考验的是写手能否流露心中的真情，从而激起读者情感的波澜，引起读者共鸣，如下面这篇加盟软文。

小小童鞋店助爱心妈妈创造奇迹

曾经流传这样一个故事：每一位母亲都曾是一个漂亮的仙女，有一件漂亮的衣裳。当她们决定要做某个孩子的母亲，呵护某个生命的时候，就会褪去这件衣裳，变成一个普通的女子，平淡无奇。

可以说母爱是人类最纯洁、最无私、最珍贵的情感，每一个孩子都享受着母亲给予的幸福和快乐，母爱是可以创造出奇迹的！我们的主人公雪菲就是这样一个创造奇迹的伟大母亲！雪菲向记者讲述了她的创业经历。

雪菲独自带着7岁的儿子生活，他们的家虽然贫穷简陋，却也洋溢着暖暖的情感。一直以来，雪菲都非常满足这种平淡的小日子，也不曾有过任何的奢侈想法和对未来的构想。自从看到儿子作文的那一刻起，她完全改变了。雪菲再也无法忍受这种贫困的生活，不是为了自己，而是为了孩子，伟大的母爱已经击起雪菲心底的琴弦，她再也无法忍受孩子心中的委屈。因为家里穷，孩子不能买自己喜欢的鞋子，只能远远地看其他同学的新鞋，从孩子的作文中，雪菲得知孩子有太多的梦想需要实现，最迫切的一个愿望就是像同学小宝一样能经常穿新鞋子。此时此刻，她切身体会到了“穷人的孩子早当家”所蕴含的辛酸。母爱的力量是伟大的，这话一点都没错，从此，雪菲像换了个人似的，她经常跑遍各个商场、鞋店，用自己那微薄的收入给孩子买最流行的鞋子。

几个月下来，雪菲发现这不是个长久之计，突然间，在脑海中闪现出了为孩子买鞋时的一些情景。在逛鞋店时，经常碰到许多家长都为给孩子买鞋而烦恼，因为在周围各个商场、鞋店内，都没有专营童鞋的商店。这时，雪菲突然灵机一动，心想，现在网络营销非常流行，要是自己能拥有一家专卖童鞋的淘宝店面该有多好！既能赚钱，还能足不出户就为儿子挑选到各种新款的鞋子，这不正是自己想要的吗？

由于选择了好项目，加上总部的大力支持，使雪菲的事业登上了顶峰，这个当年贫困的柔弱妇女，凭借着对儿子的爱心走上了发家致富的道路，雪菲成了当之无愧的女强人，母子相互之间的关爱也因物质生活的改变而更加凝聚。

文章最后抒发感情，是好项目让这个当年贫困的柔弱妇女走上了发家致富的道路，如果情况允许的话应该加上该童鞋店的网址和加盟方式。

五、呼吁号召

这种收尾多用于公益类软文，软文写手在前文讲清楚道理的基础上，向人们提出某些请求或发出某种号召，如“让我们共同抵制公共场所吸烟的行为吧！”让读者在看完内容之后，在最后一句引起共鸣，从而无形地支持文章所发起的号召。

第七节　软文中行动目标的植入

在软文营销的实践中，经常需要一系列软文来达到营销的最终目的，因此每一篇软文都有一个任务。

一、软文行动目标的概述

直接为了促进产品销售和品牌提升的软文自然不必讲。实际上在大企业操作软文营销的实践中，很多企业舍得投入，为行业作了贡献。这些软文只是为未来的销售做铺垫，只传播价值观或者一种趋势，可以说这类软文一开始很难发现是某一个企业操作的，以为是第三方媒体免费干的活。但是正是这种软文杀伤力更大，甚至在无形之中引导舆论，引导一种消费潮流，推动一个产品或者一个行业的发展趋势。

此外，公关类、维权类的软文行动目标可能根本不是产品、服务的宣传和推广，而是为了营造一种氛围，或者是为了打开一个局面，或者是为了维护一项正当合法的权益。

总结以上三种情况，软文的行动目标主要有三类：一是直接的产品销售和品牌曝光，二是公关，三是维权。那么这三种行动目标在软文中如何植入呢？下面重点讲述一下如何在软文中植入第一种行动目标，即产品或者服务的营销信息。

思政课堂

习近平总书记在《求是》上发表的题目为《坚持走中国特色社会主义法治道路　更好推进中国特色社会主义法治体系建设》中指出，法治兴则民族兴，法治强则国家强。当前，我国正处在实现中华民族伟大复兴的关键时期，世界百年未有之大变局加速演进，改革发展稳定任务艰巨繁重，对外开放深入推进，需要更好发挥法治固根本、稳预期、利长远的作用。

二、软文植入广告的策略和方式

1. 软文植入广告的策略

软文植入广告我们认为有三种宏观策略。

（1）第一种是“自己硬植入”

直接在结尾或者文章中插入广告信息的图片，图片链接到要指向的网址，也可以在文章中直接以文字形式植入广告信息。微信公众号咪蒙，在《要孩子学习，还是要孩子快乐？老子都要！》的结尾处便“赤裸”地打出了英孚的硬广告，只看这一处，是很硬的广告，而整篇联系起来看，却是很好地阐述了快乐学习的重要性。虽然是广告，但读者也都欣然接受，因为广告和文章内容已经融为一体。

（2）第二种是“借别人的口植入”

用新闻报道、专访、访谈、第三方评论等形式直接对要推广的产品或者服务进行描述或者评论，不需要隐藏，直截了当即可。比如，借用第三方身份，如某专家称、某网站的统计数据、某人的话，引入的文字不要太长。

（3）第三种是“温柔式植入”

即巧妙融入文章，只要植入的广告不影响阅读效果，大多数读者还是能够宽容对待的。

2. 软文植入的方式

以下为几种较为实用的植入方式。

（1）将产品的信息以举例的方式展现，可以适当展开几十个字，多用于平面媒体软文。

（2）以标题关键词形式植入，多应用于网络门户软文。内文中将植入的关键词拟人，如“××（产品）认为……”。这类植入方式尽管没有太多地融入产品信息，但是因为关键词以及内文多次带有产品、商标或者公司名称，既能够曝光品牌，又能在搜索营销上发挥作用。

（3）故事道具形式。这种多应用于论坛软文，开始就围绕产品植入编故事，一切都是以这个需要植入的产品作为道具展开。这种植入尽管非常容易让读者意识到是软文，但是只要故事新颖，读者还是愿意一口气看完。

（4）版权信息的方式。这种也多用于博客软文、微博、微信公众号软文。这种方式最为简单实用。在文章结束后加入版权信息即可。示例：“本文为泉之媒原创，如需转载请注明出处，阅读更多文章请在微信公众号上搜索‘泉之媒’。”

（5）插图以及超链接形式植入。这种方式多用于网络软文，如果是微信公众号软文，可以直接做超链接跳转。

同样要指出的是，以上几种植入方式可以交替使用，也可以综合使用，总之不能忘记行动目标。公关和维权软文的行动目标植入，就是要把诉求直接表达出来，表述得越具体越好。比如，希望开发商尽快补办房产证，同时给予业主延迟交房的违约金。

第八节　软文的排版

软文除了标题、开头、内文、结尾、植入行动目标外，排版就是最后的关键点了。有人说电商不是卖产品，是卖图片，尽管说得有些绝对，但实际上我们就是为了强调图片在电商中的重要性。在软文中，不仅仅是配图，包括配图在内的排版都很重要。特别是微信公众号软文，排版的重要程度远超过其他传播渠道的软文要求。

一、软文排版的重要性

一篇软文的成功，首先要在视觉上能够打动读者，其次才是用内容征服读者。有研究表明，一篇软文的网页排版会直接影响读者的阅读体验。科学的排版能够有效提高文字的可读性，让读者快速吸取有价值的信息。一篇软文排版的成功与否还会影响媒体的转发传播次数和品牌的形象建设，精美的排版更容易被其他媒体转载，还能有效地树立良好的品牌形象。因而，软文的排版至关重要，在文章确保符合大多数人的阅读习惯时，也要在排版上下功夫。

1. 影响用户的阅读体验

一篇软文的排版是用户对文章的第一感受。试想一下，如果我们看到了某一篇文章，主题确实很吸引人，内容貌似也不错，但是通篇文章都没有几个标点符号，也没有明确的段落分割，全文几乎全部连接在一起，文字大小也不符合常规，那我们还有看下去的心情吗？

因此，一篇排版精良的软文应当是段落分明，篇幅适宜，具有层次感的。然而，在现实的软文排版过程中，却出现了很多的误区。其中，影响受众阅读体验的排版误区主要体现在以下两个方面。

（1）页面设置没有视觉差异，影响用户阅读体验

页面没有视觉差异，页面设计很“平”，缺少“层次感”，缺少视觉冲击力和亮点，或者视觉冲击力突出的并不是网站的主体内容，这是没有经验的软文写作排版者最容易犯的错误。把一大堆信息铺天盖地地展示到浏览者的眼前，浏览者会记住多少？

页面设计的主要目的是想让浏览者来观看软文所要推广的产品和内容。如果内容排版平淡无奇，没有突出的视觉效果，能被记住的概率就很小，并且用户会缺乏耐心看完整篇内容。就像在一块黑板中出现一个白点很容易被注意到，但在一块白板上画上一个白点就模糊不清了。因而，在软文排版中应当多加一些图片、说明，丰富页面内容，更合理地对页面进行规划，才能增加用户在页面上的停留时间。

（2）页面排版过长，影响用户体验

一般很少有浏览者有兴趣看页面中最下面的内容，大约 90% 的用户打开一个页面，只会浏览第一屏的内容，就以为看到了全部，而不会再向下滚动。在一篇文章中，能看到第三屏内容的人不到 10%，一个过长的页面很容易引起浏览者的视觉疲劳，在没有看完内容时，用户可能已经跳出该版面，去查看其他版面的内容了。因而，版面过长的软文，受众的版面跳出率较高。

软文在排版过程中，应当注重信息的提炼，并把关键内容进行突出处理，实现

视觉差，从而使文章取得理想的传播效果。

2. 影响媒体的转发传播

软文排版的好坏与否，同样会影响到其他媒体的转发。如果一篇软文排版中错别字频出，标点符号使用不规范，语句不通顺，那么这样的软文通常会被忽略。相反，如果一篇软文排版精美，语言流畅，具有可读性，那么该软文往往很容易被其他媒体转载收录，获得传播。一般来说，一篇软文能否获得转发，主要体现在以下两个方面。

一方面是网站内容的优劣。用户搜索网站的主要目的是想要寻找信息，网站内容的优劣将会直接影响网站的用户体验。一篇软文如果能够符合用户需求，具有较强的可读性，即含金量较高，信息量大，就容易获得其他媒体的转载。反之，一篇软文文题不符，希望利用标题新闻欺骗用户点击，这种欺骗行为对网站有害无益，影响用户体验，也会被其他媒体所摒弃。

另一方面是页面美观与否。页面美观也会影响用户对网站的喜好，如果是一个很精美的页面，而且页面与主题相关，自然能得到用户对网站的青睐，并获得其他媒体的转发。如果页面满天满地的广告，那就另当别论了，用户最不喜欢浏览着一些好看的页面，刚起兴致就弹出一个广告来，这会让用户感到很厌恶。因此，页面的美观整洁度也会影响用户体验。

3. 影响企业的品牌形象

品牌形象是指企业或其某个品牌在市场上、在社会公众心中所表现出的个性特征，它体现出公众特别是消费者对品牌的评价与认知。品牌形象与品牌不可分割，形象是品牌表现出来的特征，反映了品牌的实力与本质。品牌形象主要包括品名、包装、图案广告设计等，其视觉图像主要通过文字、图片、颜色等因素展示出来。

人们对品牌形象认识的开端主要着眼于影响品牌形象的各种因素，如品牌的属性、名称、包装、价格、声誉等。当品牌通过软文进行传播时，软文的内容及排版模式就成了品牌形象的一个象征。试想，如果一篇软文内容排版很差，文章杂乱不堪，那么给用户留下的感觉就是该产品质量不佳，没有权威性，这样的产品往往难以获得受众的信赖。除此之外，如果一个产品本身质量不差，但其在软文推广中不注重版面装饰，就会让用户感觉该品牌不注重产品细节，不注重读者体验。

无论是哪种情况，对企业的品牌形象都是有所伤害的，在某种程度上，还有可能影响品牌以往在用户心中留下的美好印象。

二、常用排版工具

1. 电脑平台排版工具

电脑平台的排版工具主要包括 Office（WPS Office）、Indesign、Photoshop 等。

（1）Office

Office 是 Microsoft 开发的一套基于 Windows 操作系统的办公软件套装，常用组件有 Word、Excel、PowerPoint 等。Office 组件中有以下两款软件适用于软文排版。

① Word

Word 是一款被广泛应用于办公领域的专业文档制作软件，它可以帮助公司和个人完成日常的文档处理工作，满足绝大部分办公需求。在 Word 中进行的操作包括输入和编辑文本，设置字符和段落格式，设置边框、底纹、页面背景和大小，应用各种样式，插入和编辑图片、艺术字、形状、SmartArt 图形，创建、插入和美化表格等。如果软文的文字较多，通常采用 Word 进行编辑。

② PowerPoint

PowerPoint 是一款制作演示文稿的软件，客户可以将制作出来的演示文稿在投影仪或者计算机上进行演示，也可以将演示文稿打印出来，制作成胶片，以便应用到更广泛的领域中。PowerPoint 不但能像 Word 一样对文本进行编辑，还可以插入视频、音频和动画等多媒体文件，且 PowerPoint 不但能制作单张幻灯片软文，还能制作由多张幻灯片组成的演示文稿软文。对于制作文字较少，但包含大量图片和多媒体元素的软文，PowerPoint 比 Word 更合适。

（2）Indesign

Indesign 是一款由 Adobe 公司开发的、应用于专业排版领域的设计软件，是面向公司专业出版方案的平台。它有高度的扩展性，使用 Indesign 制作的软文，能够直接通过 Adobe Flash Player 播放，还能发布互动式 PDF 文件，非常适合软文排版使用。

（3）Photoshop

Photoshop（简称 PS）是由 Adobe 公司开发和发行的图像处理软件，使用该软件中众多的编修与绘图工具，可以有效地进行图片处理和编辑工作。Photoshop 有很多功能，对图像、图形、文字处理都有涉及，很多图片类软文都可以通过 Photoshop 进行编辑和排版。

2. 手机平台排版工具

手机平台软文排版工具主要包括秀米、135 编辑器、i 排版等。

（1）秀米

秀米是一个微信图文排版和 H5 场景制作平台，其官方网站中提供了丰富的模板以及便利的操作体验，让客户能快速制作出如报纸杂志般精美的版面，然后直接通过微信公众号进行发布。进入秀米的官方网站即可进行软文的制作与排版。秀米排版操作很方便、简单，一学即会，通常在界面左侧选择添加的各种模块，右侧直接对模块进行编辑，完成后保存模板即可。使用秀米排版的软文特点是样式较多，而且较主流。另外，秀米上还有很多精美的模板可以直接修改并使用。

（2）135 编辑器

135 编辑器也是较常用的一款手机平台软文编辑排版工具，进入该网站即可进行软文编辑与排版。它的特点是样式很多且好看，制作的软文能够非常方便地发布到微信公众号中。

135 编辑器有很多样式，可以将需要的样式收藏到自己的样式库中，在进行软文排版时直接使用。还有一点需要特别提出的是，135 编辑器可以设置“15px”大小的文字，这个字号在手机上看起来大小适中，非常漂亮。

（3）i 排版

i 排版是一款排版效率高、界面简洁的手机平台排版工具，支持全文编辑、实时预览、一键样式、一键添加签名。另外，i 排版还提供了一些比较有创意的样式，还有一些公众号运营的经验技巧。

三、五大排版规则

五大排版规则

1. 规则一：设计感很重要

红色是吉祥的象征，在市场上更是象征生意红红火火。一般来说，带“颜色”的标题会比单纯的黑体字标题更加醒目和吸引人。某平面媒体曾经将心血管用药的软文标题“治疗高血压可以不用药”，使用红色大号字体，不但标题含义可以引起患者的兴趣，而且红色可以与高血压联系在一起，客观上玩了一次双关。但是在实践中，平面媒体中红色标题比较有价值，如果是在微信公众号中，因为手机屏幕和阅读习惯原因，建议用黑色加粗的字体。

如果条件允许，最好让美工来排版，因为标题的字号和正文的字号大小也要成比例，内文中小标题以及重点要突出的内容也要排得美观大方。软文中的图片要精心选择，该 PS 的要 PS，该加上水印的也要加上（可以是公众号或者网址，也可以加电话）。版权声明部分，如果在微信公众号中出现，最好排成有漂亮图片的，这样显得更美观。

2. 规则二：最好加个副标题

主标题需要考虑创意，还要考虑字数，不一定能把最有价值的内容通过标题直接传达给读者。因为在信息高度发达的今天，跳读、扫读成了新常态。如何使跳读、扫读的读者不看内文也能收到传播的信息，副标题的作用就可以发挥出来了。

例如，主标题为“小儿呼吸道疾病可以不用药”，众所周知，小儿用药是令人头疼的一件事情，因为很多诊所和综合类医院不能给小儿诊治，必须跑到儿童专科医院，比较麻烦。此外，家长也担心用药有副作用。那么为什么可以不用药？消费者心里会产生这样的疑问。这时加上副标题“××× 专为小儿呼吸道杀菌祛痰”，既解释了主标题留给读者的困惑，又可以引导读者继续看下去：原来如此，该产品能为小儿嗓子消炎、扁桃体消炎、祛痰从而防治咳嗽，但是其产品在国内批准的是“消”字号，自然不是药了。

3. 规则三：内文排版要聚焦

软文内文段落要清晰明了，主次要分明，最好只突出一个主题。如果在撰写的时候做到了主题突出，那么在排版时更要做到这一点。对于内文，该突出的地方要突出（如小标题、重点中心提示等）。软文要在众多的信息中脱颖而出，看起来赏心悦目，除了文字本身外，每一个小段落都要排好。

平面媒体的软文排版，要排的和正常的新闻稿一样，字号、风格、图片都要遵照该媒体的主要版面排。字数多了宁可缩写文章，也不要缩小字号或者缩小行间距。同样，字数少了，宁可加图片或者扩写文章，也不要拉大行间距或者放大字号。

新媒体（微信公众号）的排版，每一个大的段落都要考虑聚焦的点，可以变换字号或者颜色来加以突出。

4. 规则四：排版格式多尝试

软文的排版格式横排的要比竖排的效果好。因为同样多的文字，横排与人的视线相平行，并且与一般人的阅读习惯相吻合，会显得面积比较大，标题还可以放到最大化，比较醒目。竖排则会整体上显得非常窄小，标题也不能放大，不能最大限度地引起注意。

新媒体软文的排版，可以不必严格受限，因为手机屏幕的阅读习惯已经和平面媒体有很大不同了。如果字数比较少，可以多使用居中的格式。

5. 规则五：颜色不单一不花哨

平面媒体中，如何在彩版软文广告中脱颖而出，60% 靠颜色。在整个版面中，如果只有一篇软文的大标题是红色，其他标题以黑色为主，这就好像鹤立鸡群，效果不用多说。如果有别的软文也用了红色标题，那就只能在内文颜色上动动脑筋了。

在微信公众号的软文排版中，颜色也不能单一，但是也不宜太多，一般建议不超过 3 种颜色。颜色太多，会显得比较乱，给人急促和不安感。在色调的选择上，与图片相协调，在这个问题上多与专业美工交流和沟通，多留心别人的软文排版，把审美能力提高，颜色也就会运用了。

软文营销实施中，操盘手必须要懂得这些，不一定直接操作，但是至少要有这个意识。如果有专业美工的团队，这个问题就容易解决了。

【知识拓展】

常用浏览器

1.Internet Explorer

Internet Explorer 是 Microsoft 公司推出的一款网页浏览器，俗称“IE 浏览器”。由于先入性的优势，以及和操作系统捆绑的条件，IE 浏览器的霸主地位难以撼动。即使不使用 IE 浏览器，只要安装了 Windows 操作系统，就会附带安装 IE 浏览器。国内使用的 IE 浏览器几乎兼容绝大部分网页，在很多金融公司，都无法安装使用其他浏览器，只能使用 IE 浏览器，因其安全性好，甚至使用某些网上银行时，使用 IE 以外的浏览器都不能登录。

2015 年 3 月 Microsoft 公司确认放弃 IE 浏览器，转而在 Windows10 操作系统中使用 Microsoft Edge 作为最新的浏览器。Edge 浏览器的功能包括支持内置 Cortana 语音功能；内置了阅读器、笔记和分享功能；设计注重实用和极简主义；渲染引擎被称为 Edge HTML，该浏览器运行比 IE 浏览器流畅，界面设计更简洁。

2.Google Chrome

Google Chrome 是由 Google 公司开发的网页浏览器。该浏览器基于其他开源软件撰写，包括WebKit目标是提高稳定性、速度和安全性，并创造出简单且有效率的使用者界面。Google Chrome浏览器运行速度快，且最大的亮点是拥有多进程架构，可保护浏览器不会因恶意网页和应用软件而崩溃。每个标签、窗口和插件都在各自的环境中运行，因此一个站点出了问题不会影响打开其他站点。通过将每个站点和应用软件限制在一个封闭的环境中的这种架构，进一步提高了系统的安全性。

3.Mozilla Firefox

Mozilla Firefox，中文俗称火狐浏览器，是一个自由及开放源代码网页浏览器，使用Gecko排版引擎，支持多种操作系统。火狐浏览器的安全性很高，多数木马病毒对火狐无效，并且火狐提供大量的额外保护扩展下载。另外，火狐浏览器的拓展性很强，所以对于很多网站开发者来说，火狐浏览器是首选。

4.Safari

Safari是Apple公司开发的浏览器，使用了KDE的KHTML作为浏览器的运算核心。这款浏览器运行速度快，而且稳定，使用较为广泛。

5.搜狗浏览器

搜狗浏览器由搜狗公司开发，是基于谷歌chromium内核的网页浏览器，由于其运行速度快，符合更多国人的使用习惯，因此也有很大的市场份额。这款浏览器具有运行速度快、不容易崩溃、多媒体独立播放、教育网自动加速、特别的隐私保护、最常访问栏以及地址栏可在线搜索网址等特色功能。

6.360安全浏览器

360安全浏览器是奇虎360推出的一款基于IE和Chrome双内核的浏览器。360安全浏览器在安全方面具有巨大的优势，拥有全国最大的恶意网址库，采用恶意网址拦截技术，可自动拦截挂马、欺诈、网银仿冒等恶意网址，独创沙箱技术，在隔离模式下即使访问木马网址也不会被感染。

7.UC浏览器

UC浏览器是全球使用量最大的第三方手机浏览器。UC浏览器目前已覆盖Android、iOS、Windows等主流移动操作系统，各种品牌手机及平板电脑终端均可使用，并于2014年推出了电脑版本。UC浏览器拥有独创的U3内核和云端架构，完美地支持HTML5应用，具有智能、极速、安全、易扩展、省电、省流量等特性，无论是阅资讯、读小说、看视频，还是上微博、玩游戏、网上购物，都能让客户享受流畅、便捷的移动互联网体验。

（来源：https://baike.baidu.com）

课后思考

1. 软文标题的作用是什么？
2. 简述诉求式标题的优点。
3. 有哪些常见的软文标题误区？
4. 软文的行动目标主要有哪三类？
5. 常用的手机平台排版工具有哪些？

第八章

危机公关软文的写作

【开篇导航】

创业难，守业更难，品牌知名度越大，企业经营规模越大，市场规模越大，遇到危机的概率就越大。企业经营中的任何危机毫无疑问都会对品牌和企业造成名誉损失，进而带来产品营销上的困境。特别是在互联网和移动互联网的时代，信息传播的速度和影响消费者的速度都是非常迅速的，一着不慎，营销多年的企业就可能毁于一旦，掌握危机公关很重要。

【知识结构】

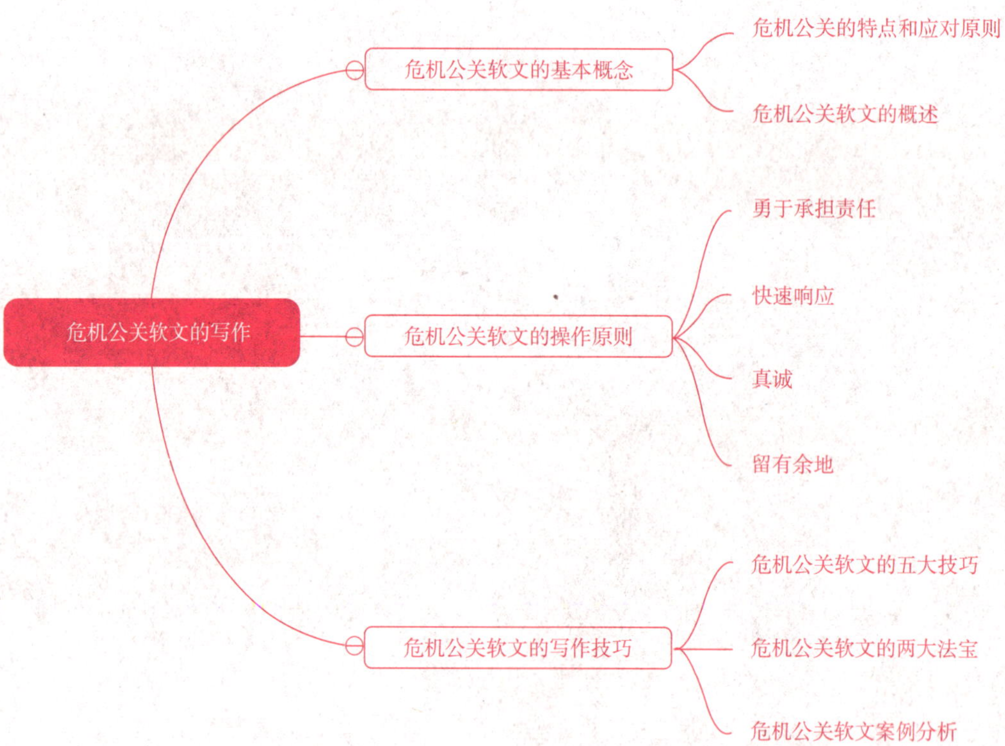

【学习目标】

◆ 知识目标

1. 掌握危机公关的特点和应对原则，了解危机公关软文的基础知识。
2. 掌握危机公关软文的操作原则。
3. 掌握危机公关软文的五大技巧和两大法宝。

◆ 能力目标

1. 能够正确应对危机公关。
2. 能够正确进行危机公关软文的写作。

◆ 素养目标

通过本章的学习，了解危机公关软文写作的基本知识，体会文字的力量，培养应对危机的能力和坚韧不拔的意志。

【知识引导】

第一节　危机公关软文的基本概念

危机公关是指机构或者企业为避免或者减轻危机所带来的严重损害和威胁，从而有组织、有计划地学习、制定和实施一系列管理措施和应对策略，包括危机的规避、控制、解决以及危机解决后的复兴等不断学习和适应的动态过程。

一、危机公关的特点和应对原则

1. 危机公关特点

（1）意外性

危机爆发的具体时间、实际规模、具体态势和影响深度，是始料未及的。

（2）聚焦性

进入信息时代后，危机的信息传播比危机本身发展要快得多。媒体对危机来说，就像大火借了东风一样。

（3）破坏性

由于危机常具有“出其不意，攻其不备”的特点，不论什么性质和规模的危机，都必然会不同程度地给企业造成破坏，造成混乱和恐慌，而且由于决策的时间，以及信息有限，往往会导致决策失误，从而带来无可估量的损失。

（4）紧迫性

对企业来说，危机一旦爆发，其破坏性的能量就会被迅速释放，并呈快速蔓延之势，如果不能及时控制，危机会急剧恶化，使企业遭受更大的损失。

2. 危机公关应对 5S 原则

（1）承担责任原则（Shoulder The Matter）

危机发生后，公众会关心两方面的问题：一方面是利益问题，利益是公众关注的焦点，因此无论谁是谁非，企业都应该承担责任。即使受害者在事故发生中有一定责任，企业也不应首先追究其责任，否则各执己见，加深矛盾，引起公众的反感，不利于问题的解决。另一方面是感情问题，公众很在意企业是否在意自己的感受，因此企业应该站在受害者的立场上表示同情和安慰，并通过新闻媒介向公众致歉，解决深层次的心理、情感关系问题，从而赢得公众的理解和信任。

实际上，公众和媒体往往在心目中已经有了一杆秤，对企业有了心理上的预期，即“企业应该怎样处理，我才会感到满意”。因此企业绝对不能选择对抗，态度至关重要。

思政课堂

习近平总书记在庆祝中国共产主义青年团成立 100 周年大会上的讲话中指出，自觉担当尽责，始终成为组织中国青年永久奋斗的先锋力量。奋斗是青春最亮丽的底色，行动是青年最有效的磨砺。有责任有担当，青春才会闪光。

（2）真诚沟通原则 (Sincerity)

企业处于危机旋涡中时，是公众和媒介的焦点，其一举一动都将接受社会各界监督，因此千万不要有侥幸心理。企图不能蒙混过关，而应该主动与新闻媒介联系，尽快与公众沟通，说明事实真相，促使双方互相理解，消除疑虑与不安。

真诚沟通是处理危机的基本原则之一。这里的真诚指“三诚”，即诚意、诚恳、诚实。如果做到了这“三诚”，则一切问题都可迎刃而解。

①诚意

在事件发生后的第一时间，公司的高层应向公众说明情况，并致以歉意，从而体现企业勇于承担责任、对消费者负责的企业文化，赢得消费者的同情和理解。

②诚恳

一切以消费者的利益为重，不回避问题和错误，及时与媒体和公众沟通，向消费者说明事件的进展情况，重拾消费者的信任和尊重。

③诚实

诚实是危机处理最关键也最有效的解决办法。我们会原谅一个人的错误，但不会原谅一个人说谎。

（3）速度第一原则 (Speed)

好事不出门，恶事行千里。在危机出现的最初 12 ~ 24 小时内，消息会像病毒一样，以裂变方式高速传播。而这时候，可靠的消息往往不多，社会上充斥着谣言和猜测。公司的一举一动将是外界评判公司如何处理这次危机的主要根据。媒体、公众及政府都密切关注公司发出的第一份声明。对于公司在处理危机方面的做法和立场，舆论赞成与否往往都会立刻见于传媒报道。

因此公司必须当机立断，快速反应，果决行动，与媒体和公众进行沟通，从而迅速控制事态，否则会扩大突发危机的范围，甚至可能失去对全局的控制。危机发生后，能否首先控制住事态，使其不扩大、不升级、不蔓延，是处理危机的关键。

（4）系统运行原则 (System)

在逃避一种危险时，不要忽视另一种危险。在进行危机管理时必须系统运作，绝不可顾此失彼。只有这样才能透过表面现象看本质，创造性地解决问题，化害为利。

危机的系统运作主要是做好以下几点。

①以冷对热、以静制动

危机会使人处于焦躁或恐惧之中。所以企业高层应以“冷”对“热”、以“静”制“动”，镇定自若，以减轻企业员工的心理压力。

②统一观点，稳住阵脚

在企业内部迅速统一观点，对危机有清醒的认识，从而稳住阵脚，万众一心。

③组建班子，专项负责

一般情况下，危机公关小组的组成由企业的公关部成员和企业涉及危机的高层领导直接组成。这样，一方面是高效率的保证，另一方面是对外口径一致的保证，使公众对企业处理危机的诚意感到可以信赖。

④果断决策，迅速实施

由于危机瞬息万变，在危机决策的时效性要求和信息匮乏条件下，任何模糊的决策都会产生严重的后果。所以必须最大限度地集中决策使用资源，迅速做出决策，系统部署，付诸实施。

⑤合纵连横，借助外力

当危机来临时，应和政府、行业协会、同行企业及新闻媒体充分配合，联手对付危机，在众人拾柴火焰高的同时，增强公信力、影响力。

⑥循序渐进，标本兼治

要真正彻底地消除危机，需要在控制事态后，及时准确地找到危机的症结，对症下药，谋求治“本”。如果仅仅停留在治标阶段，就会前功尽弃，甚至引发新的危机。

（5）权威证实原则 (Standard)

自己称赞自己是没用的，没有权威的认可只会徒留笑柄。在危机发生后，企业不要自己整天拿着高音喇叭叫冤，而要曲线救国，请重量级的第三者发声，使消费者解除对自己的警戒心理，重获他们的信任。

小提示

企业的危机主要来自哪里？这里归纳总结如下：行政管理部门的监管（工商、税务、城管、质监、药监等）、离职员工投诉（劳动纠纷、恶意投诉）、合作伙伴投诉（合作关系中止发生纠纷或者恶意投诉）、股东矛盾（股东纠纷）、产品或者服务质量问题投诉（消费者善意或者恶意投诉）、研发失败（研发不可能每次都成功）、销售业绩下滑（可能被营销专家批评）、新产品上市（可能被同行或者专家批评）、员工违法（可能被媒体曝光连带企业）、侵犯知识产权（营销方面）、遭遇以打假名义找碴（恶意索赔）、竞争对手诋毁（市场占有率太高，同行可能出手）、公司安全生产方面突发问题……

二、危机公关软文的概述

人这一辈子会经常犯错，做企业也一样，偶尔出现小错误在所难免。关键是如何确保这些小错误不会影响到企业经营的根本。有人肯定会说，要建立企业的危机公关体系，说起来容易做起来难，先期投入财力物力不说，危机影响大面积到来的时候，能够发挥多大的作用还很难说。

“纸上得来终觉浅，绝知此事要躬行。”企业的危机公关是一样的道理。软文营销就是危机公关中有效的武器。当然不是说不重视线下问题的解决，而是强调抢占舆论制高点的重要性。根据企业出现危机的前因后果，结合企业自身情况和舆论可能出现的方向，专门应对危机公关撰写的软文，也就是危机公关软文。

危机，危中有机。如果转化得好，危险往往就可以变成机会，如果转换得不好就真的成危机了。危机公关软文关系企业的营销业绩，甚至有可能关系企业的生死存亡，后面几节会专门分享危机公关软文的写法。

第二节　危机公关软文的操作原则

本节不谈危机公关的线下处理问题，只从危机公关软文的角度来谈，主要包括以下四大操作原则。

一、勇于承担责任原则

危机事情发生以后，无论是否愿意承担责任，实际上企业都必须要承担，责任的范围以相关法律法规或者公序良俗做依据。比如，有关产品质量侵权问题，有《中华人民共和国产品质量法》《中华人民共和国消费者权益保护法》等，即使有弹性的规定，也是由法院、仲裁机构等判定。

简单一句话，与其被动承担责任，不如主动承担。最重要的是，往往主动承担责任的态度会赢得社会和舆论的宽容。危机公关软文的万能语言示例如下。

针对网络上的信息，公司组成了工作小组正在调查中，调查结果将在近日公布。公司愿意承担一切法律后果。同时欢迎广大消费者和媒体朋友为公司提供线索，对工作小组给予舆论监督。

思政课堂

习近平总书记在2022年春季学期中央党校（国家行政学院）中青年干部培训班开班式上强调，无私才能无畏、无畏才能担当和斗争。担当和斗争折射着一个干部的党性、作风，最需要的是无私的品格和无畏的勇气。有了私心、私利、私情、私欲，遇到问题很容易瞻前顾后，遇到矛盾很容易躲着绕着，遇到风险很容易上推下卸。年轻干部要践行对党忠诚、为党分忧、为党尽职、为民造福的庄严承诺，时刻扪心自问敢不敢扛事、愿不愿做事、能不能干事，干了什么事、干了多少事、干的事组织和群众认不认可，切实做到无私无畏、知重负重。

二、快速响应

只要发现危机事情的信息有传播扩散的可能，企业就可以主动发声。上市公司发声明和公告，在程序上需要履行上市公司信息披露的规定，如果时间来不及，可以先不以公司名义发声，由公司高管个人出面在微博、微信等自媒体平台上率先响应。

当然，什么时间去公开发布信息要看危机的传播情况，如果本来没有可能出现传播裂变的事情，或者说只是小范围的事情，就没有必要自己公开宣扬，在舆论上助推信息。除非，你有把握把危机事情变成营销的机会。

三、真诚

危机信息扩散后，一般情况下当事人都或多或少地会带有情绪，而公众和媒体大多数会“火上浇油”。对于企业而言，要特别注意在舆论导向上不要引起误会或者猜想，要知道，公众在这个方面的智慧是无穷的，抠字眼甚至会出现断章取义的理解和解读，企业对这些都不要带有情绪地去回应。

真诚主要是语言风格和措辞，要站在公众和当事人的角度，建议落实到文字上，经过媒体朋友和律师朋友推敲把关后再公开发布。

特别要注意，即使被冤枉和指责，也不要去争论，不要激化任何矛盾，不要挑战任何方面的指责。因为一旦出现矛盾的事情，不管是不是竞争对手所为，传播的速度和引起的猜想以及各种评论会疾风骤雨般从天而降，舆论的导向就更难控制了。

千万不要去删不利于企业的信息，特别是删当事人发布的信息。即使用第三方的观点撰写了公关软文，也要择机发布。不要集中在一个时间点，也不要集中在固定的传播渠道来发布。

四、留有余地

凡事都不能说绝对的话，要把握尺度。一般情况下危机信息扩散后，当事人或者公众都会有一个诉求或者说假想一个诉求。对于这个诉求不能做到的，千万不要去承诺。在危机事情上，只要承诺的事情没有做到，纵有千万个理由，公众一般情况下都不会给你辩解的机会。

“临时工”“不能代表企业”之类的处理方式和公关软文风格已经见得太多了。给自己留余地，不逞一时之勇，不带有情绪地披露信息，是危机公关软文需要把握的度。

第三节　危机公关软文的写作技巧

互联网时代，很多企业与客户之间的联系大多通过互联网进行，因此危机公关软文推广是解决企业危机公关的一个重要方法。那么危机公关软文怎么写比较好呢？

一、危机公关软文的五大技巧

1. 举重若轻

“坡诗不尚雄杰一派，其绝人处，在乎议论英爽，笔锋精锐，举重若轻，读之似不甚用力，而力已透十分。”举重若轻比喻能力强，能够轻松地胜任繁重的工作或处理困难的问题。实际上这是一种自信，是一种心态上的自信和成熟。

阿里巴巴的马云在应对各种危机都有自己的一套，正如马云所言：危机来的时候，我就有一种莫名的兴奋——我的机会来了。危机的应对有原则和技巧的问题，但是最重要的是心态问题，因为不怕危机，所以可以开诚布公，可以冷静从容。危机公关软文的风格要有这种举重若轻的调性，才能传递给公众自信。

2. 转移话题

针对各种危机事件，无论有天大的冤枉还是强加的指责，都不要反应过激，不要自我纠结，不要给任何人理由，不要和消费者争论，永远不要和公众去辩论谁对谁错。

可以想办法尝试转移话题，不要让自己成为关注的焦点。因为只要你在话题中心，继续遭受伤害的概率就非常大。

如果有新的重大新闻发生，或者说有其他网络事件发生，那就是天赐良缘。要学会借机转移话题甚至处理完线下的危机，就可以选择沉默。低调再低调，时间很快就会冲淡一切。新的网络事件又会让喜欢热闹的网民有新的狂欢兴奋点。

3. 同甘共苦

行业内企业有一些共性问题，处于需要改进和提高的状态，如果被断章取义或者被局部放大后，都可能成为“负面”信息，从而引起企业的危机。比如，酒鬼酒被曝光的“塑化剂”事件，国家食药监局发布的针对冬虫夏草的消费提示，其实按照消费者的正常饮酒量和服用冬虫夏草的量，都不会对身体产生危害，但是偏有媒体推算成“每天喝一公斤酒鬼酒”“每天吃一斤冬虫夏草”，这样对身体自然有害。百度一下这两个事件，把负面报道集中对比一下就会发现这两个不合理的推论了。

当然，我们并不是对白酒行业中的塑化剂和冬虫夏草中的砷超标默许或者无底线地支持，只是觉得一个行业面临的问题的共性，并不是真的有危害消费者权益的侵权行为发生。当国家各部门规章有冲突的时候，既不能让一个企业因此遭受攻击而面临灭顶之灾，也不能让一个行业受到误解而陷入困境。

在危机公关软文中，站在行业的角度写软文是一个比较有效的方法。比如，三聚氰胺事件发生后，蒙牛的牛根生以书信的形式写了一篇公关软文，《中国乳业的罪罚救治——致中国企业家俱乐部理事以及长江商学院同学的一封信》。文章言辞恳切，介绍了事件的来龙去脉，顺理成章地把火烧向整个行业。塑化剂对于酒鬼酒，最后也是引到整个白酒行业，才让酒鬼酒逐渐脱身。其实这两个问题还真的不是企业的个案。与行业同甘共苦，至少会减少竞争对手的攻击，行业自然会结成非正式组织的利益同盟，涉事企业就不会陷入孤掌难鸣的境地。

4. 自黑悦人

有时候，危机公关软文中用“自黑”的手法，适度调侃一下，也能起到很好的效果。不过，也要看针对哪一种危机，如果是客观原因引起的，对消费者来讲又不是伤害到根本利益的，就可以用“自黑”的形式来幽默一把。比如，携程遭遇数据中断危机，就曾经用“自黑”的手法，不但没有遭到用户的反感，反而成了一个借力营销的机会。

5. 情感公关

企业遇到危机，不管是哪一种因素引起的，都必须要真诚地致歉和诚恳地修正。被公众认为是态度问题的背后，其实是情感公关。

一般危机发生后，公众不仅关注事实真相，在某种意义上更关注当事人对事件所采取的态度。在危机发生的最初时间段，企业必须以最快的速度与当事人接触。了解情况，坦诚相待，积极查明事实真相，给消费者以合理的解释，履行企业的社会责任与承诺，并尽力做出超过有关各方所期望的努力。同时，企业要冷静地倾听当事人的意见，向当事人道歉。如果当事人权益受到侵害，首先要给予安慰和同情，诚恳地对待当事人及其家属。甚至必要的时候示弱，在情感上赢得公众的支持。

二、危机公关软文的两大法宝

危机公关软文的两大法宝

1. 找依据

凡事讲究依据，特别是消费者对产品质量和服务有争议而引发的危机，无论是消费者的表述还是我们企业的澄清，都必须要有事实依据，尽可能以书面的形式来证明。这些依据将影响到消费者对事件的直接判断，进而传达到市场终端以及渠道环节。

例如，陕西省西安市枫韵幼儿园和鸿基新城幼儿园私自给儿童喂食“病毒灵”，被媒体曝光后成为危机事件。政府和园方组织幼儿体检。在随后进行的体检中，家长却发现，在不同医院的体检结果大相径庭，且出现了一模一样的体检报告，以及体检未做体检报告却先出等情况。

2. 找权威

找第三方有公信力的人士、机构做背书，尽量用权威人士。比如，行业专家、公众人物、第三方检测机构等。有一个小技巧，当危机事件突然发生后，如果有一些权威人士不愿意站出来为我们说话，可以截取权威人士的观点，类似于引用名人名言的方式，这样只要文章上下文内容意思一致，同样也可以起到一定的背书作用。

三、危机公关软文案例分析

和颐酒店失败的危机公关软文

同样是出现危机公关事件，如家旗下的和颐酒店就不那么高明了。根据百度百科“4·3北京和颐酒店劫持事件”词条介绍，让我们回顾一下事件过程。

4月3日晚10：50，网名叫“弯弯”的女孩来北京出差，在望京798和颐酒店办理入住后前往房间，在出电梯后遭到陌生男子强行拖拽并施暴。

“弯弯”在微博中称，该男子27岁左右，身穿黑色皮衣，牛仔裤，瓜子脸，“看得出来非常清醒”。在拖拽过程中，“弯弯”不停地尝试呼救，不过和颐酒店工作人员认为是“夫妻俩吵架”并未上前制止，所幸当“弯弯”快要被拖去没有视频监控的楼梯间时，一位女房客察觉到危险拉住了“弯弯”。其后陆续有人打电话到前台，从房间内走出来围观阻拦。“弯弯”才最终脱险。

在微博中，尽管“弯弯”开始没有透露和颐酒店方面如何处理的此事，但是随着微博的爆料、网友的大量转发和网络媒体跟踪报道迅速蔓延开来。

4月6日，当事和颐酒店方面召集媒体做出回应：承认管理有瑕疵，对当事人和公众道歉，将对望京798和颐酒店做出整改，追究酒店管理人员责任，并加强全国酒店出入人员的检查、各区域的监控、巡视检查和服务工作质量。

4 月 7 日 21 时许，北京警方专案组在河南警方的大力配合下，在河南省许昌市将涉案男子李某（男，24 岁，河南省人）抓获。

4 月 8 日，“弯弯”接受如家道歉，其称希望平静生活。

4 月 9 日，北京警方公布案情，并刑拘 5 人。北京警方初审结果显示，遇袭案女事主被袭击者误认为是“同行”，因此遭到袭击者李某的拖拽，意图驱赶。

事情至此，即使和颐酒店不做正面的公关行为和媒体传播，基本上也不会有大的舆论风波。遗憾的是在 4 月 8 日山东卫视“调查”栏目播出了《女子酒店遇袭之后》节目。节目画面显示，望京 798 和颐酒店一刘姓经理在接受该栏目记者采访时表示，对于女客人“弯弯”在其酒店遇袭事件，“我觉得是在炒作，真的。一又没有死人；二又没有着火；三又没有发生强奸案。对吧？你这警察出面，对吧？也报案了，对吧？你说，就那么回事。”

这个视频在 4 月 10 日传播到顶峰，奇葩的言论迅速激起网民的不满，将此事再次推入舆论旋涡之中。尽管和颐酒店当天发布了声明公告，但是被动回应和表现出来的傲慢态度让声明于事无补。这一次舆论范围空前扩大，被多方媒体报道，多方评论，甚至有网友专门做了“和颐酒店”的百度百科，把此事件作为女生劫持事件进行定性。

更为遗憾的是，《中国企业家》杂志发表了对如家酒店 CEO 孙坚的专访，孙坚对“和颐酒店女生遇袭”事件的评价是：其实这是一件我们有过失的事件，我们也没有意料到被炒成这样。

在整篇访谈内容中，孙坚没有再向“弯弯”个人或酒店消费者表示任何的歉意和安抚，他自述选择站出来道歉的原因原来是：你今天背的是这个企业，你背的是全企业的八万员工，在这里要生存，要就业，所以你没有任何选择，必须承担责任。

孙坚对这一事件做出的总结是：不要试图对抗一个还在“风口”上的事件。

“风口”自然是指网民对此事件给出超过三十亿次的关注。因为“风口”上风太大了，所以才不试图去对抗，要是没赶在“风口”上呢？难道还是想要“对抗”吗？假如这个女子是孙坚的女儿，他还能这么淡定地说出这样的话吗？这一篇报道非但没有扭转和颐酒店的形象，反而彻底地把和颐酒店女生劫持事件钉到了酒店行业的耻辱柱上。

接下来的媒体报道，类似事件经常被冠以“和颐酒店”之名，甚至连和酒店无关的行业只要发生女生劫持事件都被再拎出来冠以和颐酒店之名。

总结一下和颐酒店的公关软文中存在的问题，主要有 4 个方面。

首先，在发布的多次声明中，措辞冷淡，官方用词过多，“高度关注”“连夜排查”等字眼使用过多，但是实质性的道歉和整改态度没有看到多少。

其次，和颐酒店的东家如家的公关软文，本来就是替和颐酒店站台，却依然没有对事发的和颐酒店工作人员当时的漠视做出道歉和解释。即使邓超出来说话，一样被网友骂。

再次，酒店人员私下联络当事人，要求删微博被当事人曝光：在没有任何歉意和关心的情况下，给钱删微博。更为失败的是，如家集团品牌公关部回应，“确实有酒店同事跟她讨论过关于微博的事情，但是没有提到出钱删帖”。如此回应，无疑是火上浇油！如果当事人同意收钱删微博，会不会陷入和颐酒店设下的当事人“敲诈勒索”的圈套中？这是网友的猜测，也是常人都可以推测到的，当事人真正要的是一个态度和说法，并不是索赔，可惜和颐酒店从开始就没有搞清楚。

最后，和颐酒店原来表示中午召开的新闻发布会，在媒体等待了数个小时之后，被酒店告知没有发布会，“无可奉告”，随便派了一个工作人员搪塞媒体。下午3点多，在舆论的压力之下，不得不召开简短的发布会，酒店总经理向受害人道歉之后，承认酒店存在安全问题，将做出整改，然后匆匆离席。

最终，和颐酒店错过了危机公关的黄金时间，舆论持续发酵后，几次道歉声明更是直接磨灭了网友和公众仅剩下的一点同情，和颐酒店的形象一落千丈。

在这个过程中，周鸿祎更是毫不留情，站在舆论的正能量立场上。周鸿祎在微博上称：和颐酒店在798附近，是360的协议入住酒店。360已经取消与和颐酒店的协议，安排出差北京的360员工与合作伙伴选择其他的协议酒店，期待警方尽快查明殴打女客户的嫌疑人身份，依法处理并公布调查结果。

【知识拓展】

危机公关常见的类型有哪些？

企业发展过程中会遇到大大小小的危机，过去信息传播有限，危机对企业影响也是非常有限的。但是在网络时代，企业的危机经过网络进一步传播，就容易演变到非常严重的阶段，对于企业造成毁灭性的伤害，因此企业要重视危机公关。

1.企业危机公关分为一般、重大两种类型

其中一般危机主要是指常见的客户投诉或者正常的售后维权。它只是在企业发生危机前的一种信号和征兆，这时只要企业及时处理问题做好工作，很容易就可以解决。而重大危机，是指传播范围较大，对企业造成的影响较大的危机事件。必须马上进行处理，否则会给企业的品牌形象造成严重影响。

2.企业危机公关可以分为内部、外部两种类型

其中内部危机公关，指的是企业由于管理不当或者产品把关不严，员工关怀出现问题而产生的危机，主要发生在企业内部。而外部危机公关，指发生在企业外部，是由于触犯到了消费者的权益或者影响多数公众利益的一种公关危机。

3.企业危机公关可以分为有形、无形两种类型

有形公关危机指的是给企业造成的损失和影响是肉眼可见的，通常指产品销量下降，利润降低。无形危机公关，指给企业带来的损失表现得不明显的危机，如公众对品牌满意度下降，这些是肉眼看不到的。

企业面对不同的危机公关处理方式应该是不一样的，因此企业在面对危机公关时要有专业的团队帮忙处理，如果没有优秀的团队处理，危机不能迅速处理演变的后果是非常严重的，建议企业要自己主动组建专业团队或公司。

（来源：百度百科，https://baike.baidu.com/item/%E6%9C%89%E5%BD%A2%E5%85%AC%E5%85%B3%E5%8D%B1%E6%9C%BA/2262587?fr=aladdin）

课后思考

1. 什么是危机公关?
2. 简述危机公关的特点。
3. 危机公关软文的操作原则有哪些?
4. 危机公关软文的两大法宝是什么?
5. 你还知道哪些成功的危机公关软文案例?

第九章

软文营销的误区与风险防范

【开篇导航】

软文营销是常见也是有效的营销手段之一。互联网普及后，这种营销模式在品牌推广和塑造企业形象方面的作用被越来越多的中小企业重视。很多中小企业通过有效的软文营销与大企业在市场上争得了平等竞争的机会，为企业发展带来了新的发展机遇。但是，在实际的软文营销过程中，有的企业对软文营销的理解存在偏差，不仅不能达到行之有效的推广效果，反而对企业造成损害。

【知识结构】

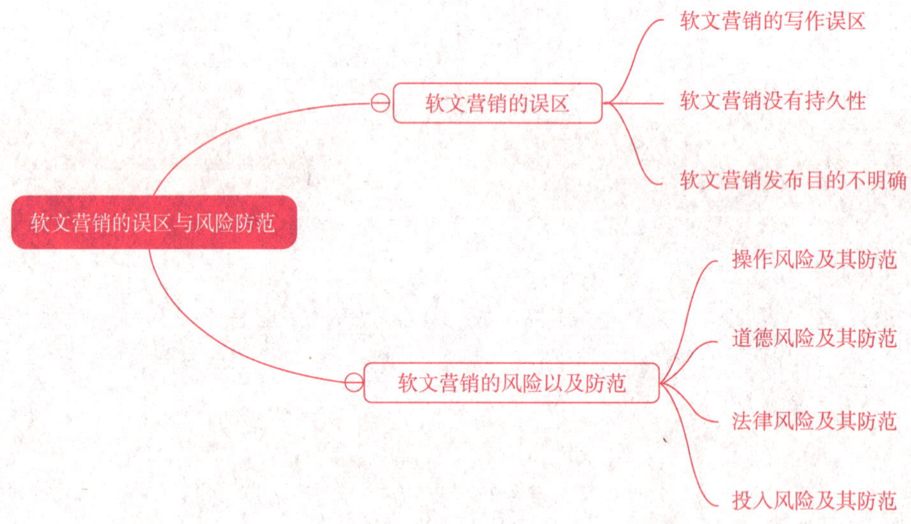

【学习目标】

◆ 知识目标

1. 掌握软文营销的三大误区。

2. 了解软文营销的操作风险、道德风险、法律风险和投入风险，掌握软文营销的风险防范方法。

◆ 能力目标

1. 能够区分不同类型的软文营销风险。

2. 能够根据可能面临的风险进行风险防范。

◆ 素养目标

通过本章的学习，了解软文营销的误区与风险防范，树立良好的道德和法治观念，培养风险防范意识和辩证思维能力。

【知识引导】

软文营销的误区

第一节　软文营销的误区

对软文营销这一概念的理解，不少人可能还停留在表面，认为软文营销就是不断地发软文。且不说这样进行软文营销的效果如何，没有经过仔细思考而创作的软文，质量是否能够过关也值得深思。对软文营销的认识不够彻底常常会使我们陷入一些误区之中。

一、软文营销的写作误区

1. 以次充好，以量取胜

比起其他的营销方式，软文营销是一种持续性较强的推广，软文的好坏直接影响到软文推广的后续效果，如软文的转载量或引入流量等。有些企业为了迅速扩大影响力，软文不论质量的好坏，企图以数量取胜，每天发布几十篇软文，但往往收效甚微。有时一篇优秀的软文刚发布可能无法获得点击量，但由于口碑的传播会慢慢地积累关注度。即使发布的范围比较窄，也可能会获得大量的转载，从而扩大软文的影响力。

市场上很多软文主题不明确，内容牵强，前后段落逻辑混乱，既没有令人信服的数据佐证，也没有权威人士的观点，更没有展开分析。这样的软文往往石沉大海，没有发挥推广作用，有些甚至起反效果，让读者质疑企业或产品。因此，软文营销成功的关键不在数量而在于质量。忽视软文质量，只关注软文数量是软文营销的一大误区。

2. 硬广告化，动机明显

软文营销讲究的是“润物细无声”。软广告没有硬广告“杀伤力”强，但它对目标公众有较强的渗透力。一篇优秀的软文能够引导消费者在愉悦的阅读中产生购买欲望，因此在软文中适当地植入产品的介绍或增加一些关键词能加深读者的印象，让读者在不知不觉中记住产品和品牌，达到传播效果，从而实现宣传产品、塑造良好形象、提高产品销量的最终目的。

相反，如果软文的广告动机过于明显，过多地增加关键词密度或添加网站链接，对产品的描述任意夸大，“强制”消费者接触，这样的文章写得再好也得不到消费者的认同，反而容易让他们产生抵触心理，从而对产品或品牌持怀疑的态度。

二、软文营销没有持久性

软文营销需要持之以恒。有些企业对软文营销的认识存在偏差，妄图通过一篇软文就打响企业品牌。但实际上，企业只有先对网站产品进行定位，再对产品进行包装，然后通过软文进行广告植入，才能达到最好的营销效果。这无疑是一个长期潜移默化的过程，不可能通过一两篇软文就能够迅速占领市场。而有些企业要么不发，要么一天发布数十篇，这种无规律的软文发布容易让客户对企业的过度强调产生疲累甚至厌烦的情绪，不利于企业形象的树立。

因此，企业必须制订一个阶段性的软文营销方案，规划好每一个阶段发布的内容。前期是什么内容、中期是什么内容、后期是什么内容，随着市场的变化，方案和内容还要做相应调整。只有长期有规律的软文发布才能在一定程度上提高潜在客户的认同感，提升企业在客户心中的形象，让客户逐渐认识企业，并在长期的软文催化中对企业产生信任感，逐步把潜在客户转化为企业的忠诚消费者。

三、软文营销发布目的不明确

发软文是一种手段，即把软文发到一些网络新闻媒体上。但“发”需要做的不仅仅只是把软文放到媒体上，而是通过对企业或产品的调研，做出符合企业利益的营销方案，选择合适的平台，再根据市场的需求和变化完成“发”这个动作。

目前，在互联网上有很多可以发布软文的媒体网站。例如，可发布到搜狐、新浪、163 等综合性门户网站，可发布到千龙网、深圳热线等地方门户网站，也可以发布到站长家园、站长之家、A5 等站长网站，还可以发布天涯社区等社区论坛，或发布到微博、QQ、微信等社交平台。软文发布的媒体平台种类繁多，有些企业为了发软文，在没有对平台的性质或权重等进行分析调查的前提下，随意地选择平台发布，这样就很容易陷入发布的误区。例如：做母婴产品的，选择一些妈妈论坛进行软文营销能起到比较好的效果。如果盲目地发布到一些门户网站，不仅费用较高，而且还不一定能得到好的反馈。

因此，在注重“发”软文这个手段的同时，不能忽略软文营销的最终目的是“销”，也就是让企业形象或产品通过软文的方式得到推广，最终被市场接受或认可。因此，要把“发”和“销”很好地结合起来，在发布完软文后应适当跟进，发挥软文的最大营销潜力。

第二节　软文营销的风险以及防范

软文营销对企业，尤其是中小企业的品牌推广和知名度提高具有巨大的推动作用，但是仍然存在很多风险和问题。

一、操作风险及其防范

所谓操作风险，是指由于不完善或有问题的内部操作过程、人员、系统或外部事件而导致的直接或间接损失的风险。软文营销在操作上的风险主要集中在软文的创作以及发布上。

1. 产品过度包装

月饼过度包装的新闻早已屡见不鲜。过度包装不仅造成了资源的浪费，也有欺骗消费者的嫌疑。软文营销也是一样，适度包装能够宣传产品，而过度包装则会给人“吹牛皮”的感觉，营销效果适得其反。

其实，软文营销就像销售人员向人推介商品一样，难免会出现“王婆卖瓜，自卖自夸”的现象，信誓旦旦地保证产品效果，费尽心机地介绍产品卖点，绞尽脑汁地推销公司产品，但是因为客户的质疑、不信任或者不接受，难免出现宣传产品时夸大其词的现象。

例如：某股权融资公司在商业计划书以及相关资料不全的情况下，找一家软文公司对自己进行包装，一味地强调“该项目肯定能赢利”“选择我公司可以保证零风险”等，如此包装只会害人害己。又如某农资产品的介绍“我公司这个产品含有进口助剂，效果非常好”，而究竟是什么助剂，根本说不上来；又提出“我公司这个产品在全国十分畅销，牢牢占据冠军位置”，而根本毫无具体数据可言，如此夸大其词只是在欺骗消费者上当。

小提示

针对这类营销风险，营销者或是推广团队应该如何避免呢？可以从以下三点做起。

（1）真正了解产品或者服务。

（2）查询相关行业的法律法规，对比国家行业标准。

（3）利用网络搜索企业产品或者服务实际效用的相关信息。

2. 软文质量过低

这个风险是普遍存在的。很多企业并没有专业的软文写手，尤其是中小企业，营销费用的不足使得企业软文撰写质量不高，并且，一些低质量软文站点也占据着一大部分市场，中小企业要尤其注意这个风险。

那么，这些企业应该如何做呢？办法有两个：一是加强学习，了解软文营销的流程，掌握软文撰写的基本技巧；二是聘请专业的软文营销团队，因为他们不像广告公司和公关公司那样业务范围比较广，他们专注于软文撰写，软文质量很高。

3. 软文单独投放

所谓单独投放，是指软文推广放弃组合和变化，因为企业推广的偏好性，只认准一个平台或方向，如有些老牌企业对报刊等实体渠道比较偏爱，便会仅仅通过该渠道进行营销，而放弃其他营销方式。

其实，软文的投放同样需要组合和变化，为什么呢？因为产品宣传的根本目的在于寻找目标客户，最终完成产品销售。而要将软文投放到覆盖所有目标客户的所有媒体并不现实，所以营销者需要在明确客户需求定向的前提下，利用投放组合变化寻求最大的资源量，达到营销的最佳效果。那么，软文投放有哪些定向方式呢？总结起来，主要包括人群定向、主题词定向、网站定向三种方式。

使用多种定向的方式，可以覆盖不同途径获取信息的目标需求人群，同时可以更大范围地进行企业信息的传递，使有需求的人群能够及时满足需求，从而获得更多的转化。

4. 爆料没有原则

在前文中，我们曾提到过软文撰写的创意招数：爆内幕。这种方式主要是利用人们的好奇心，吸引人们的关注，因为心理学研究表明：人们对于隐私性的内幕总是充满极大的兴趣。

因此，很多企业尝试着从爆内幕的角度切入，撰写爆料类软文，收获了不少关注度。不过，对于行业内部的爆料软文应该坚持适度原则，对于确实存在的行业问题爆料是无可厚非的，可是如果是为了诋毁同行，将会得不偿失。

企业爆料营销必须慎重，要坚持以下爆料原则，以免弄巧成拙，害人害己。

（1）保证自身产品过硬，不给对手或者消费者留下把柄。

（2）爆料要适度，万不可因为爆料过度而引起行业公愤。

（3）爆料只点现象，切忌点名批评。

5. 软文书写错误

软文发表前，都要经过严格审核，保证正确性和逻辑性，尤其是涉及重大事件的，一旦出错就损失巨大。

（1）常见的书写错误

软文常见的书写错误包括文字、数字、标点符号以及逻辑错误等方面，软文撰写者必须严格校对，防止校对风险的出现。

①文字错误

软文中常见的文字错误为错别字，如一些名称错误，包括企业名称、人名、商品名称、商标名称等。对于软文尤其是营销软文来说，错别字可能会影响软文的质量，这种错误在报纸中显得尤为重要。

例如，报纸的定价，有些报刊错印成了“订价”，还错误地解释为“订阅价”，而不是报纸完成征订后的实际定价，好像发布广告时是一个价，到订报纸时是另一个价，这必定是不符合实际的。

②数字错误

参考国家《出版物上数字用法》及国家汉语使用数字有关要求。数字使用有三种情况：一是必须使用汉字，二是必须使用阿拉伯数字，三是汉字和阿拉伯数字都可用，但要遵守“保持局部体例上的一致”这一原则，在报刊等文章校对检查中错得最多的就是第三种情况。

例如，“1 年半”应为“一年半”，“半”也是数词，“一”不能改为“1”。再如，夏历月、日误用阿拉伯数字，“8 月 15 中秋节”应改为“八月十五中秋节”，“大年 30”应改为“大年三十”，“丁丑年 6 月 1 日”应改为“丁丑年六月一日”。还有世纪和年代误用汉字数字，如“十八世纪末”“二十一世纪初”应写为“18 世纪末”“21 世纪初”。

③标点错误

无论哪种文章中，标点符号错误都是应该尽力避免的。在软文创作中，常见的标点错误包括以下 3 种。

一是引号用法错误。这是标点符号使用中错得最多的。不少报刊对单位、机关、组织的名称，产品名称、牌号名称都用了引号。其实，只要不发生歧义，名称一般都不用引号。

二是书名号用法错误。证件名称、会议名称（包括展览会）不用书名号。但有的报刊把所有的证件名称，不论名称长短都用了书名号，这是不合规范的。

三是分号和问号用法错误。这也是标点符号使用中错得比较多的。主要是简单句之间用了分号。不是并列分句，不是非并列关系的多重复句第一层的前后两部分，不是分行列举的各项之间，都使用了分号，这是错误的。

还有的两个半句合在一起构成一个完整的句子，但中间也用了分号。有的句子已经很完整了，与下面的句子并无并列关系，应该用句号，却用成了分号，这也是不对的。

④逻辑错误

所谓逻辑错误是指软文的主题不明确，全文逻辑关系不清晰，存在语意与观点相互矛盾的情况。

（2）风险防范

对于软文内容和格式上的错误，可以从以下 3 个方面进行防范，虽然这 3 个方面主要是针对平面媒体而言的，但对于网络媒体同样适用。

①校对文字

软文中文字的错误通常是错别字，如企业名称、人名、商品名称、商标名称等，最有可能写成同音字，如“云帆集团”写成“云饭集团”或者“云帆基团”。这种错误对于营销效果的影响较大。例如，把企业名称写错，消费者用错误的名称信息，就可能无法搜索到该企业和产品，从而无法产生转化。

如果是引用专家的观点，把专家名字写错，不仅是对别人的不敬，更重要的是有可能让软文失去说服力，也会影响软文的营销效果。

②校对数字

如果软文中涉及数字，特别是各种统计数据，哪怕是公司成立日期，都要进行仔细核对，没有依据或数字表述不准确都会引起争议。因为软文通常会留存下来，特别是网络软文，多年以后都能根据关键词搜索到。网络中比较常见的数字错误其实是数字丢失，就是数字没有某个数位或者单位，例如，《某集团 2021 年度工作报告》中指出，“2021 年全球营业额预计达 2016 元，同比增长 6.8%。”“2016 元”，一个员工的基本工资也远不止这些，明显这个数据出现了数字丢失错误，应改为“2016 亿元”。

数据错误通常会误导消费者，或者让消费者对企业的专业精神产生怀疑，进而影响消费者对企业及其产品的认可。在发布软文前，最好对重要的数据进行多次校对。

③校对逻辑关系

软文需要有逻辑关系，没有逻辑关系，或者出现逻辑关系的错误，会使消费者无法理解软文的内容，从而影响软文的营销效果。常见的软文逻辑错误包括“一女嫁二夫”，即一个论据佐证两个观点；“下面谈 4 点”，实际内容只有 3 点；还有就是语意和观点相互矛盾等。

校对逻辑关系的主要方法是快速浏览软文，理解大概意思，阅读上下语境是否矛盾，有问题的地方再对照着细读。

除了以上 3 点错误外，软文的标点也需要校对。

6. 软文原创性低

有些企业奉行“天下文章一大抄”原则，在软文营销中一味抄袭成功范例，无形中损失了大量客户。

目前的软文创作中，常见的抄袭行为包括以下几种。

（1）版权修改

在一些开放性的软文网站，如 A5 站长网里的软文大多是原创的，但是经过百度文库或豆丁网的转载之后，文章后边的链接就会被消除，甚至连“转载”二字都没有，这一点让原创者很受伤。

（2）段落修改

这也是一种常见的情况。找一些已经通过的好文章，进行标题和内容的简单修改。一般而言，只要将内容前面一些部分修改的话，后面一部分都是很好通过的。

（3）创意“分享”

这是一种隐性的抄袭，从文章表面上看，标题段落看似没有雷同。可是深入探究，会发现文章的创意主题完全是抄袭他人，常见的做法是用自己的话“转述”他人的想法和主题。

二、道德风险及其防范

1. 道德风险

道德风险是西方经济学家提出的一个经济哲学范畴的概念，即在信息不对称条件下，不确定或不完全合同使得负有责任的经济行为主体不承担其行动的全部后果，在最大化自身效用的同时，做出不利于他人行动的现象。

那么，软文中发生的道德风险是指什么呢？软文的道德风险又有哪些表现，以及该风险应该如何应对呢？接下来会一一做出解答。

对于企业来说，高知名度是营销的目的，但是营销需要有度，如果是与社会相悖的营销案例，企业应该尽量避开，不能一味追求网民的关注，而忽略了企业的美誉度。

（1）恶性炒作

炒作，是公共关系与营销策略之间的一种巧妙结合，是以新闻报道的形式进行产品信息、品牌形象传播，目的在于提高企业知名度和美誉度，最后达到促进产品销售或塑造企业品牌的目的。

炒作的核心是新闻事件而不是广告语言，也就是说，炒作首先要有新闻，通过强化新闻要素，使商业事件成为适合媒体运用的新闻材料，从而不知不觉中影响受众，让受众在获取新闻的同时接受某种商业信息。

也就是说，新闻炒作的前提是制造真正的新闻事件，提供真正的新闻信息，只一味通过“软文”“有偿新闻”等来发布缺乏新闻要素的“新闻”，以期引起公众的注意，这就是不“道德”。

如今，恶性炒作的案例屡见不鲜，许多明星都曾想利用炒作使自己“红起来”，这跟企业软文营销的目的是一样的，可是一些炒作手法实在拙劣，反而起了反作用。

（2）内容不当

软文营销要讲道德，违背社会良俗的文章尽量不要去写。这个风险主要集中在边缘企业，如成人用品、内衣行业、游戏产业，那么如何把握这个度就成为关键，其实只要软文写得好，读者完全不会反感。

2. 道德风险的防范

软文营销如果违背了基本的道德就可能给消费者和社会造成恶劣的影响，甚至对消费者的身心造成巨大的伤害。在软文营销的过程中，要积极防范道德风险，防止给社会造成不良的影响，这就需要注意以下 3 点。

（1）培养企业自我防范道德风险的意识

企业的“失德”行为可能在短期内会给企业带来知名度的迅速提高甚至带来比较丰厚的经济收益，但是随着口碑的传播和事件真相被更多的消费者了解，内容不当、恶性炒作的结果必将使“无德”企业受到应有的惩罚。“三聚氰胺”事件导致奶粉行业的经营危机便是一个最好的例子。国内外的相关研究已经证明企业诚信与企业业绩有明显的正相关关系，企业的诚信经营有利于企业的持续发展，及企业良好声誉的形成。

（2）建立健全相关法律制度

对于软文营销中夸大商品功效、采用不正当竞争手段、恶性无良炒作等不道德的行为，国家有关部门要对相关行为主体进行坚决的取缔和制裁。此外，对现存的权力与责任主体不明晰，处罚与惩戒力度不够的法律法规要不断进行完善。有关部门亟须加强对营销道德监管的制度化建设，以弥补现存的监管漏洞，并衔接未来的监管要求。

（3）强化社会舆论的宣传与监督

要通过舆论宣传保障消费者的知情权，如逐步建立起让消费者可自行评估的企业营销信誉体系，这样就可以达到弘扬诚信经营，打击违法经营的目的，使存在机会主义和道德风险的企业被自然淘汰。主流媒体还应积极曝光不道德的经营行为，颂扬企业积极承担社会责任的行为，在社会上弘扬良好的道德风尚。社会舆论宣传还应强化消费者的自我保护意识，引导消费者理性消费。

总之，要防范软文营销活动中的道德风险，企业、政府、消费者、舆论等多方必须合作，才能最大限度地保障消费者的权益，减小企业的机会主义倾向，树立良好的道德风尚。

思政课堂

习近平总书记在清华大学考察时的讲话中指出，要锤炼品德，自觉树立和践行社会主义核心价值观，自觉用中华优秀传统文化、革命文化、社会主义先进文化培根铸魂、启智润心，加强道德修养，明辨是非曲直，增强自我定力，矢志追求更有高度、更有境界、更有品位的人生。

三、法律风险及其防范

有人可能会有疑问：“我随手写一篇文章怎么会违法呢？”其实，关于软文的法律法规有很多，常见的风险包括侵犯他人名誉权、著作权、肖像权等，无论是对企业，还是对软文营销公司来说，法律风险都应该被重点关注，并坚决规避。下面我们结合具体实例，进行详细分析。

1. 著作权风险

著作权也称版权，是指作者及其他权利人对文学、艺术和科学作品享有的人身权和财产权的总称。著作权分为著作人格权与著作财产权。其中著作人格权的内涵包括了公开发表权、姓名表示权及禁止他人以扭曲、变更方式利用著作损害著作人名誉的权利。

而侵犯著作权罪，是指以营利为目的，未经著作权人许可复制发行其文字、音像、计算机软件等作品，出版他人享有独占出版权的图书，未经制作者许可复制发行其制作的音像作品，制作、展览假冒他人署名的美术作品，违法所得数额较大或者有其他严重情节的行为。一直以来，侵犯著作权的案例就层出不穷。

那么，软文创作中应该如何规避著作权风险呢？著作权要保障的是思想的表达形式，而不是保护思想本身，即“保护文字，不保护思想”，因此软文撰写者必须要坚持原创，并且做到注明引用出处，这一点我们在软文营销的操作风险中已经解释，此处不再赘述。

2. 名誉权风险

（1）名誉权的概念和侵权方式

名誉权，是指公民或法人保持并维护自己名誉的权利。《中华人民共和国民法典》第一千零二十四条规定：民事主体享有名誉权。任何组织或者个人不得以侮辱、诽谤等方式侵害他人的名誉权。名誉是对民事主体的品德、声望、才能、信用等的社会评价。名誉侵权主要有下列两种方式。

①侮辱

是指用语言（包括书面和口头）或行动，公然损害他人人格、毁坏他人名誉的行为。例如，用大字报、小字报、漫画或肮脏的语言等形式辱骂、嘲讽他人，使他人的心灵蒙受耻辱。

②诽谤

是指捏造并散布某些虚假的事实，破坏他人名誉的行为。例如，毫无根据或捕风捉影地捏造他人作风不好，并四处宣扬，损坏他人名誉，使他人精神受到很大痛苦。

关于侵犯名誉权的例子也很多见，比较著名的是韩寒与方舟子之间的那场“口水战”，事件的起因是方舟子质疑韩寒之父代笔为子写作，与韩寒展开隔空“骂战”。针对愈演愈烈的代笔质疑，韩寒在其博客上公布了当年《三重门》所有的手稿，并表示将把两部手稿出版成书。

方舟子打假引来微博骂战，“挺韩派”和“倒韩派”各执一词。出版人路金波、微博女王姚晨、作家宁财神和石康等人也纷纷在微博上对方舟子质疑韩寒有代笔一事发表看法，最终韩寒诉诸法律，状告方舟子侵犯自身名誉权，而搜狐首页也专门开设了“论战”版块。

对于这次事件我们暂且不论谁对谁错，仅从营销的角度来看，两人都是成功的，两人之间的微博、博客软文大战，收获的是巨大的曝光度和知名度。

（2）防范名誉权风险

对于名誉权风险的防范，在进行软文营销中必须重视以下 3 点。

①使用他人姓名或者影射他人的软文，如有侮辱、诽谤情况有可能侵权

在软文营销中使用他人真实姓名，或者虽未写明人物的真实姓名，但对人物特征的描写有明显的指向或者影射，内容存在侮辱、诽谤情节，致其名誉受到损害的，作者和传播机构均可能构成对名誉权的侵犯。

②内部资料有可能侵权

机关、社会团体、学术机构、事业单位分发本单位、本系统或者其他一定范围内的内部刊物和内部资料，所载内容引起名誉权纠纷的，人民法院应当受理。

③对产品质量、服务质量批评和评论不构成侵权

消费者对生产者、经营者、销售者的产品质量或者服务质量进行批评、评论，不应当认定为侵害他人名誉权。但借机诽谤、诋毁，损害其名誉的，应当认定为侵害名誉权。如果评论仅仅是用语不当或遣词造句不确切，且无故意或过失侮辱他人人格的内容和用语时，不能确认为侵害他人名誉权。

3. 肖像权风险

（1）肖像权的概念

所谓肖像权，是指人对自己的肖像享有再现、使用并排斥他人侵害的权利，就是人所享有的对自己的肖像上所体现的人格利益为内容的一种人格权。具体而言，肖像权的内容包括肖像拥有权、制作权和使用权等方面。

①肖像拥有权指公民有权拥有自己的肖像。未经公民的许可，他人不得拥有该公民的肖像，也不得损坏该公民的肖像。

②肖像制作权是指制作肖像的决定权和实施权，即决定是否制作、如何制作肖像的权利。

③肖像使用权是指肖像一旦固定在一定的物质载体上（制作出来），便独立于世，可以为人们所支配、利用。尽管肖像的利用价值有普遍的意义，但享有使用专有权的只能是肖像权本人。

（2）防范肖像权风险

引申到软文营销领域，我们在软文推广过程中，难免会使用到明星配图，以达到图文并茂的效果，可是有些配图容易引起法律纠纷，因此在软文撰写时，作者必须注意软文的配图方式。那么，软文作者究竟应该如何为软文搭配图片呢？

①直接使用宣传图片

这种形式是最常见的，通常我们写完一篇软文后，会搭配一些相应的图片，目的是吸引更多的读者，也有解释说明的作用。可以直接使用产品或者服务宣传的硬广，可以是经过设计的，也可以是没有经过设计的，甚至还可以直接将产品图片作为配图使用。

②制作图表作为图片使用

图表虽然不像彩图那么吸引人，但是比起单纯的文字表述，它还是很有效果的。因为图表是一些文章不可或缺的组成部分。图表也能让人一目了然，给文章增色不少。特别是有相关数据和同类产品或者服务做对比的时候，适合使用图表。

③用文字做图示作为图片使用

主要用于内容讲解，目的是使表达更加清楚明了。而图示的种类也是比较多的。选择什么样的图示，一般根据个人爱好或者整体的美观度而定。

4. 不正当竞争

所谓不正当竞争，是指经营者违反《中华人民共和国反不正当竞争法》的规定，

损害其他经营者的合法权益，扰乱社会经济秩序的行为。

（1）不正当竞争的做法

不正当竞争的具体做法有很多，最主要的有以下几种。

①采取贿赂或变相贿赂等手段推销商品或采购商品，如采用各种形式的账外回扣和奖金等方式推销商品或采购商品。

②弄虚作假，进行商业欺诈。例如：假冒名牌商品、以次充好、虚假宣传、掺杂使假、从事虚假的有奖销售等非法营销。

③搭售商品，将紧俏商品与滞销商品搭配销售等。

④强买强卖，欺行霸市。例如：强迫交易对方接受不合理的交易条件，限制购买者的购买选择，用行政等手段限制商品流通。

⑤编造和散布有损竞争者的商业信誉和产品信誉的不实信息，损害竞争者形象和利益。

⑥侵犯其他经营者的商业秘密。

⑦为排挤竞争对手而以低于成本的价格倾销商品。

⑧串通投标，有组织地抬高标价或压低标价，或者投标者和招标者相互勾结以排挤竞争对手。

由于社会大众对同样身为普通“消费者”身份的认同感，软文广告的受欢迎程度和被转载机会大大增加。

时下大批专业网络营销公司的迅速崛起，一方面使软文推广走向专业化、正规化、精准化，推动软文市场进一步向纵深方向发展；另一方面也造成了软文市场参与者的良莠不齐，许多推广公司以虚假的第三方身份蒙骗读者，促使读者产生原本不会产生的消费需求，损害消费者利益。而以或多或少的欺骗方式，使不合法的软文广告主比合法广告主获得更多的交易机会，构成了不正当竞争。

（2）防范不正当竞争

无论是开展软文营销的中小企业，还是软文营销的执行团队，都应该正视竞争的公平性，不要随意、恶意、无端攻击别人，否则自己也会有麻烦。

企业应该更新观念，尽快适应市场经济的要求，恪守公平、诚信原则，以自身优良的产品和优质的服务拓展市场，赢得客户认可。进行软文营销时，企业要对自身和产品做好市场定位，尽量避免在同一水平上竞争，根据自己的实力去选择不同的产品和不同的市场，避免许多不应出现的恶性竞争。

5. 编造并传播证券、期货交易虚假信息罪

编造并传播证券、期货交易虚假信息罪是指编造并且传播影响证券、期货的虚假信息，扰乱证券、期货交易市场，造成严重后果的行为。这里的虚假信息是指完全不存在的或者是完全不曾发生的情况。

在软文营销的实践中，遇到与上市公司相关的软文策划和撰写任务时，首先要认真分析该公司的主观目的，其次要认真对待信息来源。如果该目的违背道德，或者在没有得到确切的信息真实性证明之前，最好不要采用选题或者改换选题。

总之，与上市公司相关的软文，对客观事实的要求要比一般中小企业高出很多，软文营销执行团队要足够重视。

6. 侵犯商业信誉、商品声誉罪

损害商业信誉、商品声誉罪是指捏造并散布虚假事实，损害他人的商业信誉、商品声誉，给他人造成重大损失或有其他严重情节的行为。损害商业信誉、商品声誉罪，捏造散布虚假事实可分为以下几种情形：一是由侵权人本人捏造并散布虚假事实；二是由侵权人本人捏造虚假事实，唆使或者收买他人（如新闻媒介）散布；三是唆使或者收买他人损害商业信誉、商品声誉。在第二种和第三种情况下，一般可构成共同犯罪。

《中华人民共和国刑法》第二百二十一条的规定：捏造并散布虚伪事实，损害他人的商业信誉、商品声誉，给他人造成重大损失或者有其他严重情节的，处二年以下有期徒刑或者拘役，并处或者单处罚金。《中华人民共和国刑法》第二百三十一条规定：单位犯本节第二百二十一条至第二百三十条规定之罪的，对单位判处罚金，并对其直接负责的主管人员和其他直接责任人员，依照本节各该条的规定处罚。

损害商业信誉、商品声誉罪存在以下 5 种行为表现形式。

（1）在商品包装或说明书上，贬低和诋毁他人生产、销售的同类商品，损害他人的商品声誉。

（2）恶意诉讼，捏造侵权事实并通过诉讼向社会公众散布虚假事实，贬低和损害他人的商誉。

（3）通过发布对比性广告、声明性广告，散布公开信或者召开新闻发布会等形式散布捏造的虚假事实，恶意贬低、诋毁他人的商业信誉、商品声誉。

（4）组织人员以客户或者消费者的名义向市场监管部门、消费者协会或者新闻单位等进行虚假投诉，诋毁或者损害他人的商业信誉、商品声誉。这种方式的投诉理由一般是：产品质量低劣、服务质量差、违反法律规定、侵犯消费者权益等。

（5）在业务洽谈等公开场合故意向竞争对手的客户或者消费者散布捏造的虚假事实，贬低或者诋毁他人的商业信誉、产品声誉。这种方式往往通过商业信息发布会、商品交易会散布虚假言辞，也有通过单独的商务洽谈、电话交谈等方式实施。无论是经营者本人利用言辞实施，还是指使、收买、唆使本单位职工或者其他人实施此行为，都不影响损害行为的认定。

7. 敲诈勒索罪

敲诈勒索罪是指以非法占有为目的，对被害人使用威胁或要挟的方法，强行索要公司财物的行为。《中华人民共和国刑法》第二百七十四条规定：敲诈勒索公私财物，数额较大或者多次敲诈勒索的，处三年以下有期徒刑、拘役或者管制，并处或者单处罚金；数额巨大或者有其他严重情节的，处三年以上十年以下有期徒刑。

对于软文营销而言，这种风险通常只出现在中小企业用软文维权或个人用软文维权的过程中。软文的影响力极大，当软文产生比较广泛的社会影响后，迫于舆论压力，相关利益群体有可能会主动给予维权者利益诱惑。这时，维权者如果没有通过正常手续获得赔偿金，而是通过私下了结的方式来得到赔偿金，很有可能陷入对方精心设下的陷阱中，最后反而可能要犯下敲诈勒索罪。

要防范犯下敲诈勒索罪的风险，就要在要求赔偿金时有理有据，除非有政府相关执法机构在场证明，否则不要接受任何形式的私了。

8. 非法经营罪和寻衅滋事罪

以前，很多网络营销团队和网络软文写手没有意识到进行软文营销需要防范法律上的风险，为了某些利益，他们在网络上撰写各种文章来捏造事实、攻击他人、误导消费者甚至引起公众的猜疑和恐慌。最后，这些行为多以诽谤罪、非法经营罪或寻衅滋事罪论处。

思政课堂

习近平总书记在中国共产党第二十次全国代表大会上的报告中强调，我们要坚持走中国特色社会主义法治道路，建设中国特色社会主义法治体系、建设社会主义法治国家，围绕保障和促进社会公平正义，坚持依法治国、依法执政、依法行政共同推进，坚持法治国家、法治政府、法治社会一体建设，全面推进科学立法、严格执法、公正司法、全民守法，全面推进国家各方面工作法治化。

四、投入风险及其防范

1. 投入风险

软文营销也需要投入一定的费用，虽然软文营销的投入比其他营销方式投入少，但对于企业来讲，有投入就存在一定的风险。

软文营销的投入也属于营销投入的范围。首先我们应了解一下目前市场上软文营销投入的主要形式和特征。

（1）大企业营销趋于保守，会考虑如何进行营销的优化和提升

营销受市场因素影响，软文营销投入也会趋于保守，同时跟随终端消费者的购物习惯变化，将更多媒介资源转移到互联网上。

（2）数字营销呈现更多趋势

由于电商平台之间竞争的白热化，软文营销在移动端可以获得更多的投入，同时程序化购买趋势明显，越来越多广告主对于数据流的积累和分析使得数字化软文营销的需求不断提高。

（3）发布渠道的整合

应该更加关注渠道整合发布，特别是电视与互联网的整合，会出现大的突破。

（4）软文营销当前仅是补充，未来需要有稳定的投入

软文营销更多是用来对整体营销进行补充和放大的，一般软文营销的预算并没有纳入媒体预算中。

2. 防范投入风险

要实现软文营销的目标，让营销投入产生好的效果，在软文营销中需要做到两件事。

（1）精心选择软文营销的团队

无论是中小企业外聘，还是大型企业自建，软文营销团队对于软文营销的效果都具有决定性的作用。软文营销策划是否有高度，软文营销执行是否到位，关键就看软文营销的执行团队。如果只是撰写软文，进行软文推广，普通的营销策划人员就能完成，但是要将软文营销上升到营销的战略高度，就需要有功底和眼界的专业团队来完成这项工作。

选择专业的软文营销团队需要注意以下 3 点。

①选择专业的软文营销团队才能提高软文质量，如写新闻软文和金融行业软文，如果不了解这两个行业，对新闻和金融知识没有积累，恐怕再怎么努力，策划和写出来的东西也不会太出彩。选择一个优秀的软文营销团队，才有可能完成营销的目标，保证投入的成本可以回收。

②选择软文营销团队对于中小企业更加重要，如果需要自己组建团队，软文营销项目的负责人最好不要只看文案功底，更多的要看职业经历；如果是外聘的团队，更要考虑团队已往策划的成功案例或团队成员的专业水平。

③除此之外，还需要考察外聘的软文营销团队的道德品质，尽量要签订详细的营销执行合同。

（2）理性对待软文营销团队

软文营销团队并不是万能的，企业要给予其专业方面的帮助和支持，且千万不能不懂装懂、瞎指挥。另外，一旦企业有值得报道的新闻线索或者重大事件发生，一定要及时与软文营销团队沟通，共同判断新闻或事件是否有营销推广的价值。

对于需要外聘营销团队的企业，可以不将软文营销工作固定委托给一家公司，因为一家公司在软文发布方面不可能具有所有的渠道优势，在软文营销投入成本一定的情况下，尽可能多选择几家公司，这样可以增加软文营销成功的可能性。此外，有些企业为了减少投入，节约成本，将软文营销和其他营销组合在一起，由普通的广告公司一同执行。由于擅长硬广设计和策划的公司未必能把软文做好，所以在合作时一定要严格控制软文的质量，以降低软文营销投入的风险。

【知识拓展】

侵犯名誉权和诽谤罪有什么区别

要注意侵害名誉权行为与诽谤罪的界限，构成诽谤罪的诽谤行为，必须是情节严重的民事性质的名誉侵权行为，而侵害名誉权行为不仅在违法程度上轻于诽谤犯罪行为，而且二者还具有以下不同。

1. 诽谤罪散布的必须是捏造的虚假事实

如果散布的是客观存在的事实，虽然有损于他人人格、名誉，但不构成诽谤罪。而名誉侵权行为，即使所述的内容是真实的，但只要是法律禁止公开宣扬的，一旦公开了将有损于他人人格、名誉的，也会构成名誉侵权。甚至叙述的事实越真实，越会加重侵权的程度。

2. 法人、团体、组织不能成为诽谤罪的犯罪对象

在名誉侵权行为中，法人、团体、组织可以成为受害者。例如散布虚假消息，诬说某工厂的产品质量如何低劣等，目的是以不正当的竞争手段搞垮对方。这种行为即使造成了严重后果，也只能构成损害商业信誉、商品声誉罪，而不构成诽谤罪。

3. 主观过错要求不同

诽谤犯罪行为的主观方面必须是直接故意的；而名誉侵权的主观过错包括过失行为。此外，善意的检举、揭发、批评中即使有不实成分的，也不应以诽谤罪论处。

《全国人民代表大会常务委员会关于维护互联网安全的决定》规定：为了保护个人、法人和其他组织的人身、财产等合法权利，对有下列行为之一，构成犯罪的，依照刑法有关规定追究刑事责任：利用互联网侮辱他人或者捏造事实诽谤他人；利用互联网侵犯他人合法权益，构成民事侵权的，依法承担民事责任。

（来源：http://www.66law.cn/laws/858491.aspx，有改动）

课后思考

1. 简述软文营销的写作误区。
2. 什么是操作风险？
3. 如何防范道德风险？
4. 简述名誉侵权主要的两种方式。
5. 如何防范投入风险？

第十章

软文营销常用工具与平台

【开篇导航】

软文营销涉及调研、策划、撰写、发布、反馈五个环节，可以形成一个闭环，在这个过程中，有很多应用型的小工具，熟练掌握以后，做起来会得心应手。而软文营销的平台，主要是针对软文营销外包服务来讲的。对于中小微企业，不能把软文营销简单地整体外包出去，如果有能力自建体系的话，可能还是自建更为靠谱。

【知识结构】

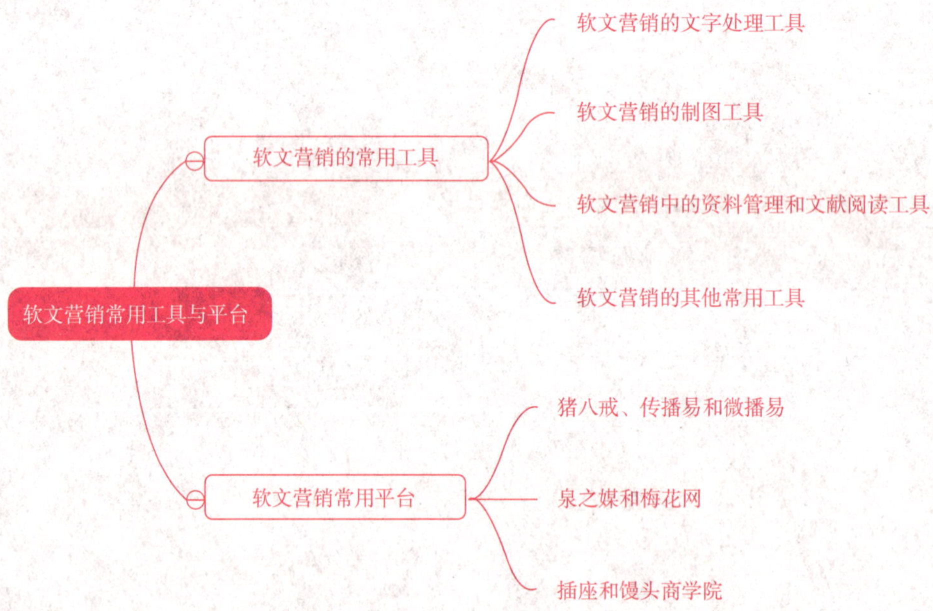

【学习目标】

◆ 知识目标

1. 掌握软文营销的文字处理工具、制图工具、资料管理和文献阅读工具和其他常用工具。

2. 了解软文营销的常用平台。

◆ 能力目标

1. 能够根据需要选择合适的软文营销工具。

2. 能够根据需求选择合适的软文营销平台。

◆ 素养目标

通过本章的学习，了解软文营销常用工具与平台的基本知识，培养寻找和利用工具的意识，在实践中提高自身的软文营销能力。

【知识引导】

第一节　软文营销的常用工具

成功创作出一篇软文离不开软文撰写者的劳动付出，但帮助软文撰写者完成这一工作的还有软文写作工具。这些软文写作的“利器”对软文撰写者提高写作效率和水平起着非常重要的作用。

一、软文营销的文字处理工具

如今，我们进行写作已经不常使用纸和笔了，特别是对文字工作者来说，用手写的方式进行创作会花费更多的时间。现在，键盘成为文字工作者的“笔”，显示器成了“纸”，而各种文字处理软件则成为连接两者的载体，软文撰写者进行软文写作时都要在文字处理软件上进行。

1. 写字板

写字板是写作时常用的工具之一，写字板可以说是简化版的 Word，它位于系统自带的“附件”文件夹中。

Office 写字板的操作比较简单，它的优势在于将网页上复制下来的内容直接粘贴在写字板中，其格式为纯文本，网页内容中的框线、格式等不会被粘贴下来，这样就避免了再次进行格式调整。

在写字板中创建的文档既可以使用写字板打开，又可以使用 Word 打开。它的容量较大，对于文件较大且后缀名为“rtf”“docx”“doc”“odt”和“txt”的文档来说，如果打开速度较慢，那么可以使用写字板打开。

写字板主界面看起来简单整洁，支持多种字体；同时，支持图片插入和绘图，有时进行软文写作并不需要复杂的排版，因此使用写字板也可以完成软文写作。写字板软件界面如图 10–1 所示。

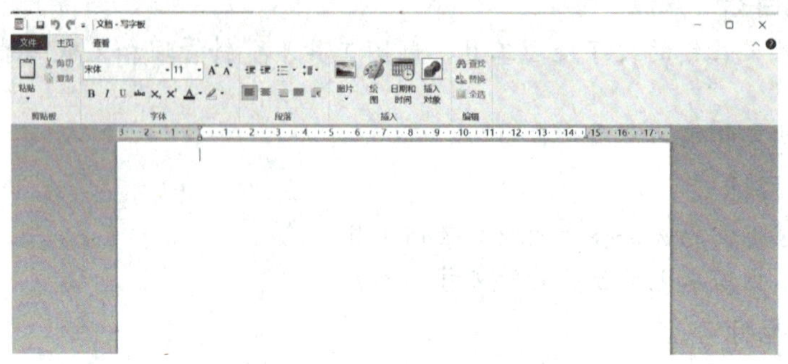

图 10–1　office 写字板软件界面

2.Word

Word 是 Microsoft Office Word 的简称，是目前最流行的文字处理程序。不同的 Word 版本具有不同的优势，软文撰写者可以自由选择自己喜欢的版本。

Word 界面友好，它支持插入文字、图像、声音和动画等操作，利用 Word 提供的表格和绘图工具可以绘制表格和图形。如果软文的排版比较复杂，那么使用 Word 就非常方便，在 Word 中我们可以快速编辑出排版精美的文档。

另外，Word 提供的拼写和语法检查功能对软文撰写者来说很有用，当 Word 发现文章中存在拼写和语法错误时就会用波浪线标出。这样就可以帮助软文撰写者及时发现文章内容上的问题，以便进行更改。

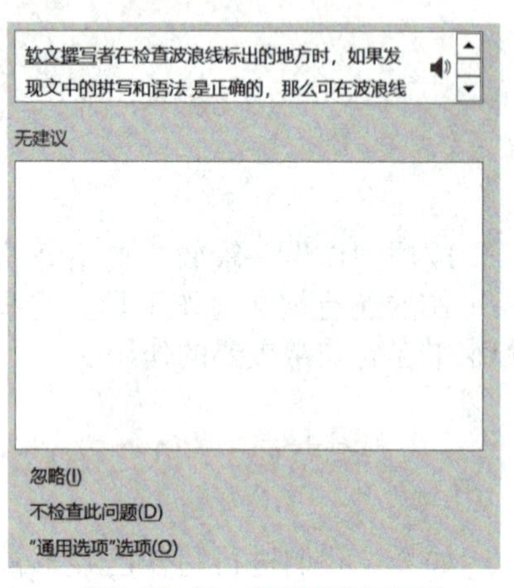

图 10–2　忽略语法错误

软文撰写者在检查波浪线标出的地方时，如果发现文中的拼写和语法是正确的，那么可在波浪线标出的内容上单击鼠标右键，在弹出的快捷菜单中选择“语法”命令，在打开的“语法”对话框中单击“忽略”按钮即可，如图 10–2 所示。

3. 网络编辑工具箱

网络编辑工具箱是一款一键排版格式化的网编工具，它提供了快速格式化一键排版功能，可帮助我们快速格式化文章，使文章成为合乎规范和标准的文章格式，能够有效提高编辑效率。

小提示

除了一键格式化功能外，网络编辑工具箱还具有以下功能。

（1）简、繁体相互转换。

（2）可定制段前是否空格。
（3）可定制图片是否添加像素边框。
（4）可定制是否保留文章内容中的表格。
（5）文字纠错功能（上千个错别字词库）。
（6）一键排版格式化文章，一键复制出去。

软文撰写者可以在各大软件的下载中心下载该软件，该软件的操作非常简单，可谓是傻瓜式操作。目前，网络编辑工具箱加强版在原网络编辑工具箱的基础上进行了修改和升级。

加强版的特色功能有删除多余样式、删除脚本代码、再次编辑、编辑模式切换、图片之间插入空行、可选保留表格、可选保留链接和可选保留粗体等。

4.WPS

WPS 全称为 WPS Office，它是金山软件股份有限公司自主研发的一款办公软件套装，可以实现办公软件最常用的文字、表格和演示文稿等多种功能。

该软件具有内存占用低、运行速度快、体积小巧、强大插件平台支持、免费提供海量在线存储空间及文档模板、支持阅读和输出 PDF 文件、全面兼容微软 Office97 至 Office2010 格式（doc/docx/xls/xlsx/ppt/pptx 等）等独特优势，覆盖了 Windows、Linux、Android 和 iOS 等多个平台。如果要制作精美的图表，那么使用 WPS Office 表格可以完成制作。

5. 电子书制作软件

在百度文库、论坛，以及其他资源共享平台上，都可以利用电子书进行软文推广，如某共享资料中就包含了 txt 格式的记事本文档。在该记事本文档内容中就有广告植入的内容，如图 10-3 所示。

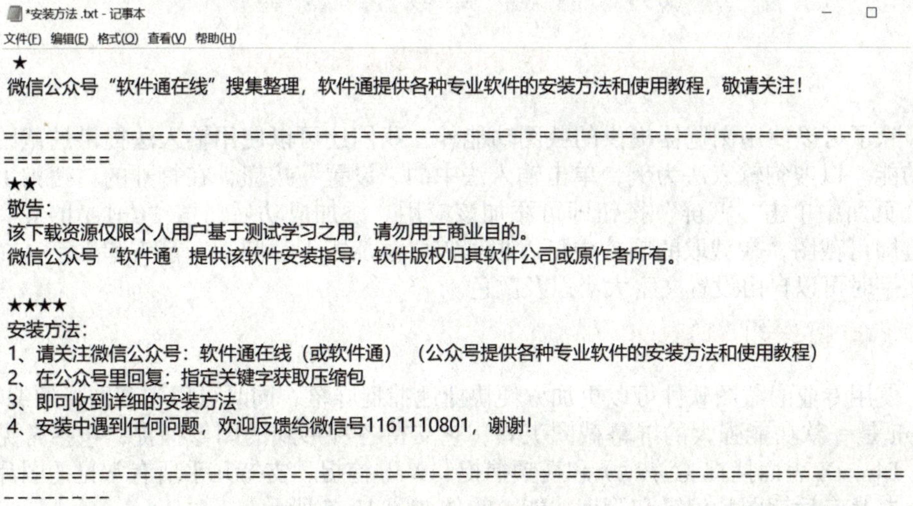

*安装方法 .txt - 记事本

文件(F) 编辑(E) 格式(O) 查看(V) 帮助(H)

★
微信公众号“软件通在线”搜集整理，软件通提供各种专业软件的安装方法和使用教程，敬请关注！

==

★★
敬告：
该下载资源仅限个人用户基于测试学习之用，请勿用于商业目的。
微信公众号“软件通”提供该软件安装指导，软件版权归其软件公司或原作者所有。

★★★★
安装方法：
1、请关注微信公众号：软件通在线（或软件通）（公众号提供各种专业软件的安装方法和使用教程）
2、在公众号里回复：指定关键字获取压缩包
3、即可收到详细的安装方法
4、安装中遇到任何问题，欢迎反馈给微信号1161110801，谢谢！

==

图 10-3 在记事本中植入软文广告

电子书的格式有多种，PC 端包括 exe、txt、html 和 hlp，手机端包括 umd、jar 和 txt 等。市场上的电子书制作软件有很多，包括电子书速成（eBookDream）、ed 电子书编辑器、iAuthor、iebook 超级精灵、CHM 电子书制作器和 CHM 电子书制作助手、JBook 电子书制作系统等。不同的电子书制作软件都有其各自的优势，在下载电子书制作软件时可以先了解其软件功能后再进行下载，在电子书制作软件的下载页面都会有软件详情的相关介绍。

二、软文营销的制图工具

在软文撰写过程中，为展示产品信息或让文章阅读更轻松，推广方在排版时都会在文中插入图片。对于拍摄的照片或者从网上下载的图片，通常需要处理以后才能直接使用，有时我们还需要通过截图的方式将一些内容截取下来使用。因此，制图工具是软文撰写中不可或缺的工具。

软文营销的制图工具

1. 网页截图工具

我们要将网页上的内容截取下来制作成图像，最简单的方法就是使用浏览器自带的截图工具。以 360 浏览器为例，它提供了截图的功能菜单，只需在目标网页中单击剪刀按钮，选择要截取的区域，最后单击“完成”按钮即可，如图 10-4 所示。

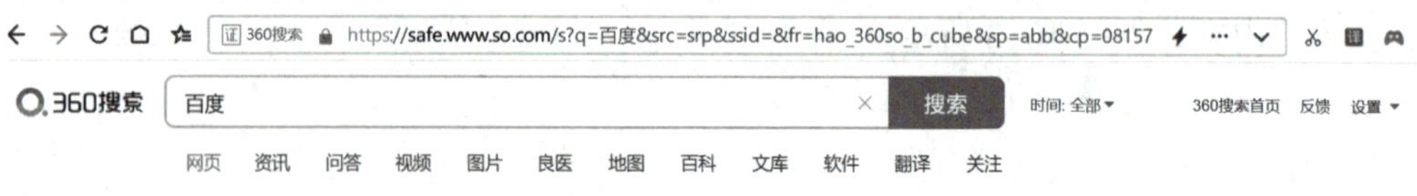

图 10-4 使用 360 浏览器截图功能截图

除了可以使用浏览器提供的截图功能外，我们还可以使用输入法提供的截图应用功能。以搜狗输入法为例，单击输入法中的“设置”按钮，在打开的“搜狗工具箱”页面中单击“截屏”按钮即可添加该应用。添加成功后，按“Ctrl+Alt+W”组合键即可截图，在截取的图片中可以根据需要添加矩形、圆圈、箭头和文字，在添加文字时可以自由设置文字大小以及颜色。

2. 简单的专业截图软件

使用专业的截图软件可以更加方便快捷地捕捉屏幕，同时可以实现图片的编辑。Snagit 是一款功能强大的屏幕截图工具，它支持各种形式的图像捕捉，包括常见窗口、DirectX 表面捕捉（游戏）和视频捕捉、Web 捕捉，支持几乎所有常见的图片格式，并具有后期图片编辑和管理功能。软件如图 10-5 所示。

图 10-5　Snagit 软件

Snagit 提供了丰富的捕获功能，包括多合一、全屏幕、复制到剪贴板和将网页转化为 PDF 链接等。丰富的图像和绘制功能可以实现对图像的各种简单处理，包括裁切、旋转、灰度、水印、滤镜、文字、箭头和模糊等。当我们需要为图像添加水印时就可以用水印功能，而需要将手机号码、姓名等信息掩盖时我们就可以使用模糊功能对其进行模糊处理。

对于截取的图像，Snagit 都将其保存在了特定的位置，通过 Snagit 强大的可视化搜索工具，用户可以在任何时候把它们找回来。同时，在 Snagit 中可以自行添加不同的截图方案并为其设置快捷键。设置快捷键后，在截图时只需在键盘上按相应的快捷键即可，进而使截图更加快速。除 Snagit 外，PicPick、红蜻蜓抓图精灵、HyperSnap-DX、FastStone Capture 及 QR 易用截图也是方便好用的截图软件。

3. 制图工具

要对图片进行美化、拼接和修正操作最常用的软件是 Adobe Photoshop，其简称为 PS，它是集图像扫描、编辑修改、图像制作、广告创意及图像输入与输出于一体的图形图像处理软件。

PS 软件强大的图像处理功能为我们进行图片制作提供了便利，我们可以利用它绘制水墨字效果、让模糊的图片变清晰、进行图片氛围渲染以及制作简单的海报等。

4. 统计图表制作工具

在软文中，我们常常也可以看到各种图表的身影，当我们要将数据制作成图表并以图片的形式在软文中进行展示时，就需要利用统计图表制作工具。虽然在 Word 中也可以制作图表，但大多数人更习惯在 Excel 中制作，因为 Excel 的图表制作功能更强大，制作出来的图表也更精美。

Excel 是 Microsoft Office Excel 的简称，它与 Word 一样，是 Office 的组件之一，

在 Excel 中制作图表很简单。将数据输入单元格中，选择有数据的单元格区域，单击“插入”选项，在“图表”中就可找到不同的图表样式。

Excel 提供的图表类型丰富，在制作图表时可根据需要自由选择图表类型，主要有柱形图、折线图、饼图、条形图、面积图、散点图、股价图、曲面图、雷达图等，选中单元格数据区域后，在插入图表时还可以进行不同图表的预览，这样就可以很方便地选择出最适合的图表类型了。

思政课堂

习近平总书记在中国政法大学考察时的讲话中指出，青年时期是培养和训练科学思维方法和思维能力的关键时期，无论在学校还是在社会，都要把学习同思考、观察同思考、实践同思考紧密结合起来，保持对新事物的敏锐，学会用正确的立场观点方法分析问题，善于把握历史和时代的发展方向，善于把握社会生活的主流和支流、现象和本质。

三、软文营销中的资料管理和文献阅读工具

在软文创作前，软文撰写者通常都会收集大量资料，包括图片、同行软文与文献资料等。部分收集的资料需要特定的阅读器才能打开，这时就需要安装对应的阅读工具，对于收集好的资料还需要进行分类整理，方便在撰写软文时进行查阅和使用。

1. 素材管理的有力工具

搜集优秀的文章、句子和素材，建立属于自己的素材库对软文写作是很有帮助的。我们收集到的优质资源需进行分类整理并存储，以避免丢失。下面就来看看常用的素材存储工具，这些工具可以帮助我们更好地存储素材。

（1）百度云盘

百度云盘是由百度公司出品的一款云服务产品，不仅为用户提供免费存储空间，还可以将视频、照片、文档和通信录数据在移动设备和 PC 端之间跨平台同步、备份等。

百度云盘具有完善的数据备份和容灾机制，用户保存在百度云盘中的数据都有多重备份，不会因攻击、断电及软硬件故障等造成文件丢失，这样就能有效地保证资料的安全性。

使用百度云盘可以将素材分门别类地存储在不同的文件夹中，用户登录后即可上传或下载文件，通过搜索关键词的方式可以快速找到存储的文件。

（2）U 盘

U 盘全称是 USB 闪存盘，它小巧便于携带，有 16G、32G、128G 等不同容量。将一些常用的素材资料存储在 U 盘中，当需要使用时，只需通过 USB 接口与电脑连

接即可实现即插即用，对软文撰写者来说是很实用的工具。

（3）腾讯微云

微云是腾讯公司为用户精心打造的一项智能云服务，通过微云可以方便地在手机和电脑之间同步文件、推送照片和传输数据。使用微信账号或者 QQ 账号即可登录微云。使用微云时可以享受以下功能。

①相册备份

在 Wi-Fi 环境下自动备份手机中的照片，备份后可在其他终端查找管理账户中的照片。

②文件管理

文件分门别类整理，支持全局搜索和批量操作，独有的缩略图展示模式，可随心所欲地掌控自己的文件。

③云笔记

收集和整理各种会议记录、日常安排和生活备忘，保存的笔记可以多种设备跨平台阅读分享。

④回收与收藏

在回收站中可以找回 30 天内删除的文件，还可以收藏喜欢和重要的文件。

2. 常用的文献阅读工具

在日常文献阅读中，最常使用的文献格式是 pdf 和 caj，为了保证能正常阅读这两种格式的资料我们需要安装对应的阅读器。

福昕 PDF 阅读器可用于阅读和打印 PDF 文档，它提供了 3 种方式阅读 PDF 文件，如下所述。

（1）多标签浏览

多标签浏览允许用户在同一个 PDF 阅读器中打开多个文件。在已打开一个 PDF 文档的情况下，双击另一个文档，两个文档将出现在同一个窗口中。

（2）单文档界面模式

当用户双击打开一个新的文档时，阅读器打开并创建一个新的独立窗口，方便逐个阅读 PDF 文档。

（3）多文档界面模式

在一个母窗口下打开多个文档，所有的文档子窗口被独立隔开。

除福昕 PDF 阅读器外，使用 Adobe Reader 也能查看、打印和批注 PDF 文档，它是唯一一款可以打开各种 PDF 内容（包括表单和多媒体），并与之交互的 PDF 文件查看程序。

阅读学术文献、外文文献、学位论文、报纸、会议、年鉴或工具书等资源最好的去处就是“中国知网”，在中国知网中阅读相关资料需要安装 CAJViewer（CAJ 全文浏览器），它是中国知网的专用全文格式浏览器，支持中国知网的 teb、caj、nh、kdh 和 pdf 格式文件。可配合网上原文的阅读，也可以阅读下载后的中国知网全文，并且打印效果与原版的效果一致。

pdf 和 caj 格式的文档内容不能直接复制，如果我们需要使用其中的内容可将其转换为 Word 文档后再使用。使用在线 PDF 转 Word 工具便可快速地将 PDF 文档转换为 Word 文档，如我拉网（http://pdftoword.55.la/）提供的在线 PDF 转 Word 工具就可实现在线转换。将 caj 格式的文档转换为 Word 文档也可以通过专门的转换工具来实现转换。

四、软文营销的其他常用工具

1. 站长工具

（1）关键词挖掘工具

通过百度可以找到很多中文的关键词挖掘工具，特别是站长工具类网站一般都能提供免费查询。此外，百度指数也可作为关键词分析工具使用。

例如，百度“山茶油”地域搜索排名显示：广东、北京、浙江、福建、江苏最多。如果是软文投放，重点也要投放在这几个区域的微信自媒体和网络媒体上。

（2）流量统计工具：CNZZ 数据专家

作为 CNZZ 老字号产品，站长统计是一款永久免费、安全、可靠、公正的第三方网站流量统计分析系统，帮助站长实时了解网站被访问情况，进行网站运营分析，其已成为目前国内站长使用最多的网站流量统计工具。

通过站长统计，站长可以随时知道自己网站的被访问情况，每天多少人看了哪些网页、访客来源是哪里、网站用户分布在什么地区等非常有价值的数据信息。利用这个工具可以分析网站关键词检索情况、流量来源、SEO 推荐、访问趋势等信息。如果软文中插入超链接，这个工具也可以统计有效访客数量。

2. 导图工具

（1）思维导图

思维导图是一种有效的思维模式，就像一张地图，应用于记忆、学习、思考等方面，非常有利于人脑的扩散思维的展开。如今思维导图已经在全球范围得到广泛应用，包括大量的 500 强企业。

在国内，思维导图的应用也有近 20 年的历史。用思维导图去展开软文营销的策划和创意，即使只有一个人也会有无限精彩。

思维导图应用于软文创意上，优势就是可以在一张图中产生无限多的创意，根据软文的行动目标将思维发散开。发散联想出第一时间跳入脑海的创意，然后针对每一个创意继续分别发散。每一个创意关键词都有机会成为中心词，围绕中心词发散联想，就可以有更多的创意跳出来。

如果说画一张图感觉还不够，可以针对软文的行动目标，设定一个相反的词汇，以此词汇制作思维导图，会从另外一个角度再发现很多创意，甚至在发散这个相反的词汇时，还能发现新的创意关键词，如果有必要就以此为中心再做一张思维导图。相信制作了两张甚至更多张的思维导图后，一定能找到满意的创意。

（2）百度脑图：最便捷的思维导图

百度脑图不需要下载，用百度普通账户就能获得很多免费的功能支持。修改起来也比较方便，改完以后保存格式多种多样。做原创的文章创意时可以借鉴这种模式。

3. 二维码生成工具

草料二维码是一个生成二维码的在线免费工具，可以将文件、图片、文字、链接、视频等生成二维码的入口，客户扫描即可直接查看。软文营销中做内容延伸、广告植入、链接都可以使用这个工具。

针对一篇微信公众号中发布的文章，用户可以在微信中复制链接，登录微信网页版，再复制链接发给一个微信好友，可以在网页上获得链接，然后将链接复制到草料二维码的地址栏中，点击生成二维码即可获得二维码，还可以直接用搜狗微信文章的形式找到这篇文章，从浏览器中获取链接地址。

不过很多时候，微信公众号的文章链接会比较长，导致生成的二维码比较难看，加入 Logo 或者图片后很难识别。这个时候就可以使用百度短网址，免费把长链接缩短成短网址，用这个网址再来做二维码，就清晰漂亮多了，这样的二维码加上 Logo 或者图片都能轻松识别。

需要清楚的是，目前二维码的大小可以调整，如果是用在微信文章中，在手机中阅读，大小建议设置在 150mm ~ 200mm。

4.H5 页面制作工具

易企秀是一款针对移动互联网营销的手机幻灯片、H5 场景应用的制作工具，将原来只能在 PC 端制作和展示的各类复杂营销方案转移到更为便携和方便展示的手机上，用户可随时随地根据自己的需要在 PC 端、手机端进行制作和展示，随时随地进行营销，如图 10-6 所示。

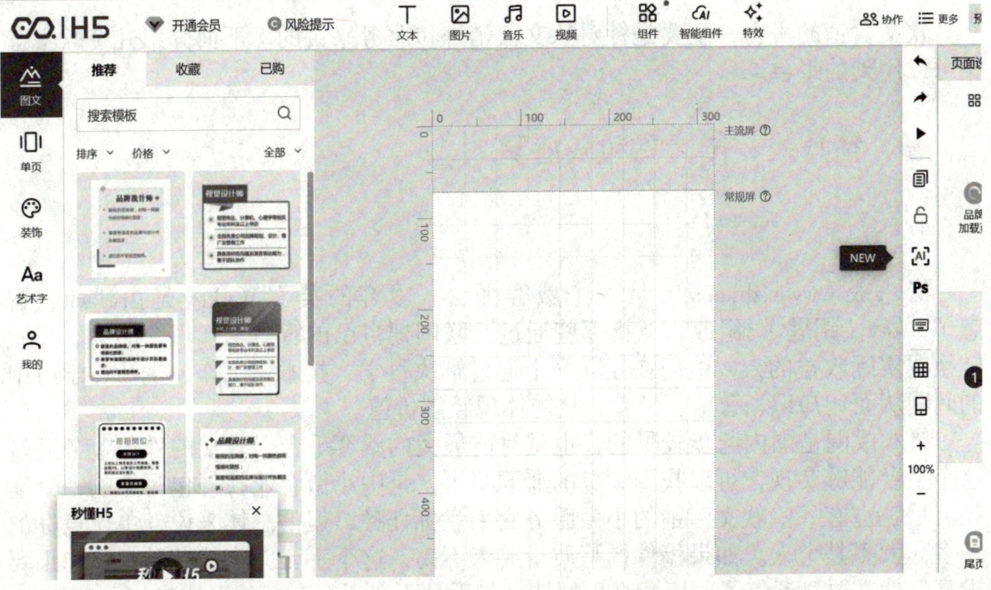

图 10-6　易企秀 H5 页面制作界面

5. 直播工具

掌门直播是一个以社群为基础的商业直播 APP。用户可以利用其社群功能来积累有价值的用户，进行互动和需求对接，实现直播社交。

进入掌门 APP，点击下方中间的“发直播”按钮，就可以看见你开的直播间了，进入直播间就可以直播。在直播或观看直播中，可以进行直播互动和直播打赏；同时有一键分享功能，可以将直播间轻松分享在微信、微博、QQ 等第三方社交平台上。

小提示

常见直播平台有映客直播、虎牙直播、水滴直播、花椒直播、酷狗直播、触手直播、抖音、NOW 直播、快手、CC 直播等。

6. 内容传播工具

企点通这是一款可以自由处理手机端软文的编辑软件，当然我们建议要注明出处，尊重他人的知识产权。在转发朋友圈之前，可用这个编辑器插入广告图片、文字链接、音乐或视频等。如果自己原创的文章也可以使用这个编辑器编辑并发布，可以一键分享到微信朋友圈、微博、QQ 空间、豆瓣等社交平台。最重要的是，用户可以随时监控文章的阅读数量和访问来源。

第二节　软文营销常用平台

软文营销的平台，主要是针对软文营销外包服务来讲的。下面介绍几个软文营销可以用到的平台。

一、猪八戒、传播易和微播易

1. 猪八戒

猪八戒（www.zbj.com）是一个威客平台。威客的英文 Witkey 是由“wit（智慧）”“key（钥匙）”组成，意指那些通过互联网把自己的智慧、知识、能力、经验转换成实际收益的人，他们在互联网上通过解决科学、技术、工作、生活、学习中的问题从而让知识、智慧、经验、技能体现经济价值。

猪八戒网是国内起步较早的，也是目前最大的威客平台，软文的外包业务通过这个平台能够实现，可以找到大量的兼职写手，是中小微企业找外包写手的一个途径。尽管也有一些软文营销的小微服务商来竞标任务，但是总体来说，单位竞标的不多，大多是个人。如果稿件撰写质量要求不高，这个平台完全能够胜任；如果要求高，就需要碰运气了。毕竟真正的软文高手是不会通过竞标的形式来找业务的。

猪八戒网软文发包的最大优势就是可以获得多篇稿子，获得比稿机会。不足之处是相对标准化的发包，写手不会全面做调研，水平参差不齐。

2. 传播易

传播易（www.chuanboyi.com）是一个靠整合网络媒介渠道起步的一个广告发布平台。其涵盖了平面媒体、网络媒体、新媒体等广告，以及软文资源。网站的平台定位从最初主打新媒体和软文调整到渠道全覆盖，从媒介投放到活动策划与执行。相对而言，这个平台承接的客户体量以中小企业为主，小微企业使用其一揽子服务还是比较有难度的。

这个平台 A 轮拿到了 3000 万元资金，大多是专职人员服务，传播渠道大多也是整合的资源。中小微企业的软文发布可以尝试使用这个平台。

3. 微播易

微播易（www.weiboyi.com）是从“微博易”更名而来的，其定位为社会化媒体精准广告平台。这个平台核心竞争力在自媒体方面，“网红 + 直播”火了之后，其也试水这个领域的传播。在创新性和传播经验方面，创作团队以及操盘团队大多都有互联网公司的工作经验，具有一定优势。

二、泉之媒和梅花网

1. 泉之媒

该网络媒介平台核心资源是网络媒体，其次是部分自媒体。泉之媒（www.quanzhimei.net）创始团队大多有多年媒体工作经验，因此积累的人脉资源比较广，尽管泉之媒没有去做大的融资，其整合和覆盖的传播媒介渠道不如微播易广泛，但是在部分细分的自媒体和网络媒介方面具有绝对优势。

此外，泉之媒开展的线下培训“软文营销实战训练营”（针对文案和运营）、“讲给老板听的软文营销课”（针对中小微企业负责人），培训已经开展多期。其发起成立的“杆子邦”沙龙通过互动吧已经组织过多期，建立的写手团队已经具有一定规模。在软文策划、撰写和发布整合方面，服务的客户数量比较多，经验比较丰富，更适合整体外包的小微客户。

2. 梅花网

梅花网（www.meihua.info）资历比较老，成立于 2002 年，一直聚焦于为企业市场营销（广告、公关和市场研究）部门提供各类信息情报服务。其主要服务项目包括跨媒体的广告监测数据库、新闻监测平台、市场统计数据库等。在标准化的数据产品基础上，还可以为客户提供定制的媒体监测类服务，包括针对市场推广部门的竞争品牌广告监测服务，针对公关部门的公关传播监测服务，以及针对战略研究部门的战略信息监测服务。

梅花网还是一个面向营销者的信息中心，提供更多免费的市场营销资讯、资源、案例、知识、线上社区内容。梅花网还定期举办针对专业人群的线下活动。梅花网的月度访问客户官方介绍称超过十万。

梅花网上的内容和案例确实值得推荐给中小微企业学习和借鉴，提供的新闻监测数据也比较适合开展软文营销的中型以上企业。一方面收集竞争对手和行业信息更全面及时，另一方面可以及时发现负面信息和辅助考核软文营销效果，最重要的是，前两个方面的信息反馈又能够促进软文营销系统的优化。

三、插座和馒头商学院

1. 插座

插座（www.chazuomba.com）成立于 2014 年，是一个面向年轻公司人的跨界学习社区，致力于为年轻公司人提供接地气、有价值的学习资讯、交流活动。从最初的泛互联网化的培训到现在成功转型到聚焦新媒体营销培训上来。目前在新媒体培训领域，插座已经遥遥领先，课程体系比较完善，从线上到线下结合得比较好。

2. 馒头商学院

北京麦拓教育科技有限公司旗下的馒头商学院（www.mtedu.com）是国内最活跃的互联网从业者在线学习社群。馒头，源于英文 mentor，意为导师、点化。这里汇集了众多优秀互联网公司的产品、运营、营销资深大咖，提供最接地气的实战课程。你还可以加入各种专业小组，收获导师、朋友和圈子，与最优秀的互联网人一起成长！

以上是馒头商学院官方网站上的介绍，这个网站最初定位应该是为产品经理服务的。随着移动互联网的兴起，传统企业转型不能仅靠产品，于是它逐渐转型到互联网营销上来。值得欣慰的是，这个平台依然聚焦在产品经理、产品运营模块，并增加了互联网营销模块。然而，遗憾的是，这个平台只是一个在线教育平台，线下的培训目前组织得比较少。

思政课堂

习近平总书记在党的二十大报告中指出：“坚持把发展经济的着力点放在实体经济上”“促进数字经济和实体经济深度融合”。实体经济是一国经济的立身之本、财富之源。在信息时代，把发展经济的着力点放在实体经济上，就要在数字经济和实体经济的深度融合上下功夫，着力解决传统产业数字化转型中存在的突出问题，加快传统产业数字化转型。

【知识拓展】

软文推广之软文街

软文街是当前国内最大的软文发稿平台，其拥有广泛的发布平台，影响力大、效率高，赢得了广大客户的信赖。具体而言，通过软文街发布软文的优势主要体现在以下几个方面。

1. 高效

软文街提供24小时的自助服务，通过免费注册，可以随时发布软文，出稿率高，当天提交当天发布，可以起到立竿见影的效果。

2. 快速

在分秒之间把信息迅速精准地投到指定的网络媒体上，让信息以最快速的效率传播。因为软文街的服务流程极其便捷，在网络中就可以运行，省去了很多烦琐的事务，仅仅需要四步（咨询客服、注册开户、预存充值、软文发布），就可以完成整个流程，打造完美的软文宣传渠道。因而，对时效性要求较强的活动宣传也能通过软文街进行发布，可以取得良好的效果。

3. 覆盖领域更广

它具备的媒体资源上千家，规模很大，合作者有搜狐、新浪、腾讯、央视、凤凰网等上千家新闻媒体，基本涵盖了所有知名网站。因此，它的影响力自然很庞大。另外，它拥有大量的地域媒体，可以根据企业不同的地域需求，将软文发布辐射到各行业的精准媒体上。

4. 易搜索

第一时间出现在百度、360搜索等搜索引擎的新闻搜索结果中，并使软文排名靠前，更容易被受众看到。

因而，通过软文街进行软文发布，可以更省时、省力地获得更广泛的宣传。对于企业来说，是一个不错的选择。

（来源：https://baijiahao.baidu.com/s?id=1704701515951405170&wfr=spider&for=pc 快鱼网络，有改动）

课后思考

1. 专业截图软件有哪些？
2. 素材管理的有力工具有哪些？
3. 站长工具有哪些？
4. 猪八戒网是一个什么样的平台？
5. 你知道哪些软文营销的常用平台？

第十一章

软文营销的未来

【开篇导航】

企业宣传方式及效果的优劣，决定着一个企业的前途和命运。在互联网发展的风口浪尖上，软文营销已经成为企业发展的一种必然手段，只有通过不同途径、不同策略的软文投放，才能使企业进一步提高市场占有率，立足于行业发展的不败之地。

【知识结构】

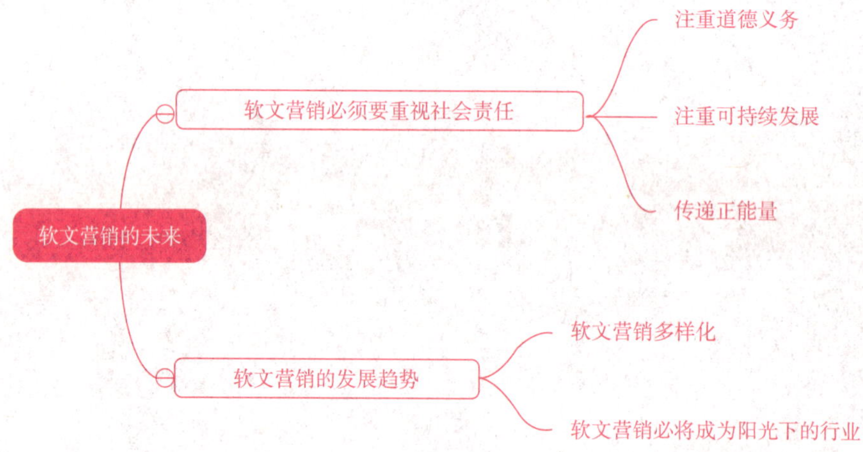

【学习目标】

◆ 知识目标

1. 了解软文营销需要重视的社会责任。
2. 了解软文营销的多样化发展趋势。

◆ 能力目标

1. 能够理解软文营销担负的社会责任。
2. 能够区分不同的软文营销。

◆ 素养目标

通过本章的学习，了解软文营销的未来，重视自身担负的社会责任，在工作和学习中积极传播正能量。

【知识引导】

第一节　软文营销必须要重视社会责任

软文具有传播速度快、范围广、影响大等特点。这决定了企业在进行软文营销的过程中，需要承担更大的社会责任。

一、注重道德义务

对于普通的企业而言，有责任做正确的事。这就意味着企业的社会责任仍然带有很强的道德意味。在某些领域，如编制财务报表和守法经营方面，遵守职业操守是比较容易理解的，因为道德义务的本质就是形成绝对的约束。可是，企业在社会责任方面的大多数选择，实际上都涉及在不同价值观、利益和成本之间取得相对平衡。在软文营销中，目前尚无办法在社会效益和财务成本之间进行比较，通常只能从传统道德和社会利益的角度出发，选择有利于弘扬传统文化、有利于社会和国家发展的内容。所以，软文营销不应该只站在企业自己的立场，还应该站在发挥其对消费者具有影响力的社会角度，来承担软文营销的道德义务。一些安利公益活动的软文，既达到了软文营销的目的，其活动本身也实现了企业回馈社会的社会责任。

思政课堂

习近平总书记在企业家座谈会上指出："企业既有经济责任、法律责任，也有社会责任、道德责任。"企业质量和生命力是一个经济体竞争力的微观基础，企业家才能及企业家精神是影响企业成长的重要因素。勇于承担社会责任，是企业家精神的重要内容。

二、注重可持续发展

可持续发展原则迎合了企业对自身利益的追求，有助于实现经济、社会和环境的"三重赢利"。也就是说，企业应该采用能够确保长期经济效益的软文营销方式，避免那些对社会或环境有害的短期行为。对企业社会责任缺乏战略性认识的营销活动倾向于推迟短期成本的产生。然而，企业一旦被人们发现在推卸社会责任，将为之付出更大的代价。

三、传递正能量

"正能量"指的是一种健康乐观、积极向上的动力和情感，是社会生活中积极向上的行为。当下，所有积极、健康、催人奋进、给人力量、充满希望的人和事，都被称为"正能量"，它已经上升为一个充满象征意义的符号，与人们的情感紧紧相连，表达着人们的渴望、人们的期待。

随着传媒业和移动互联网的发展，近年来，新媒体越来越受到传统媒体的重视，各级媒体都在积极推动传统媒体与新兴媒体的融合发展。面对各种网络平台上放大负面情绪的"偏激共振"，面对可能跑在真相前面的"谣言法则"，面对追求点击量、哗众取宠的"眼球情结"，未来进行软文营销的企业，应该从自身做起，切实守住法律法规、社会主义制度、国家利益、公民合法权益、社会公共秩序、道德风尚和信息真实性这 7 条底线，利用软文积极推送权威报道、传播主流声音、弘扬正气、传递温情，用优质的新闻信息服务改良网络平台的舆论生态，把软文建设成传递正能量的重要工具。

"励志橙"就是一个由软文引起的传递正能量的典型事件，这一事件不但对广大网友产生了励志效应，在商业上也完成了软文营销的相关目标。这个事件的第一篇报道"褚橙进京"首先被发布到网络中，主要内容包括 85 岁褚时健汗衫上的泥点、嫁接电商、新农业模式。该媒体官方微博的这篇文章被转发了 7000 多次，转发的人包括王石。"衡量一个人的成功标志，不是看他登到顶峰的高度，而是看他跌到低谷的反弹力"，他用巴顿的名言诠释褚时健的成功，再次引起近 4000 次的转发。王石对褚时健是由衷的敬佩，曾多次公开说，他最崇拜的企业家是褚时健。在名人效应的影响下，褚橙的订单纷至沓来，甚至其他商品，如水果、柴鸡蛋、有机牛奶、新鲜猪肉等的销售也被带动，网站订单量达到以往的三四倍。当时微博上的网友都在回忆褚老的故事，觉得吃橙子很励志，褚橙热持续发酵，“这哪是吃橙子，这是品人生”“品褚橙，任平生”。不光在微博上，在一些企业活动、媒体年会、企业家俱乐部，都能看到褚橙的身影。最后，褚橙在包装盒上也印着“人生总有起落，精神终可传承”等励志文字，这就将褚橙卖出了高大上的格调，将软文营销和传递正能量完美结合在了一起，实现了商业和精神上的双赢。

媒体是软文的主要传播平台，就微信平台来说，如何规范这些媒体，并在其中利用软文来传播正能量，是未来软文营销最重要的工作。

媒体若想健康发展，并在社会中传递更多的正能量，要确立自己的主流意识形态，从正面和积极的立场出发，进行相关新闻解读与信息传播；坚持新闻真实性，注重审查，避免新闻失实；不盲目跟风，不刻意炒作；发布前先想一想可能产生的社会效果，这些应成为媒体需要认真思考的事情。平台健康了，发布在平台上的软文就会得到更好的监控和管理，有利于软文营销的健康发展。

此外，媒体需要用通俗的话讲通俗的事情，在行文语言上尽量遵循受众心理与需求，站在大众的角度想问题，在软文中提供可以帮助大众解决问题的信息才是关键。另外，媒体作为软文营销的平台，正在各种变化中不断发展，只有以舆论引导为宗旨、以受众为主体，才能适应时代发展，更好地传播正能量。

思政课堂

习近平总书记在全国脱贫攻坚总结表彰大会上的讲话中指出，事实充分证明，社会主义核心价值观、中华优秀传统文化是凝聚人心、汇聚民力的强大力量。只要我们坚定道德追求，不断激发全社会向上向善的正能量，就一定能够为中华民族乘风破浪、阔步前行提供不竭的精神力量！

第二节　软文营销的发展趋势

近几年来，时代飞速发展。互联网的移动化趋势和自媒体的崛起，给软文营销带来了新的动力。而传统的网络媒体流量则逐渐被配置到移动终端上。面向新趋势，软文营销将会有哪些发展趋势？

软文营销多样化

一、软文营销多样化

近几年的互联网时代飞速发展，给软文营销也带来了新的动力，传统媒体已经无法与互联网媒体的发展相抗衡。原有的传统媒体纷纷推出自己的新闻网站，四大商业新闻整合门户也在这里出现。互联网已经成为信息传播的重要渠道了，软文营销已经正式融入互联网中。软文营销在未来的发展中，会朝着多样化的方向发展。

1. 软文类型多样化

未来的软文形式也将不仅仅局限于当前主流的文章形式，可能会有视频、图片等各种各样的方式，可能其属性已经不再是软文，但必定还是含有互联网的因素。软文营销本身就属于互联网营销的范畴，软文形式的多样化还是逃不出互联网的形式。

2. 平台多样化

软文营销的未来发展趋势中，除了现在的一些大型主流媒体外，营销推广的平台也会多样化，随着各种信息流的载体增加，如何适应这些平台的要求，如何写出适合平台要求的新软文，这对企业、写手、软文平台都提出了新的考验。

3. 技能的多样化

对于软文写作的人员来说，今后面临的挑战将会是软文写作技能的挑战，不再是单纯的文字方面的写作，可能还要涉及视频剪辑、图片处理等领域，这是大势所趋，也符合企业营销的需求和人员提高自身水平的要求。

二、软文营销需要成为阳光下的行业

软文营销不是新概念，也不是新提法，但随着时代的变化，软文营销也应该与时俱进，完全有可能也必须要形成一门系统的课程。只有这样才能让越来越多的企业和个人真正了解软文营销，才有利于社会主流价值观的传播，有利于社会正能量的传播，有利于企业社会责任的实践。

软文营销注重实际价值，且以优化为目的去营销，更能精确把握潜在受众。

大多数企业已经尝到网络软文营销的甜头，为了搜索量，为了达成最终的销售，众多企业纷纷加入了软营大军。

高速信息化时代下，营销已经不单单局限于传统的方式，营销作为商业环节中重要的环节之一，同样伴随高速化网络信息发展也不再不断的革新，软文营销就是其中最新方式之一，众多企业采用互联中知名新闻媒体传媒网站的软文发布来实现品牌影响力的扩大。软文营销就是其中重要的别具特色。

真正的软文写作是需要花时间去磨砺的，不是编辑了几篇文章，做编辑这份工作多长时间就能有所成效的。编辑不等同于简单的复制和粘贴，而是需要作者去摸索。要想成为一个专业的写手，没有一两年甚至更长时间的积累沉淀是根本做不好的。一切都在学习、积累中！写手需要耐心，需要摸索，需要创新，需要一个明确的计划不断努力。

小提示

软文营销终将整合平面媒体、电视媒体、广播媒体和网络媒体的传播方式，加上微博、微信等具有自媒体性质的新型传播途径，为中小微企业的营销破局和品牌建设贡献力量。软文营销将成为一门新的课程，其未来也将形成一种独立的理论体系，诞生越来越多的实战案例，软文营销的监管政策或者法规也或将诞生。

【知识拓展】

什么是“病毒”营销?

“病毒”营销（也叫“病毒式”营销或“病毒性”营销）是一种常用的网络营销方法，常用于网站推广、品牌推广等。“病毒”营销利用的是客户口碑传播的原理。在互联网上，这种口碑传播更为方便，可以像“病毒”一样迅速蔓延，因此“病毒”营销成为一种高效的信息传播方式。而且，由于这种传播是消费者之间自发进行的，因此是几乎不需要费用的网络营销手段。“病毒”营销并非真的以传播“病毒”的方式开展营销，而是通过消费者的口碑宣传，信息像病毒一样传播和扩散，利用快速复制的方式传向数以千计、数以百万计的受众。

“病毒”营销需要找到营销的引爆点，如何找到既迎合目标客户口味又能正面宣传企业的话题是关键，而营销技巧的核心在于如何打动消费者，让企业的产品或品牌深入到消费者的心坎里去，让消费者认识、了解和信任品牌，甚至依赖品牌。“病毒”营销是网络营销方式中性价比最高的方式之一。

（来源：https://baike.baidu.com/item/%E7%97%85%E6%AF%92%E8%90%A5%E9%94%80/190640，有改动）

课后思考

1. 如何在软文营销中注重道德义务？
2. 简述正能量的含义。
3. 如何在软文营销中注重可持续发展？
4. 如何理解软文营销平台多样化？
5. 你认为软文营销的未来是什么？

参考文献

[1] 梁文 . 软文营销实战之道 [M]. 北京：中国华侨出版社，2013.

[2] 徐茂权 . 网络营销决胜武器 [M]. 北京：电子工业出版社，2013.

[3] 严刚 . 字里行间的商业秘密 [M]. 北京：清华大学出版社，2012.

[4] 周慧敏 .30 分钟教会你软文营销 [M]. 北京：中国铁道出版社，2016.

[5] 刘军 . 汽车软文营销一本通 [M]. 北京：化学工业出版社，2016.

[6] 胡小英 . 企业软文营销 [M]. 北京：中国华侨出版社，2015.

[7] 苏高 . 软文营销从入门到精通 [M]. 北京：人民邮电出版社，2017.

[8] 郝川 . 软文营销实战方法、案例、问题 [M]. 北京：北京理工大学出版社，2016.